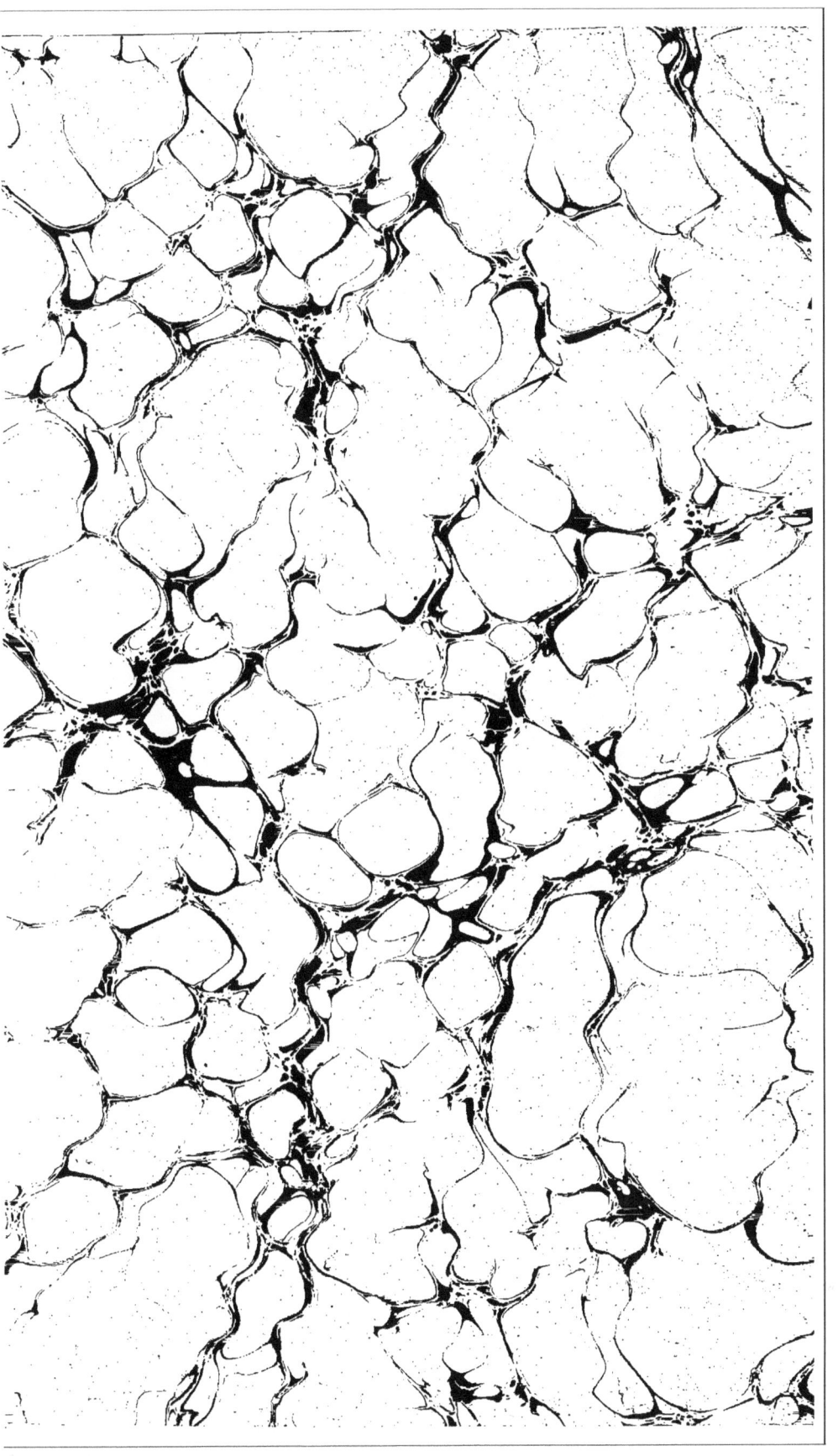

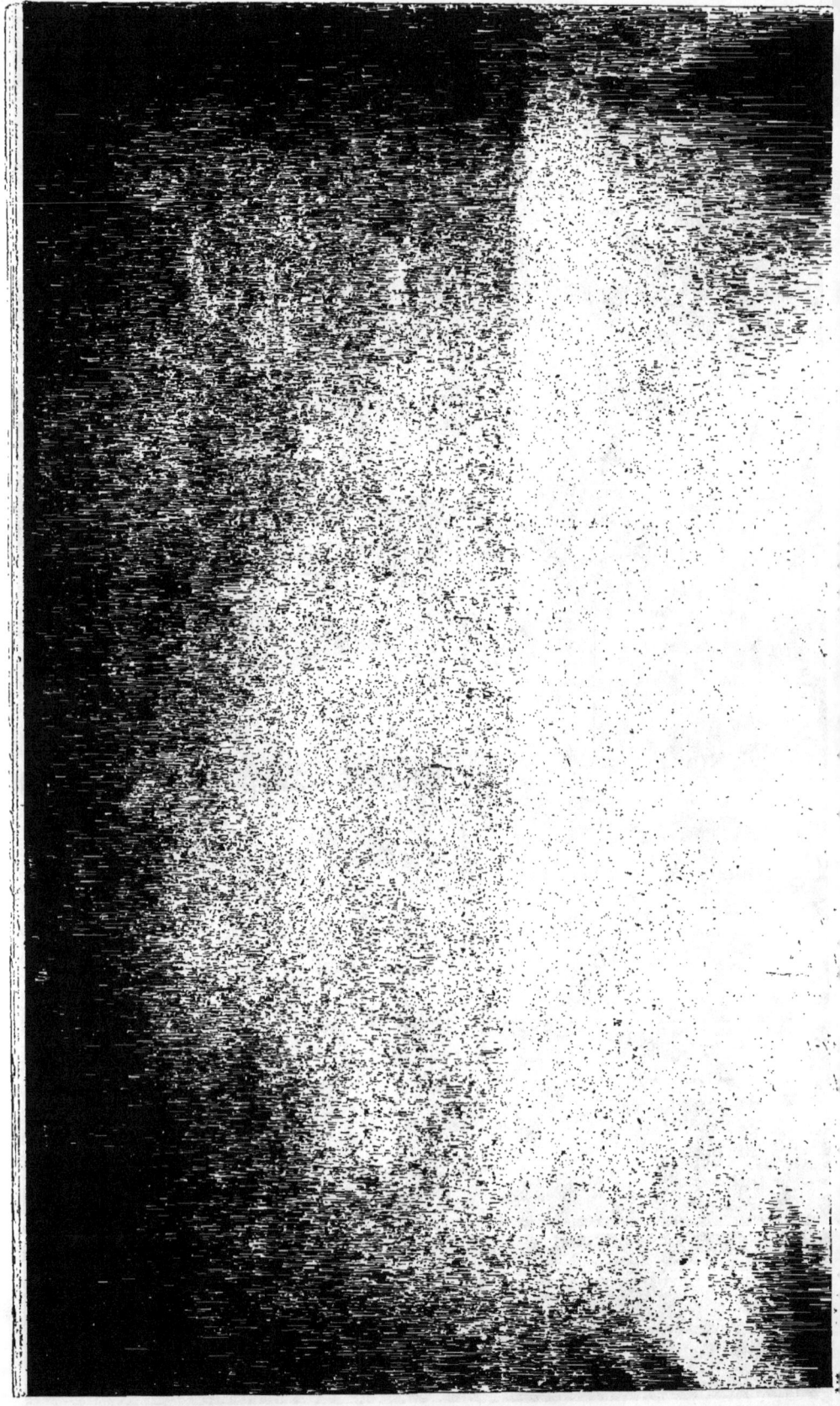

CORRESPONDANCE

DU

MARÉCHAL DE VIVONNE

MACON, PROTAT FRÈRES, IMPRIMEURS.

CORRESPONDANCE

DU

MARÉCHAL DE VIVONNE

RELATIVE

A L'EXPÉDITION DE CANDIE

(1669)

PUBLIÉE POUR LA SOCIÉTÉ DE L'HISTOIRE DE FRANCE

PAR

JEAN CORDEY

A PARIS
LIBRAIRIE RENOUARD
H. LAURENS, SUCCESSEUR
LIBRAIRE DE LA SOCIÉTÉ DE L'HISTOIRE DE FRANCE
RUE DE TOURNON, N° 6.

MDCCCCX

EXTRAIT DU RÈGLEMENT.

Art. 14. — Le Conseil désigne les ouvrages à publier, et choisit les personnes les plus capables d'en préparer et d'en suivre la publication.

Il nomme, pour chaque ouvrage à publier, un Commissaire responsable, chargé d'en surveiller l'exécution.

Le nom de l'éditeur sera placé en tête de chaque volume.

Aucun volume ne pourra paraître sous le nom de la Société sans l'autorisation du Conseil, et s'il n'est accompagné d'une déclaration du Commissaire responsable portant que le travail lui a paru mériter d'être publié.

Le Commissaire responsable soussigné déclare que la Correspondance du Maréchal de Vivonne relative a l'expédition de Candie, *préparée par* M. Jean Cordey, *lui a paru digne d'être publiée par la* Société de l'histoire de France.

Fait à Paris, le 15 décembre 1910.

Signé :
HENRI STEIN.

Certifié :
Le Secrétaire de la Société de l'Histoire de France.
NOEL VALOIS.

INTRODUCTION

M. le duc de Polignac possède dans ses archives quatre registres manuscrits, qui proviennent de Louis-Victor de Rochechouart, comte puis duc de Vivonne, capitaine général des galères sous Louis XIV. Ces registres contiennent les copies de lettres que Vivonne reçut ou expédia au cours des années 1669, 1671, 1676 et 1677. Cette correspondance purement militaire, navale et administrative porte plus particulièrement sur la campagne au secours de Candie en 1669, où Vivonne servit comme général des galères puis comme commandant en chef de la flotte (1er registre), et sur l'expédition de Sicile (3e et 4e registres) au cours de laquelle Vivonne exerça l'importante fonction de vice-roi. Le 2e registre concerne la direction et l'administration des galères au cours de l'année 1671.

La correspondance dont la copie nous est ainsi conservée est complétée par trois manuscrits de la Bibliothèque nationale (Français 8031 à 8033), qui contiennent les originaux des lettres reçues ou écrites par Vivonne au cours de l'expédition de Sicile. Ces manuscrits ont été déposés en 1741 à la Bibliothèque du roi par le duc de Mortemart, à condition qu'il recevrait en échange la copie de tous les documents qu'il cédait. Cette transaction est rappelée en tête du ms. Fr. 8031 par cette mention : « Ce manuscript françois est de ceux que M. le duc de Mortemart a déposé dans la Bibliothèque du Roy pour une copie que j'en ay fait faire et qui a été remise audit seigneur duc de Mortemart en 1741. »

Les manuscrits de M. de Polignac ne sont pas ceux que reçut le duc de Mortemart. A l'exception du 4ᵉ registre où l'on trouve la copie d'un bon nombre de lettres dont les minutes sont dans le Fr. 8033, aucun des registres de copies ne correspond aux manuscrits de la Bibliothèque nationale. Bien au contraire, les volumes de copies et ceux de la Bibliothèque se succèdent régulièrement dans l'ordre chronologique et se complètent au lieu de se doubler [1]. D'ailleurs l'écriture des copies semble prouver que la rédaction fut faite antérieurement à 1741 et probablement dès les dernières années du xvıɪᵉ siècle sur l'ordre du duc de Vivonne.

Où sont donc les copies des manuscrits de la Bibliothèque ? Il est impossible de le dire aujourd'hui ; elles ne se trouvent pas dans les archives de M. de Polignac. Il est de même fort difficile d'établir l'origine des volumes de M. de Polignac, qui ne portent aucune mention relative à leur histoire et permettant de les dater avec précision.

La Société de l'histoire de France a jugé utile de publier les parties de cette correspondance les plus intéressantes pour la guerre de Candie et l'expédition de Messine, en prenant pour base les registres de M. de Polignac. Nous avons donc fait un choix parmi ces lettres, et comme les registres sont loin

---

1. Voici dans quel ordre se succèdent ces manuscrits :

I. (Ms. de Polignac). — 1669, 6 février-1669, 13 décembre.
II. (Ms. de Polignac). — 1670, 19 décembre-1671, 22 décembre.
III. (Bibl. nat., Fr. 8031). — 1674, 28 juillet-1675, 5 décembre.
IV. (Bibl. nat., Fr. 8032). — 1675, 6 octobre-1676, 31 mai.
V. (Ms. de Polignac). — 1676, 2 juillet-1676, 14 novembre.
VI. (Ms. de Polignac). — 1676, 12 décembre-1677, 24 juin.
VII. (Bibl. nat., Fr. 8033). — 1677, 16 janvier-1677, 24 juin.

d'être complets et de renfermer tous les messages échangés entre Vivonne, la Cour, ses collaborateurs et ses subordonnés, nous avons ajouté certaines lettres isolées conservées aujourd'hui dans le fonds de la Marine aux Archives nationales, dans les *Mélanges Colbert* à la Bibliothèque nationale, et aux ministères de la Guerre et des Affaires étrangères. On trouvera à leur place chronologique celles de ces lettres qui émanent de Vivonne ou lui sont adressées, et groupées dans un Supplément celles qui ne font pas partie de la Correspondance proprement dite du général des galères [1].

A la fin de ce présent volume, nous publions le *Journal de la navigation des galères* que rédigea Duché de Vancy, secrétaire du duc de Vivonne. Cette relation très importante, qui renseigne très exactement sur tous les événements survenus en cours de route, est établie pour l'histoire même du siège de Candie d'après les lettres contenues dans le registre de M. de Polignac. On peut donc contrôler à chaque page ce « Journal », qui complète très heureusement tout ce que la correspondance même peut nous apprendre [2].

*
* *

La guerre de Candie est un épisode de la lutte séculaire entreprise par la Chrétienté contre les Turcs. Venise perdait une à une ses colonies, et les Papes alarmés de voir les pays d'Orient tomber entre les mains des Musulmans firent fréquemment appel aux princes chrétiens pour soutenir les forces

---

1. Par exception, on trouvera à l'Appendice un acte de commission délivré par Louis XIV à Vivonne, et une lettre du général des galères au roi.
2. Le ms. se trouve à la Bibl. nat., Fr. 6120. Il ne semble pas que jusqu'ici les historiens de Candie en aient eu connaissance.

décadentes de la Sérénissime République. Parmi les plus ardents figure Clément IX, qui réussit à obtenir de Louis XIV en 1669 une armée et une flotte pour appuyer la résistance désespérée des Vénitiens dans l'île de Crête.

L'histoire de l'expédition française au secours de Candei contre les Turcs, qui l'attaquaient depuis vingt-cinq ans (1644-1669), a été déjà plusieurs fois étudiée. Sans parler de Daru, qui ne fit que l'effleurer dans son *Histoire de la République de Venise*[1], Ch. Gérin a consacré un chapitre important à l'intervention de Louis XIV à Candie[2] et le colonel Bigge a traité le côté militaire et technique du siège, omettant d'ailleurs d'indiquer ses sources[3]. Enfin M. Ch. Terlinden a récemment écrit l'histoire la plus complète qui ait encore été faite de la guerre de Candie pendant les années 1667 à 1669, en utilisant surtout les archives du Vatican et en insistant sur le côté diplomatique[4].

1. Vol. XVII, pp. 36 à 102.
2. Ch. Gérin, *Louis XIV et le Saint-Siège*, Paris, 1894, in-8°, t. II, ch. v, p. 314 à 359.
3. Bigge, *Der Kampf um Candia in den Jahren 1667-1669*, dans les *Kriegsgeschichtliche Einzelschriften* publiées par le grand état-major prussien, fasc. 26, pp. 113-128 (Berlin, 1899, in-8°), plans et cartes.
4. Ch. Terlinden, *Le pape Clément IX et la guerre de Candie (1667-1669), d'après les archives secrètes du Saint-Siège*. Publié dans le Recueil de travaux publiés par les membres des conférences d'histoire et de philologie de l'Université de Louvain. Louvain, 1904, in-8°, xxxii-364 p., 2 portr. et 1 plan.

Ajoutons encore à la liste des historiens de la guerre de Candie : Amy Bernardy, *Venezia e il Turco nella seconda metà del secolo XVII*. Firenze, 1902, in-8°, vi-144 p.

G. Beani, *Clemente IX e l'isola di Candia*. Pistoia, 1897, in-8°, xvi-24 p.

C. Manfroni, *I Francesi a Candia*, dans le *Nuovo Archivio Veneto*, vol. XXII, 1903, p. 385.

Pour tous les autres ouvrages anciens ou récents utiles à con-

La correspondance de Vivonne vient ajouter de nouveaux éléments à ce que l'on connaissait déjà de cette expédition maritime ; elle permettra en outre d'expliquer sur plus d'un point la conduite des officiers de Louis XIV et de faire justice d'un certain nombre d'accusations dont ils furent l'objet. Ceux-ci n'ont pas été ménagés en effet, notamment par M. Terlinden, très sévère pour eux. Il leur a reproché leur imprudence, leur manque de discipline, leur jalousie des Vénitiens, un trop prompt découragement, qui se manifesta par un mauvais vouloir d'abord, puis par un brusque abandon de la place et leur départ inopiné. Il va sans dire que Beaufort, Navailles et Vivonne n'ont pas été sans défauts ni sans torts. Cependant on trouvera, croyons-nous, dans la correspondance de Vivonne l'explication ou l'excuse de certains de leurs actes, qui ont été mal interprétés.

On ne peut nier que, dès leur débarquement, les Français montrèrent le plus grand désir de combattre pour dégager la place, et on trouvera dans les lettres ici publiées de nombreuses preuves du zèle que mirent les officiers de Louis XIV à réparer

---

sulter, nous renvoyons à la bibliographie très abondante de M. Terlinden. Il faut cependant la compléter par les articles suivants :

C. Terlinden, *Les dernières tentatives de Clément IX et de la France pour secourir Candie contre les Turcs (1669)*, dans la *Revue d'histoire ecclésiastique*, Louvain, janvier 1904, p. 47-75 ; et du même, *Les préparatifs de l'expédition au secours de Candie au printemps 1669*, ibidem, t. IV (1903), p. 679-698.

Le Glay, *L'expédition du duc de Beaufort en Crète*, dans la *Revue d'histoire diplomatique*, 1897, nº 2.

Paolo Piccolomini, *La corrispondenza tra la Corte di Roma e l'inquisitore di Malta durante la guerra di Candia*, dans l'*Archivio storico italiano*, 1908, nº 1.

Giuseppe Pavanello, *Il tradimento nella caduta di Candia*, dans l'*Ateneo Veneto*, 1904, p. 201.

l'échec du 25 juin et à venger la mort du duc de Beaufort[1] : Vivonne entre autres donna tous ses soins à la préparation de l'attaque du camp turc par la flotte. Mais cette canonnade, manifestation brillante, devait être fort peu efficace et n'aboutit qu'à une catastrophe, la perte d'un vaisseau, la *Thérèse*, qui sauta avec tout son équipage. M. Terlinden attribue au duc de Navailles la responsabilité de cette entreprise néfaste. Il semblerait au contraire que Navailles ait songé à porter la flotte vers l'est et non vers l'ouest de la ville[2]. Dans tous les cas, Navailles ne fit pas échouer par mauvais vouloir, comme il le dit, la sortie de la garnison qui devait appuyer à l'attaque de la flotte, et les Français furent moins coupables que les Vénitiens, si l'on ajoute foi au rapport de Vivonne à la Cour[3].

La mésintelligence était déjà complète à ce moment entre les Vénitiens et les Français, mais n'empêcha pas ces derniers de faire leur devoir à la sortie du 30 juillet[4], tandis que M. Terlinden parle de leur apathie et de leur inaction à cette époque. Une lettre de Vivonne nous prouve également que le général des galères, loin de donner « l'hospitalité sur ses vaisseaux à une foule de déserteurs Vénitiens », faisait rechercher les fugitifs pour les reconduire à Candie[5].

On fut très étonné en Europe lorsqu'on apprit que, dès le 31 août, la flotte française avait mis à la voile, ramenant en France tous les soldats du roi et entraînant avec elle les escadres de Malte et du Saint-Siège. Les raisons de ce prompt

1. Vivonne ne débarqua que le 3 juillet; on ne trouvera donc pas dans ses lettres de nouveaux détails sur la mort de Beaufort (25 juin), ni aucun éclaircissement sur la disparition de ce personnage, qui parut longtemps entourée de mystère.
2. Cf. n° XLII, n. 1.
3. Cf. n° LV et cf. n° LI.
4. Cf. n° LVIII.
5. Cf. n° LXVI.

retour sont nombreuses. Lorsque les troupes françaises arrivèrent à Candie, la place était déjà aux abois. Cernée de toute part, elle était même entamée aux deux extrémités, aux bastions de Saint-André et de la Sablonnière, que les Turcs occupaient en partie ; les Vénitiens voyaient dans les Français leur dernière chance de salut.

Les officiers de Louis XIV s'aperçurent de bonne heure que la partie était déjà perdue et leurs efforts inutiles. Les défenseurs étaient trop peu nombreux. D'ailleurs, les Turcs très hardis étaient bien ravitaillés en vivres et surtout en munitions. Au contraire, Navailles et Vivonne se plaignaient sans cesse de l'absence de réserves des Vénitiens, qui, selon eux, manquaient de tout. Les vivres étaient de mauvaise qualité, l'eau corrompue, et les maladies éclaircissaient les rangs des soldats comme ceux des forçats sur les galères. Navailles lui-même était fréquemment malade [1] et Vivonne ne fut pas indemne. Enfin, une grave question préoccupa les généraux français dès leur départ, la crainte de voir s'épuiser la provision de vivres qu'ils avaient emportée, et de ne pouvoir rentrer en France. Beaufort en quittant Toulon écrivait déjà à Colbert qu'il avait « un peu d'inquiétude à cet égard [2] ». Cette crainte se précisa dès les derniers jours de juillet, et, sitôt après l'attaque du camp turc, Vivonne songea au retour [3].

Vivonne et Navailles savaient qu'ils ne pouvaient compter ni sur les Vénitiens ni sur les ports d'escale pour se ravitailler. Ils n'eurent dès lors plus qu'un souci, éviter tout sacrifice inutile, épargner les troupes, les équipages et les vaisseaux, et ramener en Provence, dans le meilleur état possible, le contin-

---

1. Sa santé délicate inquiétait déjà Colbert de Maulevrier avant le départ. Voir à l'Appendice la lettre du 4 juin.
2. Voir à l'Appendice la lettre du 5 juin.
3. Cf. n° LV.

gent français. De là sans doute, en grande partie, cette mésintelligence entre les officiers de Louis XIV et ceux de la République, qui s'accentua tous les jours davantage jusqu'au moment du départ.

Louis XIV donna à plusieurs reprises la preuve de son mécontentement lors du retour inopiné de ses troupes. Dès le 7 août il avait décidé d'envoyer une escadre de secours sous les ordres du chevalier de Valbelle et, peu après, l'envoi de nouveaux vaisseaux commandés par d'Alméras. Il ordonna bien à Vivonne, le 20 août, de ramener les galères en Provence avant l'arrière-saison, mais lui annonça l'arrivée des deux escadres, qui permettraient aux vaisseaux de prolonger leur séjour dans l'Ile[1]. Tout montre bien que le roi n'entendait pas abandonner Candie dans le fâcheux état où cette place se trouvait.

Les divers témoignages publiés par M. Terlinden attestent la surprise de Louis XIV. Mais lorsque le roi fut mis au courant de tous les motifs qui avaient poussé Navailles à s'embarquer, il se montra « très satisfait » des explications et de la résolution prise par ses généraux, et invita Navailles à donner « au public une relation de tout ce qui s'est fait à Candie, qui justifie le peu qu'il a paru pour la délivrance de la place ». Louvois l'engageait en outre à se rendre à Bourbon, s'il avait besoin des eaux, « et ensuite près de Sa Majesté ». La lettre jusqu'ici inédite et très importante que Louvois adressa à Navailles le 11 octobre atteste que Louis XIV approuva tout d'abord la conduite de ses officiers.

Navailles fut cependant envoyé en exil dans sa terre de La Valette, la plus éloignée de la Cour, le 15 novembre. Comment expliquer une attitude si contradictoire de la part de

1. Cf. n° LXXIV.

Louis XIV ? Nous inclinons à croire que Camille Rousset n'était pas éloigné de la vérité lorsqu'il écrivit que la disgrâce du duc fut « le résultat d'une comédie d'intrigue » et que Louis XIV « dut sacrifier son général à la cabale vénitienne, au nonce et à l'ambassadeur de Venise, à tous les envieux, tous les rivaux, tous les esprits chagrins, tous les critiques de cour [1] ». Satisfait sans doute à part lui du zèle que ses généraux avaient mis à conserver les troupes envoyées à Candie et à éviter un inutile sacrifice, bien renseigné sur les événements du siège, Louis XIV ne pouvait pas officiellement se dédire. Il refusait de désavouer publiquement ce qu'il avait affirmé au pape et à la République et craignait probablement qu'un accueil favorable fait à son général ne lui suscitât à Rome et à Venise des difficultés diplomatiques. Enfin, il faut se souvenir que Louis XIV négociait avec la Turquie, contre laquelle il affirmait n'être point en guerre, recevait un ambassadeur du Grand-Seigneur, et laissait entendre que, s'il avait envoyé quelques troupes à Candie, il n'avait eu d'autre désir que celui de complaire à Sa Sainteté.

On peut donc penser que Louis XIV préféra abandonner son général et détourner sur lui l'irritation qu'une politique d'équilibre assez malheureuse aurait pu attirer sur le roi et son gouvernement. Navailles fut donc bien sacrifié, comme le disait Camille Rousset, et paya par son exil une faute politique commise par le roi [2].

1. *Histoire de Louvois*, t. I, p. 268 et suiv. — Ch. Gérin (*op. cit.*, II, p. 342) et Terlinden (*op. cit.*, p. 268 et suiv.) ont vivement attaqué cette opinion.
2. Vivonne ne fut atteint par aucune mesure de réprobation. Il le dut sans doute à la protection de ses sœurs, Mmes de Montespan et de Thiange.

Ce n'est pas ici la place de raconter tout au long l'histoire du duc de Vivonne. Une biographie complète du frère de Madame de Montespan remplirait un volumineux ouvrage. Il est utile cependant de rappeler, en tête des lettres que nous publions, quelle fut la carrière militaire et navale de leur auteur.

Quand Louis-Victor de Rochechouart, comte de Vivonne, s'embarqua pour Candie en 1669, il n'avait pas trente-trois ans. Né le 25 août 1636, il était fils de Gabriel de Rochechouart, duc de Mortemart et de Vivonne, prince de Tonnay-Charente, marquis de Moigneville et d'Éverly. Sa mère était Diane de Grandseigne. Tout jeune il fut placé à la cour comme enfant d'honneur de Louis XIV, et dès cette époque une solide amitié naquit entre le futur maréchal de France et son souverain. Vivonne reçut une éducation peut-être plus soignée que ses camarades de jeux. Tandis que les autres enfants d'honneur étaient envoyés au collège, le duc de Mortemart donna à son fils un précepteur dans sa maison, et le comte de Brienne qui rapporte ce détail ajoute qu'« il y fit des progrès qui l'ont rendu depuis si célèbre à la Cour et à la ville par le nombre de ses bons mots [1] ».

En 1641, Vivonne obtint de son père la survivance de la charge de premier gentilhomme de la Chambre et prêta le serment requis, le 18 juin 1643 [2] ; mais comme tous les jeunes garçons de sa condition, il était destiné au métier des armes. Aussi, dès qu'il fut en âge, Vivonne partit pour l'armée où il

1. Loménie de Brienne, *Mémoires*, éd. de 1823, t. I, p. 221.
2. *Gazette de France*, *1643*, p. 519.

servit d'abord comme volontaire, puis comme capitaine de chevau-légers au régiment de Royal-cavalerie. Il reçut la commission de cet office, le 15 juin 1654 [1], et tout aussitôt, à la tête de sa compagnie, alla combattre en Flandre sous les ordres de Turenne contre les Espagnols [2].

Le 25 août, Vivonne était à l'attaque des lignes d'Arras, le 6 septembre à la prise du Quesnoy ; l'année suivante, le 14 juillet 1655, il prit part au siège de Landrecies et eut son chapeau percé d'une balle de mousquet [3]. Il fit fort bonne figure à la prise de Condé, le 18 août, à côté de Coislin et de Marcillac [4], ainsi qu'à Saint-Ghislain et à Valenciennes (16 juillet 1656).

Il combattit encore en Flandre en 1657 ; depuis le 1er janvier, il était colonel du régiment de cavalerie étrangère, où il remplaçait le comte de Balthasard [5]. En cette qualité, Vivonne fut placé sous les ordres du duc de Modène en Italie, mais n'y resta pas longtemps. Tombé malade, il reçut de Louis XIV son congé « pour prendre l'air de France » et se reposer [6]. Son avancement rapide n'en fut pas entravé et, en 1659, Vivonne fut nommé mestre de camp du 2e régiment royal français de cavalerie [7].

L'amitié de Louis XIV pour son ancien camarade ne se démentait point, et Vivonne vivait avec le roi dans une inti-

---

1. Bibl. nat., Fr. nouv. acq. 2841, fol. 1. Bussy-Rabutin donna son *attache* à la commission le 25 janvier suivant. Cf. Bussy-Rabutin, *Mémoires*, éd. L. Lalanne, I, p. 408.
2. Cf. l'itinéraire tracé à sa compagnie pour se rendre en Flandre. Bibl. nat., *ibidem*, fol. 3.
3. Bussy-Rabutin, *Mémoires*, I, p. 414-415.
4. *Ibidem*, p. 438.
5. Bibl. nat., *ibidem*, fol. 4.
6. Bibl. nat., *ibidem*, fol. 11 (25 juillet 1658).
7. *Ibidem*, fol. 12.

mité assez grande pour qu'il devint le confident des amours de Louis XIV pour Marie Mancini. Il fut du fameux voyage à Lyon qui décida le mariage du roi avec Marie-Thérèse[1], mais dans les mois qui suivirent, servit d'intermédiaire entre son ami et souverain et Marie Mancini, reléguée à Brouage. Il s'attira ainsi le ressentiment de Mazarin, qui l'envoya en disgrâce dans sa terre de Roissy[2].

On retrouve Vivonne en Italie en 1663, comme mestre de camp de son régiment, mais il n'y rencontrait pas l'occasion de se distinguer et de se faire valoir, qu'il désirait avant tout, et obtint de prendre rang dans l'armée de mer sans abandonner pour cela son grade et son office dans la cavalerie. Le 30 novembre 1663, il fut nommé commandant du vaisseau *la Reine* et placé sous les ordres du duc de Beaufort[3]. Louis XIV recommanda lui-même à Beaufort son nouveau subordonné : « Vivonne s'en va sur mes vaisseaux pour ne pas demeurer oisif dans un temps où les occasionnaires n'ont pas grand chose à faire ailleurs. Je vous le recommande comme une personne pour qui vous savez que j'ai beaucoup d'estime et d'affection. » Il le priait en outre de l'instruire dans la « science de la mer »[4].

Vivonne devint ainsi ce que Du Quesne appelait un « capitaine de faveur », c'est-à-dire un de ces gentilshommes tout de suite pourvus. Il n'eut pas à attendre longtemps sa première campagne maritime. Peu de mois après son embarquement, il fit une expédition le long des côtes d'Espagne et d'Algérie, et Beaufort, qui l'avait laissé rédiger la relation complète du

---

1. Bussy-Rabutin, *Mémoires*, II, p. 83.
2. *Ibidem*, p. 95, et cf. Madame de Motteville, *Mémoires*, éd. Riaux, t. IV, p. 163 et 166.
3. Bibl. nat., *ibidem*, fol. 20.
4. Louis XIV, *OEuvres*, V, p. 145.

voyage adressée à Colbert, fit de lui un de ces éloges outrés, fréquents à cette époque, où Vivonne est déclaré « homme miraculeux pour son métier, et qui porte dans son esprit l'avis des plus expérimentés officiers [1] ». Vivonne alors âgé de vingt-sept ans n'avait que quatre mois de service sur les vaisseaux.

Ainsi Vivonne cumula deux charges militaires sur terre et sur mer. Il fut promu maréchal de camp le 21 mars 1664 et reçut le même jour des lettres de service pour l'armée de terre réunie aux troupes de marine sous les ordres de Beaufort. Il partit pour l'Afrique et prit une part active à l'expédition entreprise contre les corsaires, caractérisée par la prise et l'occupation momentanée de Gigeri (Djidjelli) sur la côte algérienne. Au cours de cette campagne, Vivonne échangea avec Louis XIV toute une correspondance, expédia à la Cour des rapports très appréciés et fut consulté par le roi dans plus d'une affaire délicate où la discrétion la plus grande était nécessaire [2]. Le 30 août, Vivonne tomba malade, obtint son congé et l'ordre de revenir en France [3].

Sa carrière de marin si bien commencée se poursuivit au cours des années suivantes de la manière la plus honorable. En 1665, Vivonne fut un des chefs de l'expédition de Majorque [4], mais le vent contraire ne lui permit pas de suivre le reste de la flotte sur les côtes de Barbarie et de prendre part aux opérations. Louis XIV lui écrivit pour le plaindre de ce contre-temps et ne manqua pas une occasion, jusqu'à la rentrée des galères à Marseille, de lui témoigner toute sa satisfaction soit

---

1. Jal, *Abraham Du Quesne,* I, p. 303.
2. Lettres autographes de Louis XIV, Bibl. nat., *ibidem,* fol. 38, 41 et suiv., publiées dans les *OEuvres* de Louis XIV, t. V, p. 179 et suiv.
3. *Ibidem,* p. 227. Sur cette expédition, cf. Jal, *op. cit.,* I, p. 312-320.
4. *Ibidem,* I, p. 362.

pour ses rapports, soit pour sa conduite à la mer, soit enfin pour ses qualités d'administrateur, « quand vous êtes dans le port » [1].

Cette satisfaction fut prouvée dès le début de l'année par l'octroi fait à Vivonne de l'une des plus hautes charges de l'armée navale. Le 1ᵉʳ avril 1665, le duc François de Créquy, capitaine-général des galères, ayant été envoyé en disgrâce, Vivonne lui succéda. Il devenait ainsi possesseur d'un de ces grands offices qu'occupèrent depuis le xvıᵉ siècle de grands seigneurs, et dont le roi avait besoin pour les donner à sa noblesse et à ses bâtards [2].

En outre, le 28 avril, Vivonne fut nommé lieutenant général dans les mers du Levant et cette même année, comblé d'honneurs et de dignités, il épousa la fille d'un président à mortier fort riche [3], Antoinette-Louise de Mesme, au château de Beynes, en septembre [4]. Quelques mois plus tard, le 2 février 1666, il reçut pouvoir de commander la flotte en l'absence du duc de Beaufort et fit dans la Méditerranée une nouvelle campagne, dirigée celle-là contre la flotte anglaise de Smith [5].

1. Louis XIV, *Œuvres*, V, p. 319, 320, 330, 331.
2. E. Lavisse, *Sur les galères du roi* (*Revue de Paris*, déc. 1898, p. 227). Sur l'office de général des galères, cf. Jal, *op. cit.*, II, p. 155, n. 1.
3. Sur le président de Mesme, cf. Saint-Simon, *Mémoires*, éd. de Boislisle, XVII, p. 99, n. 5.
4. Sur ce mariage, cf. les *Historiettes* de Tallemant des Réaux, IV, p. 419, et la *Muse historique* de Loret, II, p. 79, 80 et 95. Sur la comtesse de Vivonne, cf. Saint-Simon, *Mémoires*, XVII, p. 112-114 : « Elle étoit extrêmement riche et ces Messieurs là [les Mortemart], qui régulièrement se ruinoient de père en fils, trouvoient aussi à se remplumer par de riches mariages. »
5. Jal, *op. cit.*, I, p. 378 et suiv. Cf. Bibl. nat., *ibidem*, fol. 215 (lettre publiée dans Louis XIV, *Œuvres*, V, p. 358), et fol. 232 (procès-verbal d'une rencontre de sept galères espagnoles, étudié par Jal, *loc. cit.*).

INTRODUCTION. XV

En 1667, sur le continent plus encore que sur mer, pouvait se rencontrer l'occasion d'acquérir de la gloire à la guerre. Turenne au mois de mai avait envahi les Pays-Bas espagnols. Le comte de Vivonne abandonna ses galères pour un temps et prit part à la prise de plusieurs places, Ath, Tournai, Douai et Lille. Après la paix d'Aix-la-Chapelle, il regagna la Méditerranée et, en mars 1669, acquit définitivement l'office de capitaine général des galères après la démission du duc de Créquy [1].

Les Barbaresques des côtes d'Afrique ne cessaient de porter le plus grand préjudice au commerce maritime et par de rapides expéditions venaient jusqu'en Provence jeter l'effroi parmi les populations riveraines. Vivonne par un coup droit voulut mettre fin aux pillages des corsaires et fit avec ses galères une campagne rapide à Alger. Il força le dey à signer avec le roi de France un traité pour garantir la sûreté du commerce, traité qui, du reste, ne fut pas observé [2].

Vivonne revenait d'Alger lorsqu'il reçut l'ordre de préparer la lointaine expédition de Candie, au secours des Vénitiens. La correspondance que nous publions et le *Journal* du sieur de Vancy attestent que le général des galères y fit son devoir. Il ne cessa de collaborer avec le duc de Navailles et les autres officiers à la défense de la place assiégée, et on ne peut nier son empressement ni son zèle jusqu'à l'heure du retour. Il fit effort pour mettre fin à la discorde qui séparait le corps des galères de celui des vaisseaux [3], mais il eut sa bonne part de respon-

1. Cf. la lettre n° I. Vivonne ne prêta serment que le 18 janvier 1670. A la même époque, son père, le duc de Mortemart, fut nommé gouverneur de Paris (Bussy, *Correspondance*, I, p. 343).
2. Le premier registre de M. de Polignac contient les copies des rapports de cette expédition et de la correspondance échangée à ce propos.
3. Voir le *Journal* du Duché de Vancy.

sabilité dans la mésintelligence qui régna entre les Vénitiens et les Français. Comme d'autres membres de sa famille et notamment comme ses sœurs Mesdames de Thiange et de Montespan, il était orgueilleux, hautain et cassant. Il mit à défendre les prérogatives dues à son rang et à l'étendard royal arboré sur la *Capitane* une ardeur excessive qui créa des difficultés diplomatiques même avant l'arrivée des galères à Candie et fut blâmée à la cour [1]. Au retour, Navailles seul fut envoyé en exil ; Vivonne aurait sans doute partagé son sort sans l'amitié du roi et peut-être l'intervention efficace de ses sœurs. Le comte de Vivonne resta donc à son poste [2], et continua à servir sur terre comme officier.

En 1672, il obtint de Louis XIV l'autorisation de le suivre pendant toute la guerre contre la Hollande [3]. Au fameux passage du Rhin, le 12 juin, il faillit être renversé par son cheval et un coup de feu, qui l'atteignit à l'épaule, lui fit une blessure dangereuse dont il se ressentit toute sa vie [4]. « Vivonne est fort mal de sa blessure », écrivait Mme de Sévigné à sa fille, le 8 juillet 1672 [5]. Les chirurgiens durent

---

1. Cf. n° XXXVII.
2. On a vu que le deuxième registre de M. de Polignac contient la correspondance relative à l'administration des galères pendant l'année 1671. Au cours de cette année, Vivonne habita Marseille et eut un démêlé avec Mme de Grignan. Ils se réconcilièrent. « Il faut toujours faire en sorte de n'avoir point de querelle ni d'ennemi sur les bras », écrivait Mme de Sévigné (*Lettres*, éd. Monmerqué, II, p. 221).
3. 1672, 12 février. Louis XIV, *Œuvres*, V, p. 491.
4. L'abbé de Choisy écrivit à Bussy, le 15 juin, que Vivonne avait eu l'épaule cassée ainsi que Marcillac (Bussy, *Correspondance*, II, p. 122). Vivonne sauva le chevalier de Vendôme qui allait se noyer.
5. *Lettres*, III, p. 145.

faire « une incision depuis l'épaule jusqu'au coude¹ », mais Vivonne put reprendre son activité et assister en 1673 au siège de Maestricht.

Pour récompenser son zèle et son dévouement, Louis XIV accorda au général des galères l'important gouvernement de Champagne et de Brie, vacant depuis la mort du comte de Soissons ², le 14 janvier 1674³. Ce dut être pour Vivonne un sujet de vive satisfaction, car à cette époque, d'après Bussy-Rabutin, « il recevoit encore tous les jours mille dégouts dans les fonctions de sa charge de général des galères⁴ ». Ce nouvel office accrut à la Cour une situation déjà fort brillante et qui, l'année suivante, devint plus belle encore. En effet Vivonne fut compris dans la promotion des maréchaux de France faite par le roi après la mort de Turenne. Il fut nommé *en surnombre* et, dit-on, sur les instances de sa sœur toute-puissante, Mme de Montespan. Louis XIV lui annonça lui-même la nouvelle dignité à laquelle il l'avait promu⁵.

---

1. *Lettres*, III, p. 228.
2. Eugène-Maurice de Savoie, comte de Soissons, était mort le 7 juin 1673. Cf. Primi Visconti, *Mémoires*, éd. J. Lemoine, p. 109.
3. Le Parlement enregistra les lettres de provision le 26 février. Vivonne avait vainement sollicité l'année précédente la charge de colonel des Suisses, vacante elle aussi depuis la mort du comte de Soissons. Il aurait alors abandonné l'office de général des galères. Mais le duc du Maine lui fut préféré (Mme de Sévigné, *Lettres*, III, p. 296 et 317). Bussy écrivit deux lettres de félicitations à Vivonne et à Mme de Thiange (*Correspondance*, II, p. 332 et 333).
4. *Correspondance*, II, p. 316.
5. Le 30 juillet 1675 (Louis XIV, *OEuvres*, V, p. 541). L'abbé de Choisy a raconté que la nomination de Vivonne au maréchalat fut l'effet d'une « scène » de Mme de Montespan au roi. Cf. P. Clément, *Madame de Montespan et Louis XIV*, p. 164, n. 1. Bussy y fait allusion quand il raconte que Vivonne fut fait maréchal par le fourreau et non par l'épée (*Correspondance*, IV, p. 207). Avec

D'autres événements graves survinrent en cette année 1675 ; le duc de Mortemart mourut et son fils prit dès lors le titre de duc de Vivonne. Enfin Louis XIV, cédant aux demandes du chevalier de Valbelle et du marquis de Vallavoire, envoyé en Sicile pour soutenir Messine contre les Espagnols, fit partir de Toulon une armée de renfort qu'il plaça sous les ordres du nouveau maréchal de France. Il ne s'agissait plus seulement d'occuper en Sicile une partie des troupes espagnoles et de prolonger une insurrection dont on s'était au début exagéré les ressources, mais l'espoir d'enlever la Sicile à la cour de Madrid et d'en faire un point d'appui pour la flotte de la Méditerranée commençait à séduire les esprits. Les attributions du duc de Vivonne étaient considérables. Il reçut le pouvoir de vice-roi et de commandant à Messine, le 9 janvier 1675.

L'occupation de Messine fut marquée par trois batailles navales gagnées par la flotte française, mais l'entreprise de Sicile n'eut aucun des résultats espérés. En décembre 1677, Vivonne demanda à rentrer en France pour reprendre sa place à la tête des galères. Le roi signa son congé le 1er janvier 1678 et le lendemain lui envoya l'ordre de revenir en Provence. Le navire qui le ramenait devait conduire à Messine son successeur, le marquis de La Feuillade, dont le départ allait épargner au duc de Vivonne les humiliations de la retraite.

A peine rentré, Vivonne se rendit en Flandre, prit part au siège de Gand, à la prise du château de cette ville (9-10 mars),

---

Vivonne furent promus maréchaux d'Estrades, Navailles, Schomberg, Duras, Luxembourg, La Feuillade et Rochefort.

Vivonne ne porta jamais le titre de maréchal. Jamais on ne l'appela autrement que le duc de Vivonne, et de même « on se seroit brouillé avec la duchesse de Vivonne de l'appeler maréchale ». (Saint-Simon. *Mémoires*, IV, p. 257, et n. 4.)

et à celle d'Ypres, qui fut enlevée le 25 du même mois. Le 28 avril, Vivonne fut désigné pour commander l'armée de Flandre, mais la paix de Nimègue vint sur ces entrefaites mettre fin à la guerre.

Quelques mois plus tard une nouvelle dignité vint s'ajouter à toutes celles que le maréchal-duc possédait déjà. Le 13 février 1679, Vivonne fut nommé pair de France et siégea au Parlement comme duc de Mortemart[1]. Il retourna sur ses galères, fit une nouvelle campagne contre les Barbaresques et poussa jusqu'à Tunis[2].

Ce fut sa dernière campagne. En effet son fils, Louis de Rochechouart Mortemart, qui avait épousé au moment où son père devenait pair de France, Marie-Anne, troisième fille de Colbert, et reçu du roi en présent de noces un million de livres[3], obtint de son père le duché de Mortemart et la survivance de la charge de général des galères. Louis de Mortemart prêta le 14 février le serment de fidélité au roi. Il était encore très jeune et commanda peu. Il assista à quelques combats à la tête de ses galères ou même des vaisseaux[4], mais tombé malade en 1687, il mourut le 3 avril 1688, âgé de seulement vingt-cinq ans[5]. Son père reprit alors la charge de général des galères.

1. Arch. nat., K. 616, n° 26.
2. Sur cette campagne, cf. le registre de correspondance à la Bibl. nat., Fr. nouv. acq. 5807.
3. Jal, *op. cit.*, II, p. 353. Les fiançailles sont du 14 février 1679. Cf. Primi Visconti, *op. cit.*, p. 211.
4. Notamment à Alger, à Gênes, en 1684, et en Catalogne la même année, sous les ordres de Du Quesne (Jal, *op. cit.*, II, 499, et 506-7).
5. Vivonne était alors brouillé avec son fils. Il eut le jour de sa mort une attitude scandaleuse. Cf. Saint-Simon, *Mémoires*, XVII, p. 113-114, et Dangeau, *Journal*, II, p. 123-124.

On fit à Marseille de pompeuses funérailles au duc de Mortemart. Elles eurent lieu à la cathédrale, dans la chapelle Saint-Louis, le 23 mai 1688, sous la présidence et par les soins du che-

Depuis qu'il l'avait cédée, Vivonne vivait à la Cour qu'il égayait par ses traits d'esprit et ses bons mots. On a beaucoup écrit déjà sur le genre d'esprit particulier aux membres de sa famille. « Vivonne et ses trois sœurs, dit Saint-Simon, auroient pu fournir l'Europe d'esprit et du ton le plus inimitable. » Il était lui-même « l'homme le plus naturellement plaisant avec le plus d'esprit et de sel et le plus continuellement, dont j'ai ouï dire au roi cent contes meilleurs les uns que les autres, qu'il se plaisoit à raconter »[1].

A la Cour, Vivonne rencontrait ses trois sœurs, et tout d'abord, la grande favorite, Mme de Montespan. Il fut fort affligé par la situation équivoque qu'elle y occupait. Lorsqu'il sut qu'elle était devenue la maîtresse du roi, « non seulement il n'en fut point aise, même il en témoigna du chagrin, raconte Bussy-Rabutin, soit qu'il crût sans raison que les passions des rois font honte aux familles comme les passions des particuliers, soit qu'il craignît que le monde ne crût que les dignités qu'il auroit ne lui vinssent par sa faveur[2] ». Mais

---

valier de Noailles, lieutenant général des galères, et des premiers capitaines du corps des galères, Viviers et Montolieu. Toutes les troupes des galères étaient massées sur la place d'Armes, et la messe fut célébrée sur les galères avant la cérémonie à la cathédrale, où les officiers se rendirent en corps pour entendre l'abbé de Bausset. Voir la description de la décoration de l'église et les détails de la cérémonie dans le : *Dessein de l'appareil funèbre dressé par le corps des galères dans l'église cathédrale de Marseille le treizième may 1688 pour la cérémonie des obsèques de très haut et très puissant seigneur Louis de Rochechouart.* A Marseille, s. d., in-4º (Bibl. nat., Ln^{27} 14891). Sur l'enterrement à Paris, à Saint-Nicolas-des-Champs, cf. Jal, *op. cit.*, II, p. 354.

Louis de Rochechouart laissa deux fils et trois filles.

1. *Mémoires*, XVII, p. 114. Voltaire (*Siècle de Louis XIV*, ch. 26) définit ainsi l'esprit des Mortemart : « Un tour singulier de conversation mêlée de plaisanterie, de naïveté et de finesse. »

2. Bussy-Rabutin, *Correspondance*, II, p. 316.

Vivonne ne se brouilla point avec elle et lui dut peut-être certaines de ses plus belles dignités.

Ses relations avec ses autres sœurs étaient fort bonnes. Marie-Madeleine-Gabrielle de Mortemart, abbesse de Fontevrault depuis 1670, « avait, dit Saint-Simon, encore plus de beauté que cette dernière [Mme de Montespan], et, ce qui n'est pas moins dire, plus d'esprit qu'eux tous, avec ce même tour que nul autre n'a attrapé qu'eux ou avec eux par une fréquentation continuelle, et qui se sent si promptement et avec tant de plaisir [1] ». Saint-Simon loue encore son intelligence, son savoir, sa douceur et son esprit d'ordre. Ses sœurs l'aimaient avec passion et avec déférence. Elle venait souvent à la Cour, où le roi se plaisait à la voir. Lorsqu'elle mourut le 15 août 1704, Louis XIV manifesta un vif chagrin ; il avait toujours eu pour elle une haute estime, beaucoup de goût et une grande amitié.

Mme de Thiange était, comme elle, belle et spirituelle. Benserade et La Fontaine ont vanté sa beauté [2], qui s'épaissit avec l'âge. Comme son frère et Mme de Montespan, elle était d'un orgueil extrême, mordante et souvent méchante. Néanmoins, comme elle était belle diseuse, lettrée et « plaisante », sa société était recherchée par le roi et sa présence un des agréments de la Cour.

Vivonne, joueur effréné, faisait avec sa femme fort mauvais ménage. La duchesse de Vivonne était hautaine, capricieuse, autoritaire, d'ailleurs fort laide, et ne pensait qu'à s'amuser. « Ils se ruinèrent à qui mieux mieux, chacun de leur côté. C'étoient des farces que de les voir ensemble, mais ils n'y étoient pas souvent, et ne s'en devoient guère à faire peu de cas

---

1. Saint-Simon, *Mémoires*, X, p. 147, n. 4, et XII, p. 161-163.
2.   Thianges nous plaît et la neige est moins blanche
      Que n'est son teint, sa gorge et son chignon
                                       (Benserade).
   Ange ou Thiange (La Fontaine, *Le Florentin*).

l'un de l'autre [1] ». La duchesse fut impliquée dans l'Affaire des Poisons ; on la voulut convaincre de sortilèges et on l'accusa d'avoir voulu se débarrasser de son mari [2]. Ils eurent six enfants, dont cinq filles : Louis de Rochechouart, duc de Mortemart, mort quelques mois avant son père ; Gabrielle de Rochechouart, religieuse à Fontevrault en 1679 et abbesse de Beaumont-lez-Tours en 1689 ; Charlotte de Rochechouart, qui épousa le 28 février 1677 Henri de Lorraine, duc d'Elbœuf ; Marie-Élisabeth, qui épousa le 19 mai 1693 Joseph-François de la Croix, marquis de Castries ; Louise, abbesse de Fontevrault en 1704, et Gabrielle-Victoire, qui épousa, le 12 septembre 1702, Alphonse de Créquy.

Vivonne mourut prématurément à Chaillot, peu de temps après son fils, en septembre 1688. Il n'avait que cinquante-deux ans. Il laissait peu de regrets à deux personnages avec lesquels il avait eu cependant de fréquentes relations et des rapports de réelle amitié : Mme de Sévigné, qui écrivait peu après sa mort, qu'il était « aussi pourri de l'âme que du corps [3] », et Bussy, qui mandait à cette dernière : « La mort de Vivonne ne m'a ni surpris ni fâché. Je m'attendois bien qu'une maladie contractée à Naples, négligée dans les commencements et peut-être renouvelée à Paris, l'empêcheroit de vieillir. Pour la fâcherie, après une étroite amitié entre lui et moi, mes disgrâces me l'avoient fait perdre, et je l'avois assez méprisé pour ne lui faire

1. Saint-Simon, *Mémoires*, XVII, p. 112-113.
2. P. Clément, *Madame de Montespan*, p. 118; *La police sous Louis XIV*, p. 189-192.
3. *Lettres*, VIII, p. 185. « Il est mort en un moment, dans un profond sommeil, la tête embarrassée et, entre nous, aussi pourri de l'âme que du corps ». Cf. le même passage avec des variantes dans les *Lettres* de Mme de Sévigné, VIII, p. 192. — Vivonne mourut « entre les mains d'un médecin calabrois qu'on dit l'avoir tué » (Dangeau, *Journal*, II, 168). Sur sa conduite, cf. Primi Visconti, *op. cit.*, p. 90.

aucun reproche ; mais je le regardois comme un homme d'esprit et de courage qui avoit un fort mauvais cœur [1]. »

C'est là un jugement assez exact. Vivonne eut des qualités et des défauts de grand seigneur, si l'on peut ainsi dire. Il fut courageux, fier, très actif et ne ménagea ni ses forces, ni sa peine en plus d'une circonstance. Il était, par contre, très orgueilleux, susceptible et irritable. Il est représenté parfois comme paresseux, viveur, dominé par des instincts matériels. L'obésité dont il souffrait et qu'il raillait lui-même a pu contribuer à maintenir cette fausse appréciation qu'il ne fut qu'un grand amateur des plaisirs de la table. Aux qualités de grand seigneur, il joignait, il est vrai, les tares d'un assez triste personnage. Mais on ne doit pas oublier son goût pour les lettres, son amitié pour les plus grands écrivains de son temps et surtout pour Boileau. Ce fut Vivonne qui présenta le poète au roi en 1672, et lui fit avoir une pension. Il allait souper chez lui et eut avec son protégé des relations presque familières [2]. Il partageait, du reste, avec ses sœurs, cet intérêt pour les œuvres littéraires et le plaisir qu'il éprouvait dans la société des bons auteurs [3].

---

1. *Correspondance,* VI, p. 168.
2. On connaît les lettres que Boileau lui écrivit.
3. Cf. le portrait que Bussy trace de Vivonne dans son *Histoire amoureuse des Gaules,* II, p. 420 : « Vivonne avoit de gros yeux bleus à fleur de tête dont les prunelles, qui étoient souvent à demi-cachées sous les paupières, lui faisoient des regards languissants contre son intention. Il avoit le nez bien fait, la bouche petite et relevée, le teint beau, les cheveux blonds dorés et en quantité ; véritablement il avoit un peu trop d'embonpoint ; il avoit l'esprit vif et imaginoit bien, mais il songeoit trop à être plaisant ; il aimoit à dire des équivoques et des mots de double sens ; et pour se faire plus admirer, il les faisoit souvent au logis et les débitoit comme des impromptus dans les compagnies où il alloit. Il s'attachoit fort vite d'amitié aux gens, sans aucun dis-

XXIV INTRODUCTION.

Sa carrière militaire fut courte, puisqu'il la termina dès quarante-trois ans. Elle a été assez critiquée et on lui a adressé des reproches pour son insouciance et son manque de décision. Camille Rousset s'est fait son avocat, peut-être avec trop d'indulgence [1]. Quoi qu'il en soit et malgré ses défauts, sa carrière d'officier a été heureuse et fort honorable [2].

Lorsqu'il eut été enterré à Saint-Nicolas-des-Champs [3], où son fils reposait déjà, et où sa femme devait le rejoindre en 1709, on s'occupa de sa succession. Le gouvernement de Champagne et de Brie fut donné au maréchal de Luxembourg, son régiment d'infanterie à son neveu, fils de Mme de Thiange, et sa charge de général des galères concédée au duc du Maine [4].

cernement, mais qu'il leur trouvât du mérite ou non, il s'en lassoit encore plus vite. » Son portrait par Graincourt est au Musée de Versailles, n° 1078.

1. Camille Rousset, *Histoire de Louvois*, II, p. 367-388.

2. C'est l'opinion de Jal, qui reprend la défense de C. Rousset, et estime que Vivonne ne fut pas toujours un administrateur ferme, et qu'il n'était pas assez bon marin pour commander une grande flotte (*op. cit.*, II, p. 154.)

3. Jal, *op. cit.*, II, p. 354. Son oraison funèbre fut deux fois prononcée : à Marseille, par l'abbé Muret, et à Langres, le 22 novembre 1688, par le P. Antoine Boisselier.

1° *Oraison funèbre de Monsieur le mareschal duc de Vivonne*, par Monsieur Muret. A Marseille, Henry Brebion, 1688, in-4° (Bibl. nat., Ln^{27} 25529).

2° *Oraison funèbre de... Louis Victor de Rochechouart, duc de Vivonne, pair et maréchal de France, général des galères, gouverneur de Champagne et de Brie*, prononcée à Langres, dans l'église des FF. Prêcheurs, le 22 novembre 1688, par le P. Antoine Boisselier... A Reims, Jean Multeau, 1688, in-4° (Bibl. nat., Ln^{27} 25531).

4. Bussy-Rabutin, *Correspondance*, VI, p. 160. Le brevet de justaucorps brodé, qu'il avait aussi, fut donné au marquis de Villequier (*Journal* de Dangeau, 21 septembre 1688).

Il était tellement ruiné[1] qu'il laissait sa femme dans une situation des plus difficiles. Il est vrai qu'elle « avoit aussi bien mangé de son côté ». Après la mort de son mari, elle vécut à grand peine dans la maison de son intendant, et une de ses filles se réfugia chez Mme de Montespan dont elle recevait tout, jusqu'à ses habits[2].

Telle est dans ses plus grandes lignes la vie du général des galères. Nous espérons que les lettres qui suivent seront une contribution utile à la biographie complète de ce personnage qui occupa une place importante dans la société de son temps, et serviront à mieux faire connaître l'histoire maritime de la France au XVIIe siècle.

1. Quand le duc du Maine fut pourvu de la charge de général des galères, il dut payer trois cent mille livres aux créanciers de Vivonne (Arch. nat., O¹ 50, fol. 530, et cf. O¹ 32, fol. 359 v°). — A la mort de Vivonne, le roi fit remettre quatre cent mille livres à Mme de Montespan et la chargea de déterminer dans quelle proportion cette somme serait distribuée aux enfants de Vivonne. Cent mille livres furent données aux deux filles de Vivonne qui étaient à Fontevrault, et avec le reste on résolut d'acheter pour les enfants du duc de Mortemart une terre dont la maréchale de Vivonne aurait l'usufruit (*Journal* de Dangeau, 21 septembre 1688).
2. Saint-Simon, *Mémoires*, X, p. 267.

CORRESPONDANCE

DU

DUC DE VIVONNE

EXPÉDITION DE CANDIE

I.

LOUIS XIV AU COMTE DE VIVONNE [1].

Paris, 15 mars 1669.

Avis de l'expédition du *pouvoir* de capitaine général des galères, en suite de la démission du maréchal de Créquy. Dispense de prestation de serment entre les mains du roi. — (Registre de la correspondance du duc de Vivonne, appartenant à M. le duc de Polignac, n° 1, fol. 37 v°, n° 37. Minute autographe de Colbert : Bibl. nat., Fr. 8025, fol. 137.)

Monsieur le comte de Vivonne, j'ai fait expédier le pouvoir de capitaine général de mes galères dont j'ai bien voulu vous pourvoir en conséquence de la démission qui en a été faite en mes mains par mon cousin, le maréchal de Créquy [2], et comme votre

---

1. Jusqu'en 1675, Vivonne porta le titre de comte, et ne prit qu'à la mort de son père celui de duc (voir l'Introduction). Durant toute l'expédition de Candie, il fut donc qualifié de comte.
2. François de Bonne de Créquy, duc de Lesdiguières, maré-

absence pour mon service ne vous permet pas d'en prêter le serment entre mes mains, j'ai bien voulu vous en accorder la dispense [1], ne doutant pas que votre zèle et votre affection à mon service ne redoublent en recevant une marque si considérable de mon estime et de ma confiance. Sur ce, je prie Dieu qu'il vous ait, Monsieur le comte de Vivonne, en sa sainte garde. Écrit à Paris, le 15ᵉ mars 1669.

II.

COLBERT AU COMTE DE VIVONNE.

Paris, 16 mars 1669.

Félicitations personnelles pour la charge de capitaine général des galères que le roi vient de lui accorder. — (Fol. 37, n° 36. Minute aut. de Colbert : Bibl. nat., Fr. 8025, fol. 137.)

Monsieur,

Les marques que le Roi vient de vous donner de son estime et de son amitié sont si considérables dans toutes leurs circonstances qu'étant votre serviteur au point que je le suis, je crois que vous voudrez bien que j'y prenne toute la part que je dois, et qu'outre celle qui m'est commune avec tous vos amis, j'aie encore celle que la correspondance réciproque que

---

chal de France depuis le 8 juillet 1668, avait été nommé général des galères en 1661, fut suspendu de sa charge en 1665, rentra en grâce en avril 1668 et démissionna le 3 mars 1669. Vivonne aussitôt acheta la charge. Les *provisions* en furent signées le 11 mars. (Arch. nat., *Marine*, B⁶1, fol. 45.)

1. Vivonne ne prêta serment que le 28 janvier 1670 (Jal, A. *Du Quesne et la marine de son temps*, 1, p. 571). La dispense est du 16 mars 1669 (Arch. nat., *Marine*, B⁶1, fol. 47).

votre charge et la mienne doivent avoir ensemble me doit donner. Je vous assure, Monsieur, que vous trouverez en moi toute la disposition à vous servir que vous pouvez désirer, et que je ne céderai à personne aux sentiments d'estime que l'on doit à votre mérite et à l'envie que j'aurai toujours de vous bien faire connaître que je suis [1]...

[1]. Vivonne répondit à Colbert pour le remercier, le 15 avril (Reg. n° 38). Il en profita pour lui exposer quelques difficultés pour la nomination du capitaine de la galère Capitane : « J'avois auprès de moi le sieur de Villeneuve durant que je faisois la charge de général des galères par commission, qui est assûrément un fort brave homme et fort entendu dans le métier, mais qui n'a pas cette délicatesse et ce savoir faire qui est nécessaire à un capitaine, qui est auprès d'un général pour faire les honneurs de la Capitane, surtout dans une occasion comme celle-ci où il y aura quantité de galères de différentes nations jointes ensemble. C'est pourquoi je vous prie de m'envoyer un ordre de Sa Majesté pour mettre sur la Capitane le sieur de Manse sur qui j'ai jeté les yeux. C'est assûrément un très digne sujet pour remplir cette place, qui a joint à la bravoure, à la qualité et à l'intelligence parfaite du métier, la connoissance du monde qu'il a acquise auprès du cardinal de Richelieu dont il étoit lieutenant des gardes. Vous me tirez par le moyen de cet ordre qui sera fondé sur ce que le sieur de Manse est plus ancien que le sieur de Villeneufve, de l'embarras où je me trouvois pour ce choix. L'honneur que le sieur de Manse a eu de commander une escadre de six galères est encore un titre pour lui sans réplique, et comme sa galère demeurera sans capitaine, je vous prie avec toute la confiance que j'ai en la bonté que vous avez pour moi, de faire agréer à Sa Majesté que le sieur de Folleville de Pile, qui commandoit la *Perle* au voyage que je viens de faire, commande cette galère. C'est un gentilhomme de qualité, du mérite duquel vous devez croire que je suis persuadé, puisque je lui avois confié un des navires que j'avois armé pour mon compte. Je vous supplie de croire que la considération de l'amitié que je lui ai toujours témoignée ne

III.

LOUIS XIV AU COMTE DE VIVONNE.

Paris, 23 mars 1669.

Ordre de ne mettre en mer que quatorze galères et de laisser la quinzième au port pour exercer les chiourmes. Défense de laisser embarquer sur les galères aucun volontaire ni aucun bagage inutile. Ordre à Vivonne de se mettre en rapport avec les ducs de Beaufort et de Navailles. — (Fol. 9, n° 13. Minute aut. de Colbert : Bibl. nat., Fr. 8026, fol. 32. Copie : Arch. nat., *Marine*, B⁶1, fol. 55.)

Monsieur le comte de Vivonne, après avoir examiné l'état des chiourmes de mes galères, j'ai estimé

m'engage pas tant à demander cette grâce à Sa Majesté pour lui que la passion que j'ai de voir remplir le corps de ses galères de gens de cœur et d'honneur. Je lui servirai de caution sans en appréhender de reproches, l'ayant vu servir à la terre et à la mer depuis plusieurs années. J'attends cette grâce de Sa Majesté et si elle me l'accorde, permettez-moi de vous en demander une autre dont je vous aurai toute l'obligation. Ce sera de lui procurer de faire ce voyage où j'ai besoin pour les occasions qui se présenteront de gens dont je sois aussi assuré que de lui. Et comme on a commencé à désarmer la dernière galère et que l'on sera peut-être obligé d'en désarmer une autre pour fortifier les chiourmes des autres qui en pourront avoir besoin dans un aussi grand voyage que celui-là, je vous supplierai très humblement de faire en sorte que la galère de M. de Manse ne soit pas désarmée ni montée par un des derniers capitaines, qu'au contraire il soit spécifié dans le brevet (en cas que Sa Majesté veuille bien accorder cette galère au sieur de Folleville) qu'elle fera le voyage pour ôter lieu aux prétentions des deux derniers capitaines qui seroient ses anciens.

Le chevalier de Saint-Mesme, lieutenant de la galère *la Fortune*, commandée par le sieur chevalier de Janson, étant du bien de mon service de n'en mettre en mer cette année que le nombre de 14, et de laisser la 15ᵉ commandée par le dernier capitaine dans le port pour exercer les nouvelles chiourmes et les rendre en état de bien servir l'année prochaine. C'est pourquoi vous vous conformerez à ce qui est en cela de mes intentions. Je désire de plus que vous ne permettiez point qu'aucun volontaire s'embarque sur mes galères et que vous en fassiez une défense si sévère qu'aucun capitaine n'ose y contrevenir. Vous observerez aussi de ne point permettre que les capitaines se chargent d'aucun bagage ni victuailles non nécessaires, étant très important de ne point embarrasser les galères dans une si longue navigation que celle que vous devez faire.

Vous devez au surplus conférer et convenir avec mon cousin, le duc de Beaufort, et mon cousin, le duc de Navailles [1], lorsqu'il sera sur les lieux, sur tout ce qui est à faire, tant pour l'embarquement de mes troupes sur mes galères que sur le temps de la partance à des rendez-vous ; ne doutant point qu'en toutes les choses qui dépendent de cette

indisposé et ayant même d'autre vue que celle du service de la mer, je vous serois bien obligé si vous aviez la bonté de faire remplir sa place par un de ses frères qui est chevalier comme lui et qui a servi longtemps sur les galères de Malte et la dernière année sur celles de Sa Majesté. C'est un fort brave garçon dont je m'accommoderois bien mieux que de l'autre... »

1. Philippe de Montaut de Bénac, duc de Navailles, reçut le 1ᵉʳ avril 1669 le « pouvoir de lieutenant-général d'armée sur le corps de troupes destiné pour le secours de Candie ». (Archives de la guerre, vol. 238, fol. 9 ; et Bibl. nat., Nouv. acq. fr. 4971 [Copie de Jal].)

charge, vous me donniez des preuves de votre zèle et de votre affection pour mon service. Sur ce je prie Dieu, etc.

IV.

LOUIS XIV AU COMTE DE VIVONNE.

Paris, 29 mars 1669.

Proposition de n'armer que treize galères au lieu des quatorze dont il avait été question tout d'abord. — (Fol. 11 v°, n° 7. Minute aut. de Colbert : Bibl. nat., Fr. 8026, fol. 40. Copie : Arch. nat., *Marine*, B⁶1, fol. 60-61.)

Monsieur le comte de Vivonne, je vous ai fait savoir par ma précédente[1] que j'estimois que le bien de mon service désiroit que vous laissassiez une de mes galères dans le port de Marseille pour naviguer pendant la campagne prochaine le long de mes côtes de Provence et de Languedoc et exercer les nouveaux forçats de ma chiourme. Cependant, après avoir considéré la longueur et la qualité du voyage que mes galères doivent faire cet été, j'ai jugé que peut-être vous estimeriez à propos et nécessaire d'en laisser deux afin que les 13 restantes fussent armées d'une chiourme d'élite et qui pût faire ce voyage plus saine et plus disposée à rendre le service auquel je les destine. C'est sur quoi j'ai bien voulu vous faire ces lignes pour vous dire que je me remets à vous pour prendre sur cela telle résolution que vous estimerez le plus convenable au bien

1. Du 23 mars.

de mon service [1]. Au surplus, je désire que pendant ce voyage vous observiez avec grand soin en quel temps et quelle est la navigation des galères de Malte pour régler à leur exemple la navigation et le service des miennes, même les surpasser, s'il se peut, et éviter par ce moyen le déplaisir que j'ai toujours eu de les voir dans le port de Marseille près des trois quarts de l'année sans rendre aucun service. A quoi je dois croire que votre application et votre zèle pour le bien de mon service remédieront à l'avenir.

En cas que vous estimiez à propos de laisser deux galères, je désire que ce soit les deux corps de galères plus pesantes qui seront commandées par les deux derniers capitaines, et que vous preniez tout ce qu'il y aura de bon dans leur chiourme pour fortifier les autres, et m'assurant que vous satisferez à ce qui est en cela de ma volonté, je finis en priant Dieu qu'il vous ait, etc.

1. Lettre de Vivonne à Louis XIV (20 avril 1669) : « Après le départ du courrier que j'ai eu l'honneur d'envoyer à Votre Majesté, j'ai fait la visite générale de ses galères et de toute la chiourme, et comme j'ai trouvé qu'il y avoit beaucoup d'esclaves et de forçats nouveaux, qui sont sujets à de grandes maladies la première campagne, et qui ne pourroient pas supporter la fatigue d'un voyage aussi grand que celui de Candie, n'étant pas même encore faits à la rame, j'ai cru qu'il seroit du service de Votre Majesté et de la conservation de ses galères de n'en mener que treize et de les fortifier de la vieille chiourme que l'on retirera des deux autres parcequ'elles seront par ce moyen en état de faire toute la force dont seront capables les galères avec lesquelles nous naviguerons. Cela n'empêche que les deux galères qui resteront ne naviguent le long de la côte et qu'elles ne rendent un service considérable à V. M. en exerçant la nouvelle chiourme. » (Arch. nat., *Marine*, B^{4}3, fol. 260.)

V.

LOUIS XIV AU DUC DE BEAUFORT.

Paris, 30 mars 1669.

Instructions pour l'armée navale pendant la campagne de Candie. — (Fol. 12, n° 18. Minute aut. de Colbert : Bibl. nat., Fr. 8026, fol. 8. Orig. : Arch. nat., *Marine*, B²8, fol. 13.)

Instruction que le Roi a résolu être envoyée à M. le duc de Beaufort, pair, grand maître, chef et surintendant de la navigation et commerce de France, sur l'emploi de l'armée navale que Sa Majesté met en mer sous son commandement pendant la présente campagne [1] :

Ledit sieur duc est informé que la dite armée est destinée pour le secours de Candie et que Sa Majesté ne voulant point déclarer ouvertement la guerre au Grand Seigneur, Elle a résolu qu'elle agiroit sous le nom du pape et prendroit l'étendard de Sa Sainteté, à quoi le dit duc se doit conformer. En cas que Sa Sainteté envoie des vaisseaux pour le même secours, Sa Majesté est persuadée qu'Elle fera porter le pavillon de la Sainte Église sur le principal et en ce cas Sa Majesté désire que le dit sieur duc porte le second pavillon [2] qui sera celui de Sa Sainteté et qu'il obéisse et prenne les ordres de celui qui sera établi par Elle général de l'armée.

En cas que Sa Sainteté n'envoie point de vais-

---

1. Cet acte a déjà été publié en grande partie par Bigge, *Der Kampf um Kandia*, p. 219-220, mais sans indication de sources.
2. Au mât de misaine (Jal, *Du Quesne*, I, p. 569).

seaux, mais seulement ses galères, la navigation des vaisseaux étant fort différente, Sa Majesté désire qu'il donne promptement avis au dit général de sa partance du port de Toulon et des rendez-vous qu'il estimera pouvoir être pris pour se joindre, et que, lorsqu'ils seront joints, il obéisse pareillement au dit général et prenne ses ordres en tous rencontres.

Sa dite Majesté veut qu'en toute occasion de jonction il tienne toujours le rang à sa dignité de fils aîné de l'Église et qu'il ne souffre jamais qu'aucun vaisseau des autres nations prenne le rang d'honneur entre l'étendard de la Sainte Église et celui qu'il portera, en quoi Sa Majesté ne veut point de ménagement.

Le dit sieur duc et commandant également les vaisseaux et les galères suivant le pouvoir que Sa Majesté lui en donne, Elle veut qu'après avoir pris l'ordre du dit général de la Sainte Église, il le donne ensuite au capitaine général de ses galères pour tout ce qui concernera son corps.

Il observera seulement que comme la différente navigation des vaisseaux et des galères ne lui donnera peut-être aucune occasion pendant toute la campagne de prendre rang après l'étendard de la Sainte Église, ce sera au capitaine général des galères de Sa Majesté à soutenir et conserver le rang de Patronne. En quoi le dit sieur duc l'assistera et le soutiendra s'il en a besoin.

En cas que le dit sieur duc de Beaufort et le sieur comte de Vivonne se trouvent ensemble dans les conseils qui pourront être tenus par le général de la Sainte Église, Sa Majesté veut qu'ils tiennent les second et troisième rangs sans souffrir aucune séparation ni aucun tempérament.

Comme la seule intention de Sa Majesté pour l'emploi de son armée navale pendant la présente campagne est le secours de Candie, Sa Majesté veut aussi que le dit sieur duc règle sa conduite à bien faire réussir cette importante affaire, et pour cet effet qu'il agisse en toutes choses de concert avec le sieur duc de Navailles, lieutenant général en ses armées, commandant le corps des troupes qu'elle envoie pour le dit secours et gardent ensemble une parfaite union et correspondance.

Que le dit sieur duc prenne grand soin que les troupes soient bien embarquées et fasse observer une si bonne police dans tous ses vaisseaux, qu'elles soient exemptes de maladies autant qu'il se pourra. Que lorsque l'armée sera arrivée près de l'île, ils concertent ensemble le lieu du débarquement et, pourvu que les vaisseaux s'y trouvent en sûreté, Sa Majesté veut que le dit embarquement se fasse au lieu que le dit sieur duc de Navailles trouvera le plus commode pour le secours de la place.

Dans le même temps que le débarquement des troupes, vivres et munitions d'artillerie se fera, Sa Majesté veut que les dits sieurs ducs de Beaufort et de Navailles et les lieutenants d'armée concertent ensemble les lieux où seront établis les commis des vivres destinés pour les achats à faire pour la subsistance de l'armée, pendant le temps qu'elle demeurera dans la dite île, et, en conséquence, le dit sieur duc de Beaufort destinera tous les vaisseaux de charge et d'escorte pour la sûreté du transport des dits vivres des lieux où ils seront achetés jusques en ceux qui seront destinés en la dite île pour les recevoir. Et comme de l'exécution de ce qui aura été ainsi concerté pour la sûreté des dits vaisseaux de charge dépend entièrement le succès de cette entreprise, Sa Majesté veut que le dit sieur duc y pourvoie de sorte qu'il n'y puisse arriver d'accident et qu'il y emploie même son armée, s'il l'estime nécessaire.

Sa Majesté veut de plus que le dit sieur duc de Beaufort tienne toujours les vaisseaux de son armée navale en état de recevoir et d'embarquer son armée de terre, soit en cas que les Turcs soient chassés et que le siège se lève et la place [soit] en sûreté, soit en cas d'accidents contraires ou que la place soit prise par composition ou par force. Et pour cet effet, Sa Majesté veut que le dit sieur duc demeure toujours dans les ports et rades de l'île de Candie ou la plus proche où il pourra tenir les vaisseaux de Sa Majesté, et qu'il n'en puisse partir par aucun autre effet qu'après avoir été tenu conseil où le dit sieur duc de Navailles sera appellé et, soit qu'il soit présent ou absent, le départ de l'armée navale ne sera point exécuté qu'après avoir pris son consentement par écrit.

Sa Majesté veut qu'aussitôt que le dit sieur duc sera arrivé et aura fait le débarquement, il envoie une des tartanes qui sera à la suite de l'armée en apporter des nouvelles, ensemble les lettres du dit sieur duc de Navailles et des autres officiers de l'armée.

Quoique Sa Majesté ordonne au dit sieur de Beaufort d'obéir en toutes choses au général de la Sainte Église, elle est persuadée qu'il trouvera facilement les moyens d'exécuter les ordres ci-dessus, d'autant que le dit général sera bien aise de prendre ses conseils sur tout ce qu'il y aura à faire et qu'il s'accommodera facilement à l'exécution des dits ordres qui ne tendent qu'au succès de cette grande entreprise.

Sa dite Majesté désire que le dit sieur duc de Navailles assiste dans tous les conseils qui seront tenus pour l'emploi de l'armée navale, s'il peut s'y trouver, et qu'il y prenne rang immédiatement après le capitaine général des galères, et après lui les lieutenants généraux de la marine et des dites galères.

Sa dite Majesté veut que le dit sieur duc de Beaufort fasse exécuter son ordonnance qui fut publiée dans tous les ports de son royaume l'année dernière, portant injonction à tous ses sujets qui sont au service des étrangers de retourner en France[1], et pour cet effet qu'il fasse visiter les vaisseaux étrangers qu'il rencontrera en mer et se fasse remettre ses sujets qui s'y trouveront pour les faire punir suivant la rigueur de la dite ordonnance[2].

Le sieur duc est informé de la conduite que les corsaires d'Alger tiennent à l'égard de ses sujets pour l'exécution des traités de bonne correspondance qui ont été faits avec eux ; et comme ils ont été relâcher quelques bâtiments qu'ils ont trouvé en mer et ont pris l'argent qu'ils ont trouvé sur une barque, sous prétexte qu'elle venoit d'Espagne, Sa Majesté estime que, jusques à ce qu'elle puisse leur faire la guerre avec un bon nombre de vaisseaux pour leur

---

1. Cet ordre avait été donné en février 1667 (cf. n° XII).
2. Le même ordre fut envoyé à Vivonne, cf. n° XII et XXIII.

faire rendre ce qu'ils ont mal pris ou rompre avec eux, il convient au bien de son service de ne leur point faire connoître le dessein de Sa Majesté qu'en quelque occasion importante. Et toutefois, comme l'armée de Sa Majesté agira sous le nom de Sa Sainteté, le dit sieur duc ne laissera point de prendre tout ce qu'il trouvera appartenir aux dits corsaires d'Alger, Tunis et Tripoli.

Sa Majesté envoie au dit sieur duc le pouvoir pour commander ses galères en cas de jonction et elle envoie pareillement le pouvoir au sieur comte de Vivonne, capitaine général de ses galères, pour commander les vaisseaux en cas de maladie ou d'autre accident qui pourroit arriver au dit sieur duc.

Sa dite Majesté veut que le dit sieur duc s'applique à faire le plus grand nombre d'esclaves qu'il pourra pour fortifier les chiourmes de ses galères.

Fait à Paris le 30° mars 1669. Signé : Louis, et plus bas : Colbert.

Sa Majesté ordonne d'ajouter à l'instruction de l'autre part qu'en cas qu'après que le dit sieur duc de Navailles aura reconnu l'état auquel sera la place de Candie lorsque l'armée de Sa Majesté y arrivera, il estimoit qu'elle ne fut plus en état d'être secourue et qu'il fut d'avis de reporter les troupes en France, Sa Majesté veut qu'en cela le dit sieur duc de Beaufort suive l'avis du dit sieur duc de Navailles et qu'il reprenne la route de France avec toutes les troupes qui seront sur les vaisseaux. Signé : Louis, et plus bas : Colbert [1].

1. La minute contenant les instructions adressées à Vivonne

VI.

LOUIS XIV AU COMTE DE VIVONNE.

Paris, 5 avril 1669.

Avis de l'envoi de l'instruction pour le service des galères pendant l'expédition de Candie. — (Fol. 33, n° 26. Minute aut. de Colbert : Bibl. nat., Fr. 8026, fol. 58. Copie : Arch. nat., *Marine*, B⁶1, fol. 66 v°.)

Monsieur le comte de Vivonne, je vous envoie l'instruction que j'ai ordonné d'être expédiée sur tout ce que vous avez à faire dans le commandement de mes galères pendant la prochaine campagne [1] avec le pouvoir pour commander mes vaisseaux en cas de maladie ou d'autre accident qui pourroit arriver à mon cousin le duc de Beaufort [2], auquel j'ai pareillement envoyé le pouvoir de commander le corps de mes galères; et, m'assurant que

---

et relatives à la navigation des galères est du 3 avril. (Bibl. nat., Fr. 8026, fol. 51, minute aut. de Colbert). La copie est aux Arch. nat., *Marine*, B⁶1, fol. 61 v°. En voici le résumé : les galères doivent aider au transport des troupes et concourir avec les dix-huit vaisseaux commandés par Beaufort à la défense de Candie. Elles doivent naviguer sous l'étendard du pape et prendre les ordres du général de ses galères. Le comte de Vivonne sera toujours subordonné au duc de Beaufort, qu'il remplacera à la tête de toutes les forces maritimes du roi en cas de maladie ou de mort. Pendant la campagne, les galères devront concourir au transport des troupes, au débarquement, aux subsistances et, en cas de besoin, à la retraite. Pour tout le reste, les instructions sont semblables à celles que reçut le duc de Beaufort.

1. Cf. la note précédente.
2. Ce *pouvoir* est du 4 avril 1669 (Arch. nat., *Marine*, B⁶1, fol. 65).

je recevrai dans une occasion si importante à ma gloire et au bien de mon service des marques de votre zèle ordinaire, je ne vous ferai la présente plus longue ni plus expresse que pour prier Dieu qu'il vous ait, Monsieur le comte de Vivonne, en sa sainte garde. A Paris.

VII.

LOUIS XIV AU COMTE DE VIVONNE.

[Paris], 5 avril 1669.

Avis de la capture de 180 « Turcs d'Alger » qui sont destinés aux galères royales. — (Fol. 33 v°, n° 27. Copie : Arch. nat., *Marine*, B⁶1, fol. 68.)

Monsieur le comte de Vivonne, deux barques d'Alger ayant échoué sur les côtes de ma province de Languedoc, j'ai donné mes ordres à mon oncle, le duc de Verneuil, de faire conduire sûrement en ma ville de Marseille cent quatre vingts Turcs qui ont été pris sur les dites barques pour être mis sur mes galères ; de quoi j'ai bien voulu vous donner avis et vous dire en même temps que mon intention est que vous ayez à exécuter ce qui est en cela de ma volonté ; les infractions fréquentes que ceux d'Alger ont faites aux traités de bonne correspondance qui avoient été faits entre mon cousin le duc de Beaufort et eux m'ayant obligé de prendre cette résolution jusqu'à ce que ils les aient entièrement réparées. Sur ce je prie Dieu qu'il vous ait, etc.

VIII.

LOUIS XIV AU COMTE DE VIVONNE.

Paris, 5 avril 1669.

Ordre d'installer le comte de Bueil comme capitaine de la galiote la *Subtile*. — (Fol. 34, n° 28. Copie : Arch. nat., *Marine*, B⁶1, fol. 72.)

Monsieur le comte de Vivonne, ayant fait choix du sieur comte de Bueil[1] pour exercer pendant cette année la charge de capitaine de la galiote la *Subtile*, je vous fais cette lettre pour vous en donner avis et vous dire que vous ayez à l'installer dans la dite charge et à le faire reconnoître de tous les autres officiers qu'il appartiendra, et la présente n'étant à autre fin, je prie Dieu, etc.[2].

IX.

LOUIS XIV AU COMTE DE VIVONNE.

Paris, 13 avril 1669.

Ordre de faire un étendard pontifical pour la galère Capitane, et de se conformer aux ordres du pape qui vient de nommer le bailli Rospigliosi commandant de l'armée de secours et de fixer à Corfou le lieu de rendez-vous des galères. — (Fol. 35 v°, n° 33. Minute aut. de Colbert : Bibl. nat., Fr. 8026, fol. 72. Copie : Arch. nat., *Marine*, B⁶1, fol. 79 [11 avril].)

Monsieur le comte de Vivonne, j'apprends par

---

1. Maurice Grimaldi, comte de Bueil, fut capitaine de galère en 1671, devint chef d'escadre en 1697 et mourut en 1698.
2. Autres lettres de cachet identiques pour le sieur d'Espanet, nommé capitaine de la galiote *Vigilante*, et le chevalier

les lettres que mon cousin, le cardinal Rospigliosi, a écrites à Lionne, que le pape a envoyé à mon cousin le duc de Beaufort son étendard pour mettre sur mes vaisseaux [1]. Sur quoi je désire que vous en fassiez faire un pareil pour porter sur ma galère Capitane, afin que le secours entier paroisse sous le nom de Sa Sainteté, ainsi que je vous l'ai ci devant écrit. Le dit cardinal écrit aussi que Sa Sainteté a donné le commandement de toute l'armée au bailli Rospigliosi, son neveu, et qu'il a estimé que le rendez-vous à Malte ne seroit pas avantageux pour le succès de cette grande entreprise, et qu'il seroit beaucoup mieux de le prendre à Corfou où les galères de Sa Sainteté se rendront au plus tôt. Sur quoi je désire que vous vous conformiez entièrement à ce qui est en cela de la volonté de Sa Sainteté. Je prie Dieu qu'il vous ait, etc.

X.

LOUIS XIV AU COMTE DE VIVONNE.

[Paris], 15 avril 1669.

Avis que le marquis de Martel est désigné pour commander les galères et les galiotes en cas de maladie ou d'absence du comte de Vivonne. — (Fol. 36 v°, n° 35.)

Monsieur le comte de Vivonne, ayant estimé qu'il

de Foresta, nommé capitaine de la galiote la *Légère*, 5 avril, Paris (Reg., n° 29 et 30). Le 12 mars, le roi avait désigné les officiers de la Brossardière, de la Mothe-Vialart, les chevaliers de Janson et de la Régnarde pour le commandement des galères : Patronne, *Saint-Dominique, Fortune, Régine* (Reg., n° 7-10).

1. Le 22 mars, Clément IX avertit Louis XIV qu'il envoyait à Beaufort son étendard, béni tout spécialement (Arch. des

étoit de mon service de nommer un troisième chef de mon armée navale en cas que, pendant le cours de la présente campagne, mon cousin, le duc de Beaufort, et vous soyez absents ou malades ou que par quelque accident vous ne puissiez l'un et l'autre faire les fonctions de vos charges, j'ai fait choix du sieur Martel [1] pour commander en ce cas le corps de mes galères et galiotes que vous commandez et lorsqu'elles seront jointes à mes vaisseaux. J'ai bien voulu vous en donner avis par la présente afin que de votre part vous disposiez les officiers de mes dites galères de lui obéir. Sur ce je prie Dieu qu'il vous ait, etc.

XI.

LOUIS XIV AU COMTE DE VIVONNE.

[Paris], 20 avril 1669.

Avis que le pape fixe à Messine et non à Malte ou à Corfou le lieu de rendez-vous des galères. — (Fol. 46 v°, n° 41. Minute aut. de Colbert : Bibl. nat., Fr. 8026, fol. 76. Copie : Arch. nat., *Marine*, B⁶1, fol. 85.)

Monsieur le comte de Vivonne, j'apprends par les

Affaires étrangères (Correspondance, Rome, t. 197, fol. 128), et l'abbé de Bourlemont écrivit à Lionne une lettre sur ce sujet (*ibidem*, fol. 120).

1. Le marquis de Martel, nommé capitaine en 1635 et chef d'escadre en 1643, était lieutenant général depuis le 26 janvier 1656. Il mourut en avril 1681. Jal, *op. cit.*, II, p. 387 : « Brave soldat, mais mauvais matelot. » Villette, *Mémoires*, p. 14, n. 4. — Cf. Saint-Hilaire, *Mémoires*, éd. Lecestre, t. I, p. 77, n. 4. Mᵐᵉ de Sévigné, *Lettres*, éd. Monmerqué, t. III, p. 72, n. 2. Fac-similé de la signature de Martel dans Jal, *op. cit.*, I, p. 391.

dernières lettres que j'ai reçues de notre saint Père le Pape qu'il estime plus à propos d'assembler toutes les galères qui sont destinées pour le secours de Candie à Messine qu'à Malte ou à Corfou où Sa Sainteté avait cru ci-devant qu'il seroit bon de les assembler. C'est ce qui m'oblige d'écrire à mon cousin le duc de Beaufort que mon intention est que mes galères partent sans aucun retardement et se rendent le plus promptement qu'il sera possible au dit lieu de Messine, où elles attendront les galères de Sa Sainteté pour les suivre et obéir au prieur Rospigliosi, général des armées de la Sainte Église, ainsi que je vous l'ai fait savoir. C'est de quoi j'ai été bien aise de vous informer afin que vous vous conformiez à ce qui est en cela de ma volonté. Sur ce je prie Dieu qu'il vous ait, Monsieur le comte de Vivonne, en sa sainte garde.

XII.

LOUIS XIV AU COMTE DE VIVONNE.

Paris, 20 avril 1669.

Ordre de visiter tous les vaisseaux marchands étrangers pour y arrêter tous les Français et les livrer à la justice. — (Fol. 47, n° 42. Minute aut. de Colbert : Bibl. nat., Fr. 8026, fol. 74. Copie : Arch. nat., *Marine*, B[6]1, fol. 84.)

Monsieur le comte de Vivonne, j'ai ci devant donné une déclaration du mois de février 1667 et un arrêt donné en mon conseil, moi y étant, le 14° janvier 1668, par lesquels j'ai enjoint à tous mes sujets employés en la marine au service des étrangers de retourner dans mon royaume et à mon service dans trois mois du jour de la publication du dit arrêt. Et quoique plusieurs y aient satisfait, je suis néanmoins averti qu'il y en a encore un très grand nombre qui sont demeurés. C'est ce qui m'oblige de vous écrire ces lignes pour vous dire que mon intention est que vous visitiez et fassiez visiter par tous les capitaines de mes galères les vaisseaux marchands étrangers que vous ou eux rencontrerez dans votre route, que vous en retiriez les François que vous y trouverez, et que vous les remettiez ensuite entre les mains de la justice pour être punis suivant la rigueur portée par les dites déclarations et arrêts. Et m'assurant que vous satisferez ponctuellement à ce qui est en cela de ma volonté, je ne vous ferai la présente plus longue que pour prier Dieu qu'il vous ait, Monsieur le comte de Vivonne, en sa sainte garde. Écrit à Paris, le 20ᵉ avril 1669 [1].

XIII.

LOUIS XIV AU COMTE DE VIVONNE.

S.l., 28 avril 1669.

Satisfaction du roi causée par la revue générale de la chiourme et la décision d'armer treize galères. La galère Capitane doit se tenir immédiatement après la première du pape. — (Fol. 50 v°, n° 48. Minute aut. de Colbert : Bibl. nat., Fr. 8026, fol. 82. Copie : Arch. nat., *Marine*, B⁶1, fol. 89 v°.)

Monsieur le comte de Vivonne, je suis bien aise d'apprendre par votre lettre du 22ᵉ de ce mois que vous ayez fait une visite générale de la chiourme de mes galères et que, suivant le pouvoir que je vous ai

---

1. Voir aussi n° XXIII.

ci-devant donné, vous avez résolu de ne mener que treize galères en Candie outre les trois galiotes. Je ne doute point que ce nombre de galères ne soit en état de devancer toutes celles des autres princes qui sont destinées pour le même dessein en toute sorte de navigation et beaucoup plus en toutes actions de guerre. Il sera bien à propos que les deux autres galères naviguent pendant cette campagne le long des côtes de Provence pour exercer les chiourmes et les rendre plus capables de servir l'année prochaine [1].

J'attends de votre zèle au bien de mon service que vous vous instruirez dans ce voyage sur tout ce qui se peut faire pour rendre mes galères les meilleures de toutes les mers et pour les mettre en état de naviguer en toute saison.

Vous recevrez avec cette dépêche mon ordre pour aller au rendez-vous de Messine, choisi par le pape, joindre ses galères et ensuite suivre les ordres du prieur Rospigliosi. A l'égard du rang que ma galère Capitane doit tenir, il suffit que je vous aie donné l'ordre de ne céder à aucune galère qu'à la première du pape, de quelque nom qu'elle soit appelée, sans qu'il soit nécessaire d'attendre un ordre précis de Sa Sainteté sur ce rang, et que j'aie écrit à Rome pour vous faire donner bref pour commander à toute l'armée en cas d'absence ou d'autre accident du dit prieur Rospigliosi et de mon cousin le duc de Beaufort. Je ne laisse pas de vous ordonner de vous joindre au dit prieur, quand même vous ne recevriez pas ledit bref, et toutefois, ne désirant pas que

1. Cf. p. 7, note 1, et Arch. nat., *Marine*, B^{4}3, fol. 267-268 (Lettre de Vivonne au roi du 26 avril).

vous puissiez être commandé par aucun chef de troupes auxiliaires, mon intention est qu'en cas que le dit prieur et mon dit cousin ne fussent point en état d'agir, vous preniez le commandement sur toutes les forces navales, et si les chefs font difficulté de vous obéir, vous ayez à vous séparer des autres avec mes vaisseaux et galères.

J'attendrai d'être éclairci sur la conduite de ceux d'Alger avant que de prendre résolution tant sur la délivrance des Turcs qui ont été pris sur les côtes de ma province de Languedoc que sur la continuation de la paix avec eux [1]. Sur ce je prie Dieu, etc.

XIV.

MADAME DE THIANGE AU COMTE DE VIVONNE.

S. l., 3 mai 1669.

Félicitations pour la nomination de Vivonne au grade de capitaine général des galères, et recommandation à lui faite du commandeur du Chastellux. — (Fol. 56 v°, n° 55.)

Je fus bien fâchée, mon cher frère, de ne pouvoir vous écrire par ce gentilhomme que vous aviez envoyé au Roi, mais je ne sus son départ que dans le moment qu'il alloit monter à cheval. Vous croyez bien, mon cher frère, que je prends toute la part

1. Une lettre de Colbert au même, du 29 avril, accompagnait celle-ci. Elle traitait des mêmes questions en termes presque identiques, et portait en outre : « Le Roi s'attend que vous partirez le deux ou troisième du mois prochain au plus tard et Sa Majesté vous donne ses ordres par sa dépêche ci-jointe sur le contenu en celle qu'elle a reçu de vous cet ordinaire. » (Reg., n° 50. Minute aut. de Colbert : Bibl. nat., Fr. 8026, fol. 84.)

que je dois à ce qui vous arrive. Je suis persuadée comme tout le reste du monde que la charge de général des galères est très belle, et outre cela, il me suffit de savoir que vous la souhaitiez [1]. Je règle toujours mes sentiments par les vôtres et assurément, quoiqu'il puisse arriver, vous me trouverez toujours plus tendrement et plus fidèlement attachée à tous vos intérêts que personne du monde. On m'a fort priée de vous parler en faveur du commandeur de Chastellux[2] et, à dire la vérité, je crois que vous devriez souhaiter par toutes sortes de raisons qu'il eût la charge de lieutenant général des galères. La nourrice du Roi vous fait aussi une supplication par moi pour son fils qui a fort servi sur la mer. Vous savez que ces sortes de gens là peuvent rendre de fort bons offices. C'est pourquoi je vous serai extrêmement obligée si vous aviez la bonté de me faire un mot de réponse que je leur puisse montrer.

XV.

LE COMTE DE VIVONNE A LOUIS XIV.

S. l., 7 mai 1669.

Remerciements pour les nominations des sieurs de Manse et de Folleville. Demande d'ordres pour l'entretien des galères. — (Fol. 60, n° 59. Orig. : Arch. nat., *Marine*, B⁴ 3, fol. 280.)

Sire,

Les grâces que je reçois tous les jours de Votre

---

1. Le 4 mai, le dey d'Alger écrivit aussi à Vivonne une lettre pour le féliciter de sa nomination au grade de général des galères. Il en profitait pour le prier de lui faire faire « un bon fanal curieux » pour son navire (Reg., n° 53).

2. Cf. sur lui Jal, *op. cit.*, I, p. 252.

Majesté et celles qu'elle m'a nouvellement accordées pour les sieurs de Manse[1] et de Folleville, jointes aux marques de bonté et de bienveillance qu'elle me donne dans la lettre qu'elle me fait l'honneur de m'écrire [2], passent tellement tous les remerciements que je lui en peux faire, qu'elle ne trouvera pas mauvais qu'au lieu de lui faire tous ceux que je lui dois, je l'assure simplement que j'attends avec impatience les occasions de faire quelque chose pour son service et pour la gloire de ses armes, qui lui fasse connoître les sentiments de reconnoissance que j'ai de tout le bien qu'elle me fait. Je partirai au premier jour avec les galères de V. M. dans cette pensée [3],

1. Antoine de Manse devint chef d'escadre et commandait la *Réale* en 1674.
2. Louis XIV à Vivonne, 22 avril (Reg., n° 45) :
« ... Je vous accorde bien volontiers le commandement de ma galère Capitane pour le sieur de Manse et celui de la galère [*la Renommée*] pour le sieur Folleville de Pile, comme aussi les autres charges que vous avez demandées [Voir p. 3, n. 1]. Sur quoi vous devez seulement observer qu'à l'avenir je désire mettre des gens de qualité dans les charges subalternes afin de les rendre capables de celles de capitaines. Je fais écrire à Rome pour obtenir de Sa Sainteté le bref pour vous donner le commandement de toute l'armée en cas d'absence ou d'autre accident du prieur Rospigliosi et de mon cousin le duc de Beaufort, comme aussi pour donner le nom de Capitane de la Sainte Église à ma galère Capitane, afin qu'elle puisse avoir le pas sur toutes les autres galères capitanes. »
3. Le même jour, Vivonne écrivait à Colbert une lettre où ce point se trouve précisé : « Je partirai au premier jour avec les galères, n'y ayant plus rien qui me puisse arrêter. Puisque M. de Navailles est arrivé, je passerai à Toulon pour prendre avec lui et M. de Beaufort les mesures qui sont nécessaires pour notre voyage. » (Reg., n° 58. Orig. : Arch. nat., *Marine*, B^{4}3, fol. 278.)

et je puis l'assurer que je n'oublierai rien dans ce voyage pour faire qu'elles répondent à la grandeur de Votre Majesté et qu'elles lui rendent tout le service qu'elle en peut attendre.

J'observerai comme j'ai déjà mandé à V. M. tout ce qui se pratique sur celles de Malte et des autres nations pour mettre ses galères sur le pied qu'elle souhaite. Elles navigueront toute l'année et feront assurément tout ce que les autres sont capables de faire. C'est pourquoi je la supplie très humblement de donner les ordres qu'elle jugera nécessaires pour cela, afin que je les trouve à mon retour et que je les mette aussitôt en état de servir l'hiver prochain à tout ce que Votre Majesté me fera la grâce de m'ordonner.

Je supplie très humblement Votre Majesté de me faire savoir si elle trouve bon que je fasse réponse à la lettre que le bacha d'Alger m'a écrite et dont je lui envoie l'original, et en cas que ce soit son intention, elle aura la bonté d'en faire avertir M. Arnoul, qui écrira pour moi en mon absence et qui aura le soin de faire dater la lettre du temps de mon départ. Je suis avec un très profond respect...

XVI.

LE VICE-LÉGAT LOMELINO AU COMTE DE VIVONNE.

Avignon, 13 mai 1669.

Avis que le pape lui envoie un bref ou commission pour commander l'armée navale à défaut du bailli Rospigliosi, et plusieurs autres faveurs. — (Fol. 66 v°, n° 62.)

Monsieur,

M'ayant fait savoir M. le duc de Beaufort par une

sienne lettre et par la vive voix de M. de La Bâtie[1] qu'il trouvoit à propos que Sa Sainteté vous envoyât un bref ou commission pour commander toute l'armée navale en l'absence de M. le bailli Rospigliosi et de son Altesse même[2], Sa Sainteté, pour témoigner l'estime qu'elle fait de votre personne, l'a dès aussitôt envoyé par le retour de mon courrier, et de plus a voulu accompagner votre grand courage avec un cheval d'agate et celui des officiers inférieurs et soldats avec des médailles. Mon secrétaire, qui s'en vient exprès en toute diligence pour avoir l'honneur de vous remettre le tout, vous assurera en même temps

1. Probablement membre de la famille de Marnais de la Bâtie.
2. Le bref donnant commission du pape Clément IX à Vivonne pour commander les galères royales et en l'absence du bailli Vincent Rospigliosi et du duc de Beaufort toute l'armée navale, est du 29 avril 1669. (L'original en latin a été transcrit dans le registre au n° 63, et la traduction en français au n° 64.)
Le même jour, Clément IX, par un bref distinct, accorda à Vivonne le pouvoir « de nommer et établir les commandants, capitaines et officiers des dites galères, même la faculté de les casser, suspendre et ôter de leurs emplois ». (Reg., n° 65 et 66.) Puis, par un autre bref, il lui annonça qu'il lui faisait présent « d'un chapelet de pierre d'agate avec une médaille d'or, voulant que toutes les fois que vous aurez ce chapelet sur vous, que vous réciterez l'office divin ou celui de la bienheureuse Vierge ou celui des Morts, ou les sept psaumes pénitentiaux ou les graduels, ou le chapelet du Seigneur ou celui de la Vierge, ou que vous réciterez le tiers du Rosaire ou que vous enseignerez la doctrine chrétienne ou que vous visiterez les malades d'un hôpital ou les prisonniers, ou que vous ferez l'aumône aux pauvres..., vous obteniez et gagniez l'indulgence plénière de tous vos péchés. » (Reg., n° 67 et 68.)
Clément IX envoya le 18 mai à Vivonne un bref de compliments et de vœux (Reg., n° 69 et 70), puis le 15 juin sa bénédiction (Reg., n° 71).

de mes très humbles obéissances et de la passion qui me reste de pouvoir dorénavant vous faire connoître par mes services que je suis avec passion...

XVII.

LETTRE DE BEAUFORT AU COMTE DE VIVONNE.

[Toulon], 13 mai 1669.

Le pavillon pontifical et les difficultés du départ. — (Fol. 82 v°, n° 75.)

Vous trouverez le pavillon du Pape à notre grand mat, puisque vous le voulez. Je n'en avois point d'achevé, mais j'en prends un autre, en sorte que si vous l'avez agréable, le salut se fera coup pour coup et en cela nous suivons les ordres du Roi. Je désespère que nous n'ayons nos vivres qui retarderont beaucoup. Vous avez bien pâti d'avoir eu le vent contraire. Le vent cessé et sûrement vous ne perdrez pas de temps. Je crois que M. de Navailles change quelques troupes à vos galères. Ce n'est pas de ma part. Je meurs d'envie de vous embrasser.

XVIII.

LE COMTE DE VIVONNE AU PAPE.

Marseille, 14 mai 1669.

Remerciements pour les brefs et les faveurs reçues. — (Fol. 81 v°, n° 73.)

Très saint Père,
La bonté que Votre Sainteté a eue de m'honorer

d'un bref conçu en des termes si obligeants avec les indulgences et le précieux chapelet qu'elle y a joint m'obligent à l'assurer que je chercherai avec tout le soin possible les occasions de lui faire connoître par mes services le ressentiment que j'ai de toutes ses bontés [1]. Je peux assurer Votre Sainteté que je sacrifierai du meilleur de mon cœur et mon sang et ma vie pour faire réussir les glorieux desseins qu'elle a pour une si sainte guerre. Ceux qui sont sous ma charge sont aussi animés du même zèle et n'ont pas de plus forte passion que de se signaler dans une si sainte entreprise et qui est pour le service de Votre Sainteté. Je la supplie très humblement d'être persuadée de cette vérité et qu'il n'y a personne au monde qui soit avec tant de respect et de soumission que moi...

XIX.

LOUIS XIV AU DUC DE BEAUFORT.

S. l., 17 mai 1669.

Autorisation de commander à terre les troupes de mer, mais sous certaines conditions. — (Fol. 112, n° 89.)

Mon cousin, j'ai bien considéré les raisons contenues dans vos lettres des 6 et 7ᵉ de ce mois concernant les instances présentes que vous me faites pour avoir la permission de mettre pied à terre et commander en personne le détachement qui pourra être

---

1. Le même jour, Vivonne remercia le vice-légat Lomelino de sa lettre (Reg., n° 74).

fait des troupes de mer, vaisseaux et galères pour le secours de Candie; et comme je serai toujours bien aise de vous donner les moyens d'acquérir de la gloire, autant que le bien de mon service le pourra désirer, je consens volontiers à votre demande, à condition toutefois que dans les conseils de guerre qui seront tenus, il soit résolu que les troupes prendront un poste hors la place entre les quartiers des Turcs ou qu'elles mettront pied à terre dans quelque endroit de l'île, soit pour les pouvoir attaquer, soit pour quelque autre entreprise; que l'attaque qui sera résolue soit telle qu'elle oblige le capitaine général de la Sainte Église de détacher tout ce qu'il pourra commander de troupes, de vaisseaux et galères, et que vous agissiez d'un si grand concert avec mon cousin le duc de Navailles qu'il ne paroisse aucune division dans le commandement. A ces conditions, je vous permets volontiers de vous mettre à la tête des troupes détachées de la dite armée navale pour le temps de l'attaque seulement. Mais je ne désire point que vous quittiez mes vaisseaux si mes troupes doivent agir au dedans de la place de Candie et pour des sorties ordinaires, ni pendant le temps qu'elles seront campées hors la place et qu'elles travailleront à se mettre en état de faire l'attaque, mais seulement pendant le temps de l'action, n'estimant pas du bien de mon service que vous quittiez pour longtemps mes vaisseaux et galères. Au surplus, j'estime inutile de vous recommander d'observer qu'ils soient toujours en état de prendre tel parti que vous estimerez nécessaire pour le bien de mon service.

J'ai été bien aise d'apprendre par vos lettres l'arrivée des deux escadres de Thurelle[1] et Gabaret[2]. J'espère recevoir bientôt l'avis de votre départ. Je vous ai accordé volontiers une gratification de douze mille livres pour vous aider à supporter les dépenses que vous serez obligé de faire dans ce voyage. Sur ce, je prie Dieu qu'il vous ait, mon cousin, en sa sainte et digne garde [3].

XX.

ORDRE DU COMTE DE VIVONNE.

Toulon, 18 mai 1669.

Instructions pour la route à suivre par les galères depuis Toulon jusqu'en Calabre. — (Fol. 96, n° 78.)

Route que le comte de Vivonne, prince de Tonnay-Charente, capitaine général des galères de l'Église, lieutenant général pour le Roi en mers et armées de Levant, et premier gentilhomme de la Chambre de Sa Majesté, veut et entend être tenue

---

1. De Thurelle-Thiballier. En 1665, il commandait le vaisseau le *Mercœur* dans la marine de Ponant (Jal, I, p. 357).

2. Jean Gabaret, capitaine de vaisseau depuis 1653, devint chef d'escadre en 1673 et lieutenant-général des armées navales en 1689.

3. Cette lettre partit avec un message de Colbert au même, qui contenait de bonnes nouvelles de Candie : « Les nouvelles que nous avons reçues de Candie ne portent point que la place soit aussi pressée que celles que vous avez reçues le portent; au contraire, il paroît que les seules forces qui sont à présent dans la place sont suffisantes pour la conserver pendant cette campagne, en sorte qu'il y a lieu d'espérer que le grand secours que S. M. y envoie pourra avoir un succès tel que nous le devons espérer. »

*par les galères la présente campagne de cette
année 1669* [1].

Partant de Toulon droit aux îles d'Hyères et de là
passant droit au Cap Corse, rencontrant les vents
devant, savoir Isseroc, Levant Isseroc [2], il faut relâcher au Golfe Juan [3] ou à Villefranche.

Trouvant le vent au grégal [4], ne pouvant faire côté
à travers [5], faut courir à Ajaccio [6]. Trouvant les vents
midi et labèche [7], ne pouvant tenir, faut courir en
vaie.

Étant au Cap Corse, trouvant grand vent de labèche et ne pouvant mouiller, faut courir à Livourne
ou à Portovenere [8].

Trouvant sur le Cap Corse les vents Grec et Tramontane, faut courir vers Portoferrajo [9] ou la Pianosa [10], et ne pouvant tenir le côté à travers, il faut
courir à Porto Vecchio [11], et en arrivant à Portoferrajo
ou à la Pianosa, on prendra la route droit à Cività-
Vecchia, et, en cas que le vent refuse, on ira mouiller à Porto San-Stefano [12].

1. Les « Ordres et signaux pour le jour et la nuit », transmis à Vivonne par le duc de Beaufort, sont transcrits aux n⁰ˢ 76-77 et 79-80 du Registre.
2. Vent du sud-est.
3. *Au Gourjean*, dans le texte.
4. Vent du nord-est.
5. Virer de bord.
6. *A Layasse*.
7. Vent du sud-ouest (vent de Lybie).
8. Près de la Spezzia.
9. Dans l'île d'Elbe.
10. Ile de la *Planouse*. Au sud de l'île d'Elbe.
11. *Portvech*. En Corse.
12. Dans la presqu'île du Monte-Argentario. *A Sainte-Estèfe*.

Partant de Cività Vecchia, faut prendre la route de l'île de Ponza [1], et trouvant le levant, il faut aller à Gaète [2] où les premières galères attendront les dernières en cas de séparation.

Partant de Ponza, si le temps le permet, il faut aller droit à Lipari [3] ou à la Panaria [4], et, en trouvant le vent contraire, il faut aller à Ischia.

Partant de Lipari ou de la Panaria, il faut tirer droit au phare de Messine et, en cas de vent contraire, il faut relâcher à Milazzo [5].

Partant de Messine, les galères continueront leur route droit aux Zantes. Rendez-vous général suivant la côte de Calabre, et en cas de vent contraire, lorsqu'on sera au cap Spartivento, il faut relâcher à Augusta [6]; et le long de la côte on trouvera de quoi faire l'aiguade et le bois. Fait à la rade de Toulon, à bord de la Réale, ce 18ᵉ mai 1669.

XXI.

LE COMTE DE VIVONNE A LOUIS XIV.

Toulon, 19 mai 1669.

Détails sur la réception des brefs, le départ de Marseille, les préparatifs à Toulon, la route à suivre. — (Fol. 102, n° 81. Orig. : Arch. nat., *Marine*, B⁴ 3, fol. 282.)

Le mauvais temps qui m'a retenu dans le port de

1. *Ponse.*
2. *Gayétte.*
3. *Lipsy.*
4. Petite île au nord de celle de Lipari. *La Pannerie.*
5. Sur la côte nord de Sicile. *A Mélasse.*
6. Sur la côte ouest de la Sicile, au sud de Catane.

Marseille, huit jours après avoir fait une fausse partance, m'a été plus favorable que je ne pensois, puisqu'il m'a donné occasion d'y recevoir les brefs de Sa Sainteté que j'avois mandé à V. M. m'être nécessaires. Je les reçus la veille de notre départ et n'en pus rendre compte à Votre Majesté parce que le courrier étoit parti. Il y en a trois dont le premier me donne le commandement de toute l'armée sous M. Rospigliosi et M. de Beaufort[1]. Le second m'ordonne d'expédier les commissions aux capitaines des galères de V. M. au nom de Sa Sainteté, afin qu'en cas de séparation, elles soient reconnues pour ses galères, et le troisième me donne quantité d'indulgences et pouvoir de distribuer avec les médailles qui y étoient jointes. J'en ai envoyé copie au sieur Duché[2] qui les pourra faire voir à Votre Majesté, si Elle en a la curiosité.

Je partis mercredi dernier de Marseille et j'arrivai heureusement le même jour en cette rade, où j'ai été obligé de demeurer jusques à présent pour prendre les mesures nécessaires avec M. de Beaufort et M. de Navailles pour faire embarquer les régiments d'Espagny, La Fère et de Château-Thierry que les galères doivent porter, et pour assembler les barques de

---

1. Louis XIV avait fait faire des démarches à Rome pour obtenir ce bref, tandis que, de son côté, le comte de Vivonne s'efforçait de le faire délivrer (Reg., n° 90). Voir p. 26, n. 2.

2. Jean-Baptiste Duché de Vancy, seigneur de la Grange-au-Bois, intendant de Vivonne depuis 1664, intendant et contrôleur général alternatif de l'argenterie et des menus plaisirs en 1666, secrétaire général des galères en 1669, mort le 1er février 1691. Père du fermier général.

nos secondes victuailles sur lesquelles je fais mettre vingt soldats de l'équipage de chaque galère, afin qu'elles puissent se défendre contre les corsaires si elles les rencontrent à la mer. Je fais état de mettre à la voile ce soir sans faute, n'y ayant plus rien qui me puisse arrêter.

M. de Beaufort reçut hier un courrier qui lui apporta le changement du rendez-vous de Corfou en celui des Cérigues, mais cela n'a pas empêché qu'il ne m'en ait donné un autre aux Zantes, où je dois attendre de ses nouvelles ou de celles de M. de Rospigliosi, en cas que j'y arrive le premier, n'ayant pas jugé à propos que je m'engage dans l'Archipel avec les seules galères de Votre Majesté, et en cas que j'apprenne qu'ils soient passés devant, je ferai toute la diligence possible pour les joindre.

Je ne dirai rien à V. M. de la route que je tiendrai pour me trouver au rendez-vous, parce que je me laisserai gouverner au temps qui me fera prendre celle de la côte d'Italie ou celle des îles, selon qu'il me favorisera le plus.

M. de Beaufort ne prendra dans les ordres qu'il donnera que la qualité de capitaine général des armées navales de l'Église, et moi celles de capitaine général des galères de l'Église, pour suivre entièrement l'intention de V. M., qui veut que nous paroissions tout à fait officiers du pape. Je supplie très humblement Votre Majesté d'être persuadée que je ne perdrai pas un moment de temps et que je n'oublierai rien de tout ce qui pourra contribuer à l'honneur et à la gloire de ses armes. Je suis avec un profond respect...

XXII.

LE DUC DE BEAUFORT AU COMTE DE VIVONNE.

[Toulon], 20 mai 1669.

Instructions pour la route à faire suivre aux galères. — (Fol. 106, n° 83. Orig. : Arch. nat., *Marine*, B⁴3, fol. 219.)

Le duc de Beaufort, prince de Martigues, pair de France, capitaine général des armées navales de l'Église.

N'ayant rien de plus important à faire pour le bon succès de l'expédition de Candie, présentement que la saison est si avancée qu'à procurer autant qu'il est en notre pouvoir la jonction prompte de l'escadre des treize galères et trois galiotes de notre saint père le pape qui sont commandées par M. le comte de Vivonne, général des galères de l'Église, avec celles que commande M. le bailli Rospigliosi, généralissime de la chrétienté, nous estimons qu'il est du service de Sa Sainteté et de l'intérêt de la cause commune que M. le comte de Vivonne parte avec les galères des rades de Toulon au premier beau temps, et qu'il s'en aille, selon que les vents le permettront, ou par le phare de Messine ou par le canal de Malte, prendre langue en Sicile (s'il ne passoit point à Cività Vecchia) de celles ci-dessus de M. le généralissime.

Ne trouvant aucun ordre de lui, ni au dit lieu de Cività Vecchia ni dans sa route (quand bien il sauroit qu'il ne seroit pas passé pour aller à une des trois îles de Corfou, de Zante et de Cérigo), il fera voile droit à celle du dit Zante afin d'éviter les embarras qu'il pourroit rencontrer avec les galères d'Espagne en mouillant dans les leurs, et là il attendra les galères de Sa Majesté qui s'y doivent rendre.

Il aura soin, s'il lui plaît, d'envoyer à M. le bailli Rospigliosi des lettres à Messine et à autant de lieux qu'il pourra et où il croira qu'il devra toucher, par lesquelles il lui donnera avis qu'il s'en va toujours devant au dit Zante, à moins qu'il n'apprit que les forces ottomanes fussent dans ces mers de Levant supérieures aux siennes. Auquel cas, il seroit bon qu'il attendit M. Rospigliosi au lieu qu'il jugera le plus propre pour cela.

S'il sait que les galères du saint père soient déjà à une des trois îles ci dessus nommées, il fera tout devoir de les y aller joindre. Et comme il est malaisé qu'il mène toujours de conserve avec lui les barques qui portent ses vivres, nous estimons qu'il ne peut donner un meilleur rendez-vous à ces bâtiments pour les trouver qu'au dit Zante, ce qu'il doit faire dès en partant de Toulon de crainte que les calmes n'empêchent les dites barques de faire aucune navigation avec lui.

Étant bon que M. le comte de Vivonne soit averti au dit Zante du temps que nous pourrons être aux Cérigues où les vaisseaux que nous commandons iront à droiture, nous le prions de laisser notre brigantin au cap Passaro, s'il y est plus tôt que nous, afin que nous le fassions passer incessemment au dit Zante et de faire porteur le dit brigantin d'une de ses lettres, par laquelle il nous donnera part de ce qui sera venu à sa connoissance, de ce qu'il aura fait et de ce qu'il devra faire.

Si nous arrivons les premiers au dit cap Passaro, nous laisserons à la tour une lettre qui marquera la route que nous devrons faire, et en ce cas il mènera le dit brigantin jusques au lieu de notre jonction. Enfin de quelle manière que ce soit nous lui ferons savoir de nos nouvelles au dit Zante.

Fait à Toulon le xxe de mai 1669 [1].

XXIII.

LOUIS XIV AU COMTE DE VIVONNE.

Saint-Germain-en-Laye, 22 mai 1669.

Ordre d'arrêter et d'envoyer dans les ports du royaume les marins et les vaisseaux français au service des étrangers. — (Fol. 112 v°, n° 92. Arch. nat., *Marine*, B⁶1, fol. 108 v°.)

Monsieur le comte de Vivonne, sur ce qui m'a été

---

1. Vivonne quitta Toulon dès le lendemain, le 21 mai (Reg., n° 103) et suivit la côte italienne. Il emmenait avec lui treize galères et trois galiotes montées par 1463 soldats et 5074 rameurs. (Cf. Bigge, *Der Kampf um Candia*, dans les *Kriegsgeschichtliche Einzelschriften*, n° 26, p. 168 et 221.) Voici le nom des bâtiments de l'escadre et ceux des capitaines. Galères : *La Générale* (Vivonne), *La Capitane* (de Manse), *La Patronne* (de la Brossardière), *La Croix de Malte* (d'Oppède), *La Fleur de Lys* (de la Bretèche), *La Victoire* (de Tonnerre), *La Dauphine* (de Villeneuve), *La Force* (de Breteuil), *La Saint-Louis* (de Montolieu), *La Couronne* (de Gardane), *La Fortune* (de Janson), *La Valeur* (de Viviers), *La Renommée* (de Folleville). Galiotes : *La Vigilante* (d'Espanet), *La Subtile* (de Bueil), *La Volante* (de Foresta). Les régiments qu'il emmenait étaient ceux de Château-Thierry, de La Fère et d'Espagny, embarqués le 18 mai (Jal, *op. cit.*, I, p. 577). Sur leur embarquement dans les galères, cf. p. 33, et Arch. de la guerre, 238, n° 59, 60. Le régiment d'Espagny comptait 21 officiers et 331 soldats, celui de La Fère 13 officiers et 171 soldats, celui de Château-Thierry, 12 officiers et 163 soldats (*ibidem*, n° 75).

rapporté que divers patrons de barques et autres de mes sujets de mon pays de Provence font bâtir des barques polacres et autres bâtiments de mer pour le compte des étrangers, qu'ensuite ils lèvent les équipages françois et font le commerce en Levant sous ma bannière et pour le même compte sans revenir dans mes ports, ce qui est très préjudiciable au bien de mon service, je vous fais cette lettre pour vous dire que mon intention est que tous les bâtiments de cette qualité que vous et tous les capitaines de mes galères rencontrerez en mer sans être porteurs de congés ou passeports de l'amirauté, vous vous en saisissiez et les renvoyez en sûreté dans mes ports pour être procédé contre eux suivant la rigueur de mes ordonnances. Sur ce, je prie Dieu qu'il vous ait, Monsieur le comte de Vivonne, en sa sainte garde [1].

XXIV.

LOUIS XIV AU COMTE DE VIVONNE.

Saint-Germain, 24 mai 1669.

Ordre de capturer tout ce qui appartient aux pacha et divan d'Alger et de l'envoyer en France. Ordre de renforcer la chiourme avec cent quatorze Turcs faits prisonniers sur les côtes de Languedoc. — (Fol. 119, n° 97. Minute aut. de Colbert : Bibl. nat., Fr. 8026, fol. 106. Copie : Arch. nat., *Marine*, B⁶1, fol. 109.)

Monsieur le comte de Vivonne, Le bacha et divan d'Alger n'ayant pas exécuté ce qu'ils vous avoient

---

1. Une lettre identique fut adressée au duc de Beaufort (Arch. nat., *Marine*, B⁴3, fol. 203). Voir aussi pp. 12 et 19.

promis, avec apparence de sincérité et de volonté, d'exécuter ponctuellement les traités qui ont été faits avec eux par mon ordre, et voyant au contraire qu'ils cherchent tous les jours de nouveaux moyens pour retenir une bonne partie de ce qu'ils ont injustement pris sur mes sujets, je vous fais cette lettre pour vous dire que mon intention est que vous vous saisissiez de tout ce que vous trouverez leur appartenir et à leurs corsaires, et que vous envoyiez le tout dans l'un de mes ports en la manière accoutumée. Je désire de plus que vous fassiez mettre sur mes galères, pour en renforcer les chiourmes, les cent quatorze Turcs qui ont été pris sur les côtes de ma province de Languedoc. Sur ce, je prie Dieu qu'il vous ait, Monsieur le comte de Vivonne, en sa sainte garde.

XXV.

LE DUC DE BEAUFORT AU COMTE DE VIVONNE.

[Toulon], 27 mai 1669.

Demande de prendre le fils du comte d'Estrades comme passager jusqu'en Sicile. — (Fol. 118, n° 96.)

Le fils de M. d'Estrades[1] m'a prié de vous supplier de le vouloir passer jusques à la première terre de Sicile. Mettez-le sur un de vos bâtiments, s'il vous plaît, ne fut-ce qu'une galiote[2]. Je ne lui ai pu refuser cette très humble prière. J'appréhende que cela ne

---

1. Le comte d'Estrades (1607-1686) fut promu maréchal de France en 1675, à la mort de Turenne, en même temps que Vivonne. Il eut quatre fils.
2. Cet ordre était en contradiction avec celui du roi. Cf. n° III.

vous incommode. Nulles nouvelles de Paris. Je vais demain embarquer et incessamment à la voile. Tout à vous.

XXVI.

LOUIS XIV AU DUC DE BEAUFORT.

Saint-Germain-en-Laye, 7 juin 1669.

Au sujet du départ des vaisseaux pour Candie. — (Fol. 120 v°, n° 100.)

Mon cousin,

Je suis très aise d'apprendre, par votre lettre du 28° du mois passé, que mes troupes commençoient à s'embarquer et que vous espériez mettre à la voile le samedi suivant, le premier jour de ce mois [1]. Je souhaite fort que vous ayez le temps favorable et que vous soyez bientôt en état de me donner des marques de votre zèle pour la gloire de mes armes et de votre valeur [2]. Je désire surtout que vous vous appliquiez

1. Cf. la lettre de Colbert à Beaufort qui accompagnait celle du roi : Arch. nat., *Marine*, B²9, fol. 171.
2. Beaufort mit à la voile « par le plus beau temps du monde » le mercredi 5 juin (Lettre de Lionne à Saint-André Montbrun — Arch. des Affaires étrangères, *Venise*, Correspondance, 89, fol. 197). Son escadre comptait exactement dix-huit vaisseaux de guerre, dix-sept bâtiments légers avec 840 bouches à feu et 4670 hommes d'équipage. Voici le nom des vaisseaux de Beaufort et ceux des capitaines (d'après Bigge, *op. cit.*, p. 218, et Jal, *op. cit.*, I, p. 578) : *Le Monarque* (de la Fayette), *La Thérèse* (d'Hectot), *Le Toulon* (de Belle-Isle), *Le Fleuron* (de Thurelle-Thiballier), *La Sirène* (de Cogolin), *L'Écureuil* (de Beaumont), *Le Bœuf* (Breman), *La Concorde* (Le Roux), *Le Courtisan* (de Martel), *Le Soleil d'Afrique* (de Saint-Aubin d'Infreville), *Le Bourbon* (de Bouillon), *Le Provençal* (de Bouillé), *Le Saint-Antoine*

soigneusement à l'exécution de mes ordres pour retirer mes sujets qui sont au service des étrangers, et que dans la visite que vous ferez de mes vaisseaux dans le cours de ce voyage, vous remarquiez toujours les capitaines qui tiendront leurs équipages en bon état et la propreté dans leurs vaisseaux, n'y ayant rien qui soit si nécessaire pour y conserver la santé dont je désire que vous me donniez avis, afin que j'en puisse faire distinction dans les emplois que j'aurai à leur donner à l'avenir. Sur ce, je prie Dieu qu'il vous ait, mon cousin, en sa sainte et digne garde. Écrit à Saint-Germain-en-Laye [1].

XXVII.

SAINT-ANDRÉ MONTBRUN [2] AU COMTE DE VIVONNE.

[Candie], 10 juin 1669.

Compliments et nouvelles de Candie. — (Fol. 123 v°, n° 103.)

Monsieur,

Je ne saurois vous exprimer ma joie lorsque j'ai appris que vous veniez ici général des galères. C'est à présent où il y a apparence des plus belles occa-

---

(Chaboureau), *La Princesse* (Gabaret), *La Royale* (de la Hillière), *Le Croissant* (de Tourville), *Le Lys* (de Grancey), *Le Dunkerquois* (de Languillet). Sur les régiments embarqués sur les vaisseaux, cf. Archives de la guerre, vol. 238, n° 65 et suiv.

1. Peu de jours auparavant, le 31 mai, Colbert avait écrit au duc de Beaufort pour l'inviter de la part du roi à presser son départ (Arch. nat., *Marine*, B^{2}9, fol. 152 v°).

2. Capitaine général des armées de terre de la République de Venise dès 1668. Après la chute de Candie, il fortifia Zante et Corfou, puis rentra à Venise où sa charge de général lui fut confirmée. Cf. Pinard, *Chronologie*, IV, p. 45-52.

sions qu'on ait vues de longtemps. Mais il se faut hâter, car les Turcs n'oublient rien de tout ce qu'ils peuvent pour venir à bout de leur dessein. Et si le secours arrive tandis que nous tiendrons encore ce que nous tenons, il rencontrera des facilités qu'il ne rencontrera pas après. Je sais, Monsieur, que vous serez bien aise de voir ces belles actions et que vous prendrez plaisir à avoir part à la gloire, que vous hâterez le secours autant qu'il vous sera possible, comme votre très humble serviteur. Je vous en supplie très humblement de me croire avec très humble respect...

XXVIII.

LOUIS XIV AU COMTE DE VIVONNE.

Saint-Germain, 12 juin 1669.

Noms donnés à quatre galères que le roi fait construire à Marseille. — (Fol. 124 v°, n° 105.)

Monsieur le comte de Vivonne,

Étant nécessaire de nommer les quatre galères que j'ai ordonné de faire construire de nouveau à Marseille, je vous fais cette lettre pour vous dire que mon intention est qu'elles soient nommées *la Brave*, *la Belle*, *la Grande* et *la Favorite*. Et la présente n'étant à autre fin, je prie Dieu qu'il vous ait, Monsieur le comte de Vivonne, en sa sainte garde. Écrit à Saint-Germain-en-Laye [1].

---

1. Vivonne se faisait tenir au courant de l'état des galères restées à Marseille. Le 16 juin, Arnoul lui écrivait (Reg., n° 167) : « J'ai fait sortir les deux galères, les ayant fortifiées de 100 Turcs

XXIX.

LE COMTE DE VIVONNE AU PAPE.

Cività Vecchia, 12 juin 1669 [1].

Excuses pour n'avoir pas été à Rome prendre les ordres du pape, par suite du manque de temps. — (Fol. 124 v°, n° 106.)

Très saint Père,

Je n'aurois pas manqué en arrivant ici de me rendre auprès de Votre Sainteté pour y recevoir ses ordres et sa sainte bénédiction, si je n'avois appréhendé de perdre du temps et l'occasion de lui rendre les services que le Roi, mon maître, m'a ordonné, et que la reconnoissance que j'ai de toutes ses bontés m'obligent de lui rendre en mon particulier. Mais j'ai cru que Votre Sainteté trouveroit plus à propos que je me privasse de cet honneur que de manquer à profiter du temps et à joindre M. le bailli de Rospigliosi avant qu'il entre dans l'Archipel. Je supplie très humblement Votre Sainteté d'être persuadée

d'Alger, de 15 ou 20 qui me sont venus, et de 37 venus de Toulouse à Bordeaux. J'en attends encore 250 qui viennent. Si vous ménagez bien les choses, comme je n'en doute pas, vous serez bientôt à la tête de 20 galères ». Le même, le 21 juin, lui écrivit encore (Reg., n° 115) : « Pour ce qui se passe à Marseille, nous exerçons la chiourme de la *Saint-Dominique*, de la *Thérèse* et de la *Galante* que j'espère faire aller toutes trois à la foire de Beaucaire. Je travaille à en faire bâtir ; envoyez-moi tous les Turcs que vous prendrez et prenez-en pour 4 ou 5 galères, je vous les fournirai. »

1. D'après M. Terlinden (*Clément IX et la guerre de Candie*, p. 204), l'original de cette lettre est du 11 juin (Arch. du Vatican, *Lettere di Principi*, 94, fol. 179).

que je ferai toute la diligence possible et que je n'oublierai rien pour mériter l'honneur et les grâces que j'ai reçues d'elle et pour lui faire connoître avec combien de zèle et de respect je suis [1]...

XXX.

LE COMTE DE VIVONNE A LOUIS XIV.

Cività Vecchia, 14 juin 1669.

Nouvelles de la navigation des galères et de leur réception à Cività Vecchia. — (Bibl. nat., *Mélanges Colbert*, n° 153, fol. 435.)

Sire,

Je ne rendrai point compte à Votre Majesté du mauvais temps et de la contrariété des vents que j'ai trouvés depuis que je suis parti de Marseille, parce qu'Elle me fait bien la grâce de croire que je n'aurois pas tant tardé à me rendre ici, si je n'avois été obligé de surmonter des obstacles aussi considérables que ceux-là. Mais je l'assurerai simplement que j'ai fait toute la diligence possible et que, si je n'avois extrêmement profité du temps, et ménagé le peu de relâche qu'il m'a donné, je ne serois pas arrivé hier au soir en ce port, comme je fis fort heureusement par le plus mauvais temps du monde. La ville et le château rendirent en arrivant aux

---

1. Le 18 juin, Clément IX écrivit au roi une lettre faisant l'éloge de Vivonne (Arch. des Affaires étrangères, *Rome*, Correspondance, t. 197, fol. 233). Sur le passage des galères à Cività Vecchia, cf. *ibidem*, fol. 235 et 238. Elles y séjournèrent du 11 au 14 juin (Reg., n° 103).

galères de V. M. tous les honneurs qu'elle pouvoit souhaiter, et je reçus en mon particulier tous ceux que je pouvois espérer de la part de Sa Sainteté et de celle de M. le cardinal Azzolino, qui témoigne être tout à fait dans les intérêts de V. M. Je fais état d'en parler ce soir ou demain de grand matin pour joindre au plus tôt M. le bailli Rospigliosi que l'on m'a assuré être encore aux côtes d'Italie ou de Sicile, et j'espère, quoiqu'il soit parti beaucoup plus tôt que moi, d'arriver assez à temps pour rendre avec lui les services que V. M. attend de ses galères. Je la supplie très humblement, comme j'ai déjà fait plusieurs fois, d'être persuadée que je n'oublierai rien pour mériter l'honneur qu'elle m'a fait de me mettre à la tête d'un corps aussi considérable que celui de ses galères, et que je la servirai toute ma vie avec tout le zèle, le respect et la fidélité que je dois, Sire, de Votre Majesté, le très humble, très obéissant et très fidèle serviteur et sujet,

Vivonne.

A Cività Vecchia, ce 14ᵉ juin 1669.

XXXI.

LE DUC DE NAVAILLES AU COMTE DE VIVONNE.

S. l., 16 juin 1669.

Avis que les chevaux nécessaires pour la cavalerie arriveront à Candie en même temps que les Français. — (Fol. 128, n. 111.)

C'est pour donner avis à celui qui commande de la part de la Sérénissime République de Venise dans les îles de Zante que l'armée destinée pour le secours de Candie sera mardi à Cérigo, et comme il est de la dernière importance pour le service de la Sérénissime République de faire passer les chevaux qui sont au Zante pour monter la cavalerie que le dit secours mène avec elle, j'ai cru leur devoir donner cet avis afin qu'ils ne perdissent point de temps à les faire passer avec toute la diligence possible. Je ne doute point que les dits chevaux ne soient aussitôt en Candie que nous, n'y ayant rien qui paroisse plus important pour libérer la place. Il ne me reste qu'à vous assurer que je suis votre très humble et très véritable serviteur.

XXXII.

LE DUC DE BEAUFORT AU COMTE DE VIVONNE.

S. l., 17 juin 1669.

L'escadre des vaisseaux se dirige directement sur Candie sans faire relâche à Cérigo. — (Fol. 126, n° 108.)

Je donne avis à M. le bailli Rospigliosi du rencontre que j'ai fait d'une escadre de vaisseaux de guerre vénitiens [1] qui escortoient des barques chargées de chevaux pour notre cavalerie. Le commandant de laquelle m'ayant assuré du périlleux état de la place de Candie, il a été résolu que nous passerions tout droit à Standia sans seulement faire d'aiguade au Cérigo [2]. Ce que nous allons exécuter très ponctuel-

1. Ils étaient commandés par Taddeo Morosini.
2. Sur la traversée faite par les vaisseaux de Toulon à Candie, on peut lire une relation détaillée et pittoresque dans *Le voyage de Candie... en l'année 1669*, par M. des Réaux de la Richardière (Paris, A. Pralard, 1671, in-16), p. 27 et suiv.

lement et avec diligence. Je ne doute point que cela ne vous donne bien de l'envie de nous joindre promptement et que vous n'en pressiez avec de grandes instances M. le généralissime. C'est de quoi je réponds à tout le monde qui vous plaint de n'être pas ici, et moi plus que qui que ce soit, qui ne saurois avoir plus de joie que celle d'avoir l'honneur d'être avec vous.

XXXIII.

M. LE PROVÉDITEUR DE ZANTE AU COMTE DE VIVONNE.

Zante, 18 juin 1669.

Situation malheureuse de Candie. Besoin pressant de secours. — (Fol. 127, n° 110.)

Dagli annessi bilieti resimi per ordine del s^r duca di Beaufort e duca di Navailles [1] comprenderà la bontà di V. E. la premura di Candia e la brama del s^r duca stesso per il di Lei avanzamento verso Cerigo. Ho creduto bene prendere con essa motivo di humiliare la propria osservanza a rispetto di V. E. cui non devo accrescere stimolo, mentre io so quanto Ella tiene di ardenza e di risoluzione per favorire la Republica et accrescere con la christianità la gloria e il merito del suo gran nome. Certo è che Candia è in molta contingenza, pervenuto l'inimico all' ultimo termine del balouardo [2] di Sant'Andrea, malcelere comparsa e la sola vista de temutti soccorsi di Sua Maestà assicurerà certo la piazza e confonderà l'inimico ne suoi disegni.

1. *Navaglies.*
2. Boulevard.

Li cavalli a quest'hora saranno a Cerigo al numero desiderato, onde anco in questo può L. E. V. riconoscere la disposizione d'ogni cosa secondo la brama del signor duca di Beaufort e lo stabilito della Republica.

Doni il Signor Iddio all' E. V. eguale al suo gran spirito la felicità, mentre io mi confermo...

XXXIV.

LE DUC DE BEAUFORT AU COMTE DE VIVONNE.

S. l. n. d.

Avis que l'escadre se dirige sur Cérigo et de là sur Candie, qui attend un prompt secours. — (Fol. 128 v°, n° 113.)

Monsieur de Vivonne,

Arrivant au Zante, saura que nous allons droit à Cérigo et de là en Candie qui est fort pressée, n'y ayant pas un moment à perdre à s'y rendre, la place désirant un prompt secours. Il pressera, s'il lui plaît, M. Rospigliosi de hâter sa navigation, et en cas qu'il fut premier que lui au Zante, il ne lui (*sic*) attendra pas et s'en viendra nous trouver en Candie. Il faut qu'il songe à nous faire venir aussi les chevaux qui sont au Zante pour notre cavalerie.

XXXV.

LE COMTE DE VIVONNE AU DUC DE BEAUFORT.

[Messine], 19 juin 1669.

Réponse à la lettre précédente. Nouvelles de la navigation des galères. — (Fol. 129, n° 114.)

Les temps m'ont toujours été si contraires depuis

que je suis parti que je n'ai pu arriver au phare[1] qu'aujourd'hui 19, où, ayant appris que les galères du pape[2] et celles de Malte en étoient parties le 15, j'ai continué ma route sans m'arrêter à Messine afin de les joindre incessamment à Corfou où elles doivent espalmer. Je vous supplie très humblement de me faire savoir le plus souvent qu'il se pourra de vos nouvelles, afin que je me règle selon vos ordres, vous conjurant d'être persuadé que vous n'en sauriez donner à personne qui soit avec tant de respect et de soumission que moi votre très humble et très obéissant serviteur.

XXXVI.

COLBERT AU COMTE DE VIVONNE.

Saint-Germain-en-Laye, 26 juin 1669.

Les dépêches pour la Cour devront prendre la route de Zante, Otrante et Rome, ou celle de Venise. — (Fol. 132, n° 117.)

Le sieur Taulignan, consul de la nation française en l'île de Zante, étant venu ici prendre de nouvelles provisions, je l'ai chargé en s'en retournant de vous faire tenir ce mot pour vous donner avis que vous pouvez lui adresser vos dépêches en la dite île, lesquelles il nous fera tenir par Otrante à Rome ou à Venise, ainsi que l'occasion s'en offrira, étant certain

---

1. De Messine.
2. Les galères du pape étaient encore à Civita Vecchia le 21 mai à cause du vent contraire, et en cours de route elles essuyèrent une tempête, qui les arrêta (Arch. des Affaires étrangères, *Rome*, Correspondance, vol. 198, fol. 92 et 115.)

que cette voie est beaucoup plus prompte que celle de Provence.

J'ai appris de Toulon, que si le vent qui a soufflé depuis votre départ a été de même à la mer, l'armée navale du Roy doit être il y déjà quelques jours au rendez-vous général. Nous ne pouvons maintenant que faire des vœux pour le succès d'une si sainte et si juste entreprise, souhaitant passionnément en mon particulier que les premières nouvelles qui nous viendront de votre part soient telles qu'on les peut et qu'on les doit attendre du bonheur des armes de Sa Majesté, de l'union des chefs et de la bonne disposition des troupes [1].

XXXVII.

LE COMTE DE VIVONNE AU BAILLI ROSPIGLIOSI.

Zante, à bord de la Capitane, 27 juin 1669.

Question protocolaire. — (Fol. 133, n° 118.)

Monsieur,

Je proteste à Votre Excellence que j'ai une si forte passion de concourir en tout ce qui dépendra de moi pour le bien du service et pour sa gloire particulière que je la puis assurer que, s'il n'y avoit que mon intérêt particulier, il n'y auroit rien que je ne fisse pour éviter tous les embarras et les difficultés présentes. Mais comme j'ai l'honneur d'être à un Maître qui veut que je soutienne la dignité de l'emploi dont il m'a honoré, je supplie très humblement Votre

---

1. Lettre identique de Colbert au duc de Beaufort (Arch. nat., *Marine*, B²9, fol. 220 v°).

Excellence de m'accorder le pas dans sa galère, étant assuré par la connoissance que j'ai des intentions de Sa Majesté qu'elle trouveroit fort mauvais que je me fusse relâché dans ce rencontre. Votre Excellence peut être persuadée que je n'oublierai rien pour lui faire voir en toutes occasions le zèle et la passion avec laquelle je suis [1]…

XXXVIII.

LE MARQUIS DE MARTEL AU COMTE DE VIVONNE.

La Fosse de Candie, 2 juillet 1669.

Sur la recherche de l'escadre de Barbarie, que l'on suppose dans les ports de Morée, au radoub. — (Fol. 134, n° 119.)

Sur ce que vous me faites l'honneur de me demander mon sentiment sur les nouvelles que vous avez eues du combat qui s'est donné à la côte de la Morée, sur la Sapienza, entre les vaisseaux vénitiens et de Barbarie, et aussi touchant l'escorte de M. de Tilladet [2],

---

1. M. Terlinden, en publiant cette lettre presque en entier d'après une copie conservée à Rome dans les Archives de la famille Rospigliosi, fait l'histoire du conflit protocolaire (p. 209-215) où Vivonne fut intransigeant et qui occasionna l'envoi de cette dépêche. Il parle à cette occasion de la morgue insolente de Vivonne et de ses procédés grossiers et outrageants pour le généralissime. On a vu d'autre part que Louis XIV avait été très strict sur le rang de la galère Capitane. Elle ne devait « céder à aucune galère qu'à la première du pape » (cf. n° XIII). Vivonne outrepassa peut-être les ordres du roi, et s'attira l'animosité des autres officiers. — La lettre ci-dessus est la seule du registre qui ait trait à toute cette affaire.

2. Gabriel de Cassagnet, chevalier de Tilladet, était aide de camp de Navailles. Il était frère cadet du marquis de Tilla-

je vous dirai, Monsieur, que si vous avez intention de détacher une escadre pour aller chercher les vaisseaux de Barbarie, elle servira d'escorte pour M. de Tilladet ; mais trouvez bon que je vous dise qu'à moins que ces vaisseaux de Barbarie ne soient dans un port à se radouber, ayant été maltraités du combat qu'ils ont fait, c'est temps perdu que d'espérer que nos navires étant sales les puissent arrêter, comme vous savez mieux que moi. C'est pourquoi, Monsieur, il les faudra aller chercher dans Modon, Coron ou Navarin, qui sont les seuls lieux où ils puissent aller se radouber. Si vous jugez à propos d'y envoyer mon escadre avec deux brulots, il n'en est pas besoin de davantage, et je puis mettre à la voile demain au soir si M. de Tilladet est prêt. Mais je n'oserois vous répondre du temps qu'il faudra pour aller et venir. C'est à vous, Monsieur, de juger du temps auquel vous avez besoin de vos navires pour le rembarquement des troupes, ce qui est assez considérable pour y prendre de bonnes mesures, si l'on étoit assuré de trouver les vaisseaux et avoir le temps propre pour aller et venir. La résolution seroit bien aisée à prendre, mais l'un et l'autre est bien incertain, ce qui même me donne de l'embarras pour l'escorte de M. de Tilladet, car de ne lui donner que deux ou trois vaisseaux, c'est les exposer à une force supérieure dont on auroit regret après les avis que l'on a eus. C'est pourquoi, Monsieur, il faut se résoudre à y envoyer une escadre forte ou point du tout, et en ce cas il faudroit

det, et chevalier de Malte depuis 1647. Il fut lieutenant-général, gouverneur d'Aire et mourut le 11 juillet 1702 (Arch. de la guerre, vol. 238, n° 72). Cf. Villars, *Mémoires*, éd. de Vogüé, t. I, p. 121, n., et Pinard, *Chronologie*, IV, p. 325.

que le navire marchand fît le tour de l'île pour aller chercher la côte de Barbarie, pour éviter la rencontre de ces corsaires qui tiennent l'autre terre. Voilà mon sentiment sur ce sujet que je soumets à votre prudence et à vos lumières qui valent mieux que les miennes. En attendant vos ordres, je suis, Monsieur, avec beaucoup de respect, tout à vous.

XXXIX.
LE COMTE DE VIVONNE AU ROI.

[En mer, 1ᵉʳ ou 2 juillet.]

Notification au roi de la mort du duc de Beaufort, et de la sortie contre les Turcs à la Sablonnière. — (Fol. 135, n° 120.)

Sire,

Je rends à Votre Majesté le même compte que j'ai fait aux Cérigues du voyage de ses galères, crainte que ma première lettre ne lui soit pas rendue, et j'ajoute avec un très sensible déplaisir la funeste nouvelle de la mort de M. de Beaufort que je viens d'apprendre par le sieur de Belle-Isle[1], major des vaisseaux, que M. de Martel m'a envoyé pour prendre l'ordre[2]. Il m'a dit que les vaisseaux étant arrivés

1. Belle-Isle Erard, et non Foucquet de Belle-Isle.
2. Le duc de Beaufort mourut à la sortie du 25 juin. Vivonne n'arriva devant Candie que le 3 juillet. Il ne put donc fournir au roi aucun détail précis sur cette mort qui fut longtemps regardée comme assez mystérieuse ; on ne retrouva jamais le cadavre de Beaufort, et une légende naquit de cette circonstance. Cf. Saint-Hilaire, *Mémoires*, éd. Lecestre, I, p. 72, n. 2. Cf. aussi la lettre du 7 juillet au roi, où Vivonne déclare n'avoir rien à ajouter aux rapports envoyés par Navailles sur la sortie (Arch. nat., *Marine*, B⁴3, fol. 291).

ici il y a quelques jours, les troupes de terre et celles de mer descendirent et firent une sortie cinq jours après, dont l'événement (quoique les Turcs aient été poussés de leur retranchement du côté de la Sablonnière) n'a pas été heureux, puisqu'ils se trouvent depuis dans le même poste et que l'on a perdu beaucoup [de monde].

Il m'a dit que Messieurs de Catelan [1] et de Cauvisson y ont été blessés [2]. J'espère demain au soir, comme c'est la coutume des galères, d'approcher de la ville et entrer seul dans une chaloupe pour voir M. de Navailles et savoir le détail de toutes choses [3]. J'en informerai Votre Majesté plus particulièrement quand je les aurai vus, et l'assure que j'aurai une application très particulière dans le commandement que j'ai l'honneur d'avoir de ses vaisseaux et de ses galères pour ne perdre aucune occasion de leur faire faire quelque chose digne de la grandeur du maître à qui ils appartiennent. Je suis...

1. *De Castellane*, dans le texte. Sur Louis Catelan, cf. *Mémoires* de Saint-Hilaire, éd. Lecestre, 1, p. 66, n. 8.
2. Les pertes furent plus considérables que ne le pensait Vivonne. Le marquis de Catelan fut tué et non pas blessé. Avec lui périrent, outre le duc de Beaufort, le comte de Rosan, neveu de Turenne, et les marquis de Lignières, d'Uxelles et de Fabert. Au total 245 officiers et 560 soldats furent tués. (Liste des morts et des blessés : Arch. des Affaires étrangères, *Venise*. Correspondance, vol. 89, fol. 207 et 249.)
3. L'escadre de Vivonne n'était donc plus qu'à une très courte distance de l'île.

XL.

M. DE LA CROIX AU COMTE DE VIVONNE.

[Candie,] 7 juillet 1669.

Ordres du duc de Navailles, relatifs au départ de Preuilly pour la France avec les lettres pour la Cour, et au débarquement des troupes restées sur les galères. — (Fol. 138, n° 123.)

N'étant arrivé de Standia [1] que sur la fin de la nuit, j'ai cru, Monsieur, que vous seriez déjà parti de votre galère avec M. de Rospigliosi pour vous rendre en cette ville, ainsi que vous l'aviez résolu, et c'est ce qui m'a empêché d'y passer pour ne pas perdre le temps de rentrer avant le jour.

J'ai trouvé à mon retour M. le duc de Navailles avec la fièvre qui lui a continué tout aujourd'hui, quoiqu'avec moins de violence, ce qui me fait espérer qu'il en sera bientôt quitte [2]. Il m'a prié de vous

---

1. Standia est toujours orthographié dans le registre *L'Estantier* ou *Lestantier*. Nous rétablissons chaque fois l'orthographe moderne. La flotte de Vivonne jeta l'ancre devant cette « petite île d'environ trois lieues de tour, appartenante aux Vénitiens, éloignée de trois lieues de la ville de Candie. Cette île n'est point habitée, n'y ayant que des rochers sans aucune terre dessus : on y avoit mis l'hôpital des blessés et des malades... » (Des Réaux de la Richardière, *Le Voyage de Candie*, p. 118).

2. Sur le débarquement de Vivonne et la santé de Navailles, cf. la lettre du général des galères au roi, du 7 juillet 1669 : «... Je croyois pouvoir aller dans la place le lendemain de notre arrivée, mais les vents du Nord qui règnent ordinairement ici, et qui sont traversiers de la côte, ont été si violents qu'ils nous ont retenus deux jours dans ce port. Le calme de la nuit nous permit hier d'aller mouiller à la portée du canon de la ville, mais comme je me disposois le soir d'y entrer avec M. de Rospi-

écrire ce mot pour vous assurer de ses services très humbles et vous représenter qu'il est de la dernière importance que vous fassiez incessamment partir M. de Preuilly[1], avec son vaisseau ou tel autre que vous jugerez à propos, pour porter les paquets dont on avoit chargé M. d'Alméras[2] avec ordre, aussitôt son arrivée en Provence, de dépêcher un courrier pour les porter avec la plus grande diligence qui se pourra à la Cour. Les ordres que feu Monsieur l'amiral avoit et ceux de M. de Navailles sont si précis d'informer Sa Majesté de tous les événements qui arriveront ici que l'on ne peut différer un seul moment sans y contrevenir. C'est à quoi il vous supplie de faire considération. Il vous demande aussi en grâce de faire débarquer demain les troupes que vous avez sur vos galères et de leur faire fournir des chaloupes pour les porter en Candie. Vous pouvez obliger celui qui commande les galéasses de les fournir suivant

gliosi pour conférer avec M. de Navailles et M. de Morosini, le dernier nous manda que M. de Navailles avoit la fièvre et qu'il étoit dans un redoublement qui ne lui permettoit pas de parler d'affaires, de sorte que nous avons été obligés de revenir en ce port pour mettre les galères en sûreté, en attendant que M. de Navailles soit en état de nous voir et d'exécuter ce que nous voudrons. » (Arch. nat., *Marine*, B⁴3, fol. 291 v°.)

1. Le marquis de Preuilly d'Humières, capitaine de vaisseau depuis 1665 devint chef d'escadre en 1673 et lieutenant-général en 1677. Cf. sur lui, Villette, *Mémoires*, éd. Monmerqué, p. 13 et *passim*, et *États mss. de la Marine* au Ministère de la marine.

2. Guillaume d'Alméras, capitaine de vaisseau depuis 1644, chef d'escadre depuis 1669, devint lieutenant général en 1673. Cf. Villette, *Mémoires*, p. 34; Jal, *op. cit.*, I, p. 171, note 1 (avec le facsimilé de sa signature), et Saint-Hilaire, *Mémoires*, éd. Lecestre, I, p. 234, n. 5 et 6.

l'ordre qu'il en a de M. le capitaine général. Vous obligerez aussi très sensiblement en mon particulier de faire donner à M. Jacquier[1] celles dont il aura besoin, soit pour apporter les vivres, soit pour apporter le charbon pour distribuer aux troupes. C'est une des choses dont nous avons plus de besoin ici ; faute de quoi les soldats ne sauroient rien faire cuire de ce que l'on leur fournit pour vivre. Sachant combien vous passionne tout ce qui est du service, je suis persuadé que vous excuserez la liberté que je prends, et j'ose me flatter que vous agréerez les protestations que je vous fais de mes très humbles obéissances.

XLI.

MOROSINI[2] AU COMTE DE VIVONNE.

S. l. n. d.

Notification des désertions toujours plus nombreuses de galériens. Morosini supplie Vivonne de porter remède à ce mal qui devient alarmant. — (Fol. 139, n° 125.)

Illmo e Ecc^{mo} S^r mio colendissimo,

Hò non solo relazione che si vadino moltiplicando le fughe di remiganti così delle galere e galiaze che sono in cotesti legni, lequali non puono certo seguire stante le diligenze che sono praticate quando non restino ricovrati li fuggitivi, ma dall' annesso costi-

---

1. Munitionnaire des armées. Cf. sur lui Mme de Sévigné, *Lettres*, éd. Monmerqué, t. II, p. 304. Voir les instructions qu'il reçut pour son office, Arch. nat., *Marine*, B^{4}3, fol. 3.
2. François Morosini était gouverneur de Candie depuis 1656 et généralissime de la République depuis 1658.

tuto ricavo pure che un comitto delle galere commandante dalla virtù di V. E. ne va desviando come gli era sortito di far di 13 e tutta via continuava. Di quanto gran pregiudizio sia al publico tale perdite in congiuntura tanto travagliosa, l'infinita prudenza dell' E. V. lo comprende, ne io posso astenermi di portargliene la notizia e le supplicazioni assieme, a ciò si contenti di far disponere agl' affari delle galere stesse di doversi da ciò contenere mentre la pia di Lei intenzione tutta propensa per le avvantagi publici. Son certo ch' anco in questo consolarà le mie divotissime instanze per perpetuarmi nell' obbligazione, e con quali mi afermio immutabilimente...

XLII.

LE DUC DE NAVAILLES AU COMTE DE VIVONNE.

[Candie,] 11 juillet 1669.

Demande de renseignements sur les préparatifs effectués en vue d'une attaque contre les Turcs. — (Fol. 140, n° 126.)

Je vous supplie de me faire savoir si vous disposez les matières pour l'affaire résolue. M. le capitaine général m'a dit avoir donné ses ordres pour ce qui regarde son fait [1]. Je ne doute pas que vous n'ayez

---

1. Il s'agissait de venger la défaite du 25 juin et de profiter des renforts amenés par les galères. Il est difficile d'établir avec précision auquel des généraux revient la responsabilité de la bataille qui allait être livrée le 24 juillet. Morosini songeait à une sortie générale vers la Sablonnière appuyée par l'artillerie des galères. Navailles aurait fait rejeter ce plan (Terlinden, *op. cit.*, p. 229) et décider le bombardement des retran-

plusieurs choses à ménager et avec les étrangers et même nos Français, mais vous avez dû savoir faire de la diligence et bonne intention ; c'est de quoi vous vous servirez utilement. De notre côté tout ira bien. Donnez-moi de vos nouvelles, nous avons besoin de diligence, les ennemis pressent et ces Messieurs[1] sont à bout. Je ne vous en dirai pas davantage. Vous savez combien je suis à vous. Je me plains de M. de Manse qui ne se souvient pas de moi ; faites-lui en reproche.

XLIII.

INSTRUCTIONS DU COMTE DE VIVONNE A SES SUBALTERNES.

[Standia, juillet 1669.]

« Avis de M. de Vivonne, général, pour canonner les retranchements des Turcs en Candie. » — (Fol. 140, n° 127.)

Pour l'exécution du dessein d'aller battre et miner les batteries du camp turc depuis le bastion de Saint-André jusque par delà la rivière, afin de battre dans

chements des Turcs par la flotte. En tout cas il était plus favorable à l'attaque du bastion de la Sablonnière qu'à celle du bastion de Saint-André que choisirent en fin de compte les Vénitiens (cf. les *Mémoires* de Navailles, p. 251).

Quant au principe d'un bombardement par la flotte, une lettre de Bourlemont à Lionne laisse croire que Vivonne n'en fut pas partisan et ne se rangea qu'à l'avis de la majorité. Il semble au contraire avoir pris une certaine part dans la décision du bombardement, et ses instructions et ses ordres montrent bien qu'il ne mit ni lenteur ni mauvaise volonté dans l'exécution du projet.

1. Les Vénitiens.

le dit camp par le revers, il faut prendre un temps calme, afin que les galères puissent remorquer plus facilement les vaisseaux et qu'on les tire avec plus de sûreté, et ainsi ce sera de l'armée navale que dépendra le jour de l'exécution parce qu'ils jugeront mieux du temps propre que MM. de la ville. Et quand on aura trouvé le temps comme il faut, on détachera à minuit une chaloupe à MM. les généraux de terre pour les avertir qu'on commencera à canonner à la pointe du jour; et dans le temps que la chaloupe sera partie, les vaisseaux et galères serperont et les galères iront donner le cap de remorque aux vaisseaux auxquels elles seront destinées, afin que chacun soit posté avant le jour.

Quant à la disposition du mouillage, ma pensée seroit que quatre galéasses avec la plus forte escadre de galères fussent à l'aile gauche pour battre les redoutes, batteries et places d'armes que les ennemis occupent sur le bastion Saint-André, que les plus gros vaisseaux de Sa Majesté, qui seront dans le centre, ayant à s'occuper à battre les redoutes, batteries et plateformes qui sont le long de la marine et les grands cavaliers qui sont au-dessus, et pour l'escadre de galères avec les deux galéasses restantes, elles batteront les batteries opposées et les camps et retranchements des ennemis par leur revers. Et les six galères détachées des escadres seront mises dans les intervalles des vaisseaux pour battre conjointement avec eux et donner le secours aux vaisseaux qui pourroient être incommodés pendant l'action.

Et comme rien n'est plus nécessaire pour le bien du service que de convenir de signaux avec MM. de la ville pour connaître sûrement le temps qu'ils voudront faire sortie, ou afin de cesser de tirer des vaisseaux, ou de peur que notre feu ne cesse trop tôt et ne donnât loisir aux ennemis de revenir de l'épouvante avant que les nôtres fussent en état de sortir, il sera bon que MM. de la ville mettent leurs pavillons non seulement sur le cavalier de Martinengo [1], mais encore sur tous les autres bastions de la ville et clocher de Saint-Marc et surtout le château du port, afin que un de ces signaux étant vu par un des vaisseaux ou galères, ils en refassent un autre dont nous serons convenus pour en avertir leurs camarades, afin que personne ne tirât; et outre l'envoi de la chaloupe dont nous avons parlé ci-dessus pour avertir MM. de terre avant que commencer à tirer, afin que personne ne puisse être incommodé de notre canon et qu'ils aient le loisir de mettre leurs gens à couvert, on tirera de dessus la *Réale* ou de dessus l'*Amiral* six fusées volantes. Les vaisseaux de la Sérénissime République se posteront par le terrain.

Messieurs les généraux de terre sont priés de dire leur avis touchant les vaisseaux et autres bâtiments qui sont sur la droite et même ceux qui seront postés par le travers des batteries du camp depuis la place d'armes des ennemis jusques à la rivière, s'il ne seroit pas bon que pendant la sortie ils continuassent à tirer, tant sur la queue des tranchées que dans les tentes, afin d'empêcher l'ennemi de s'attrouper, attendu aussi que ces bâtiments ne peuvent ainsi

---

1. Ouvrage militaire au sud de la ville, vers la partie la plus éloignée de la mer et en retrait sur les fortifications. Cf. le n° 28 du plan de la ville de Candie, publié par Bigge, *Kampf um Candia*.

endommager ni incommoder ceux qui sont sortis de la ville.

XLIV.

INSTRUCTIONS POUR LA FLOTTE.

[Candie, vers le 10 juillet.]

« Projet de ce que l'on estime être à faire par l'armée navale pour canonner le camp des Turcs et faire une forte diversion à la faveur de laquelle l'armée de terre puisse entreprendre de regagner le bastion de Saint-André avec succès. » — (Fol. 142, n° 128.)

La pensée seroit que les vaisseaux, galères et galéasses s'approchassent de terre le plus près qu'il se pourra sur leurs ancres suivant les ordres et les projets de M. le général des galères.

Les galéasses et les plus grands vaisseaux prendront particulièrement à tâche de battre les batteries ennemies et qu'une partie des autres s'appliquent (sic) à raser les redoutes que les ennemis ont sur le bastion de Saint-André et leur batterie qui y est pareillement.

Le surplus des vaisseaux et galères canonneroient incessamment le camp des ennemis.

Et pour favoriser encore davantage l'entreprise de l'armée chacune de deux perriers sur lesquels il y auroit huit ou dix mousquetaires, lesquels feroient feu sur l'ennemi et feroient semblant de descendre à terre, afin de leur donner continuellement jalousie de ce côté-là, et par la diversion qu'ils feroient, donneroient toute facilité aux troupes de terre qui sortiroient par la ville.

Comme l'affaire presse, il est bon de mettre toutes

choses en état de la part de l'armée navale de le pouvoir exécuter lundi prochain 15ᵉ de juillet, en cas que le temps et la mer se trouvent propres. Si lundi les vents se trouvent contraires, la chose sera remise à mardi et ainsi aux jours suivants, si tôt que la mer le pourra permettre sans qu'il soit aucunement différé.

A cet effet, lorsque M. le général des galères aura jugé avec MM. de l'armée navale et les pilotes que le temps sera propre, il fera un signal, duquel il sera convenu avec M. le duc de Navailles, afin que de son côté il prépare toutes choses. Bien entendu que l'armée de terre ne commencera point l'action de son côté qu'après que l'armée navale aura fait la sienne, afin que le tout se fasse de concert.

XLV.

LE DUC DE NAVAILLES AU COMTE DE VIVONNE.

Candie, 15 juillet 1669.

Nouvelles de l'armée de terre et de l'obligation où sont les chrétiens de battre en retraite. Navailles demande du secours pour soutenir la retirade. — (Fol. 143 v°, n° 129.)

Nous sommes dans une si grande nécessité de toutes choses, qu'il faut trouver des expédients pour ne se laisser pas accabler. Ces Messieurs les Vénitiens manquent de tout et les Turcs sont dans l'abondance. Cette grande nécessité fait que je me mêle de plusieurs choses, et que j'entre dans beaucoup de détails qui ne sont pas de mon fait comme celui-ci, d'avoir fait entreprendre la retirade, n'ayant plus devant nous que des chevaux de frise, les ennemis poussant leur affaire avec tant de vigueur qu'il n'y a que ce que je donne de monde qui résiste à toutes leurs tentatives, et comme l'ennemi voit qu'il n'y a que nous qui lui résistions, il se jette sur la partie foible et nous prend par derrière, et comme cela il ne laisse pas d'avancer, car les troupes vénitiennes sont tellement abattues qu'elles n'en peuvent plus.

Je me suis donc chargé de faire faire toute la retirade qui est le seul salut que nous ayons ici pour n'avoir pas la gorge coupée. J'ai douze cents hommes commandés tous les jours pour cela, mais comme j'aurois encore besoin de trois ou quatre cents hommes, j'ai recours à vous, afin que vous nous en assistiez, s'il vous plaît, tant des vaisseaux que des galères[1]. Il faudroit qu'ils fussent ici demain de grand matin. On donnera quinze sols de France à chaque soldat et on les payera en bonne monnoie de plomb. Je puis vous avancer cela, parce que j'ai ce fond entre mes mains. Je vous prie de donner part de ma lettre à M. Rospigliosi et de lui faire mes excuses si je ne

---

1. Navailles écrit dans ses *Mémoires* (éd. de 1710), p. 249 : « Morosini jugea à propos cette seconde retirade [au bastion Saint-André] nécessaire et me pria de lui fournir des hommes pour avancer le travail. Dès le lendemain, je commandai dix-huit cents hommes et j'en envoyai demander deux cents à l'armée navale. Ces deux mille hommes travaillèrent six semaines à cette seconde retirade et ne laissèrent pas pendant tout ce temps-là de monter la garde à leur tour. Comme il falloit qu'ils fussent continuellement exposés au canon, aux bombes et à la mousqueterie des ennemis, cinq ou cix cents des meilleurs soldats y demeurèrent. » — Cf. aussi Bibl. nat., Fr. 6120, fol. 37 v°.

me donne pas l'honneur de lui rendre compte de ce qui se passe de deçà. Nous sommes dans une grande inquiétude de voir la continuation de ce mauvais temps. Nous aurions grand besoin de quelque chose qui nous donnât lieu d'espérer quelqu'événement avantageux. Je vous donne le bonsoir et vous baise très humblement les mains.

XLVI.

COLBERT DE MAULEVRIER [1] AU COMTE DE VIVONNE.

[Candie], 16 juillet 1669.

Compliments sur le projet de bataille navale dressé par Vivonne. — (Fol. 145, n° 131.)

Je vous rends mille grâces très humbles, Monsieur, de la part qu'il vous plaît me donner du projet que vous avez fait et de la disposition de votre attaque. Il ne se peut rien ajouter au changement que vous y avez fait et toutes les fois que j'en ai parlé avec feu M. l'amiral et MM. les capitaines de vaisseaux, ils m'ont tous dit que cette attaque se devoit faire de la manière que vous l'avez arrêté, c'est-à-dire les galères entremêlées avec les vaisseaux. Pour l'autre disposition, je vous puis assurer que, quoiqu'elle ait été envoyée de la part de MM. les généraux de terre, M. le duc de Navailles ni moi n'y avons aucune part. Je souhaite de tout mon cœur que le temps se calme au plus tôt, afin de vous donner moyen d'exécuter une si belle entreprise où la diligence est si néces-

---

1. Colbert de Maulevrier, frère du ministre, était maréchal de camp depuis le 2 avril 1669 (Jal, *op. cit.*, I, p. 578).

saire, afin qu'ensuite nous puissions profiter d'un si bel exemple. Je vous supplie très humblement de croire, Monsieur, qu'on ne peut pas être plus sensible ni plus touché que je le suis de la manière obligeante dont vous en usez avec moi, et que vous pouvez compter sur moi comme sur la personne du monde qui vous est la plus acquise.

XLVII.

LE DUC DE NAVAILLES AU COMTE DE VIVONNE.

Candie, 16 juillet 1669.

Demande de grenades qui manquent à l'armée, tandis que les Turcs en sont bien pourvus. — (Fol. 145 v°, n° 132.)

Nous ne voyons point de changement dans le vent et nous en voyons beaucoup à nos affaires. Les ennemis se prévalent de la quantité de grenades et bombes qu'ils ont, et nous n'en ayant pas, cela fait qu'ils avancent et que nous perdons du monde. Nous avons besoin de grenades sur toutes choses. Si vous pouviez nous en faire ramasser dans les vaisseaux et galères quatre ou cinq mille, vous nous feriez grand plaisir, car M. le capitaine général n'en a pas dix en tout Candie [1]. Vous voyez bien de quelle conséquence il nous est d'en avoir. Faites moi savoir ce qui se peut espérer et me croyez tout à vous.

---

1. Le lendemain, Navailles écrivait encore à Vivonne (Reg., n° 135) :

« ... Je vous suis bien obligé de tous les secours que vous nous donnez. Nous avons besoin d'une personne qui soit aussi portée au bien que vous êtes, et trouve foule d'expédients pour

XLVIII.

LE COMTE DE VIVONNE AU DUC DE NAVAILLES [1].

[Standia, 19 juillet 1669.]

Difficultés et dangers pour un bateau isolé de s'aventurer en mer. Les équipages des galères comptent beaucoup de malades. — (Fol. 150, n° 138.)

Si l'on pouvoit envoyer un vaisseau chercher des provisions avec autant de sûreté que l'on vous a voulu faire croire, je ne manquerois pas, Monsieur, de faire tout ce que vous souhaitez de moi ; mais j'ai encore appris, depuis que j'ai reçu les deux lettres que vous m'avez fait l'honneur de m'écrire, que les Turcs avoient pris une barque française et qu'ils croisoient ici aux environs avec assez de forces pour ne pas s'exposer à les rencontrer avec un simple vaisseau marchand. J'ai donné toutes les adresses possibles à la personne qui est venue ici de votre part pour y acheter des provisions et des rafraîchissements. Et lorsqu'il y arrivera quelqu'un qui en apportera, j'aurai soin d'en faire mettre à part pour vous et de vous en donner avis. Je ne saurois encore mettre les choses en état. Je vous assure que nous sommes si pressés et si indigents des choses nécessaires qu'il faut se sentir quelque gré de ne se laisser pas étourdir. Je vous demande la continuation de vos secours et vous assure de ma parfaite reconnoissance. » Par l'entremise du duc de Navailles, Ruvigny fit une nouvelle demande de grenades, le 4 août (cf. n° LXI).

1. En réponse à une lettre du 17 juillet (Reg., n° 137), par laquelle Navailles demandait l'envoi d'un vaisseau marchand : *Les Armes de France*, pour aller chercher des provisions. — Cf. Bibl. nat., Fr. 6120, fol. 37 v°-39.

vous dire positivement combien la marine vous pourra fournir de troupes en cas que vous entrepreniez quelque chose de considérable, parce qu'y ayant beaucoup de malades et de convalescents sur les vaisseaux et sur les galères, il est nécessaire que je fasse moi-même une espèce de revue de ce qui reste avant que de rendre la réponse que souhaite M. le capitaine général. Mais soyez persuadé que, quand je ne serois pas aussi bien intentionné pour le service que vous me faites la grâce de croire, que votre considération particulière m'obligeroit à faire en ce rencontre tout ce qui sera en mon pouvoir. J'ai quelques ordres et une instruction que je ne puis me dispenser de suivre de point en point, mais ils seront bien contraires à ce que vous désirez de moi, s'ils m'empêchent de le faire et de vous témoigner en cette occasion comme en toutes celles qui se rencontreront que personne n'est plus véritablement à vous que...

XLIX.

LE MARQUIS DE MARTEL AU COMTE DE VIVONNE.

[Candie,] 22 juillet 1669.

Proposition d'aller canonner par mer le camp des Turcs. Avantages que l'on retirerait de cette action. — (Fol. 152, n° 140.)

Les temps ne pouvant permettre d'exécuter le dessein que l'on a pris de battre le camp des ennemis avec toute l'armée, trouvez bon, s'il vous plaît, Monsieur, que je vous die que l'on pourroit, en attendant un temps favorable pour cette grande exécution, détacher les vaisseaux par escadres pour aller le canonner à la voile, afin de renverser les batteries qu'ils ont du côté de la mer et les harceler. Cela ne peut nuire et peut servir beaucoup. Tous les jours, les temps sont propres pour y aller sans nul risque que de quelques coups de canon dont l'on ne doit pas faire grand cas. Les vents ne sont tous les jours que mistraux et tiennent souvent du Ponant. Il est bon pour y aller et pour s'en tirer puisque, le mistral portant par grec et tramontane, les vaisseaux mettent le cap debout dehors. Si vous trouvez à propos que je fasse cette tentative avec l'escadre du vice-amiral, je la ferai avec toutes les précautions que le métier requiert, et il n'en peut arriver aucun mal, mais plutôt quelque bon effet. Si cela réussit, l'on pourra tous les jours les battre par escadres sans y manquer, car les temps le permettent tous les jours et il n'y a pas un homme du métier qui n'en convienne avec moi. De plus, cela empêchera les travaux que les ennemis font toujours du côté de la mer, qui seront grands si l'on leur donne le temps de les achever, et il seroit fâcheux d'être inutile et pouvoir faire quelque chose ; c'est une tentative qui ne peut qu'être approuvée de tout le monde. Faites-moi l'honneur, Monsieur, de me mander votre sentiment et croyez que j'exécuterai tout ce qu'il vous plaira m'ordonner, avec plaisir.

Si vous trouvez bon que j'entreprenne cette tentative, j'en avertirai M. de Navailles, afin qu'il observe la contenance des ennemis pour s'en servir, s'il le juge à propos. Je suis avec beaucoup de respect,

Monsieur, votre très humble et très obéissant serviteur [1].

L.

LE DUC DE NAVAILLES AU COMTE DE VIVONNE.

[Candie,] 23 juillet 1669 [2].

Approbation donnée au projet d'une attaque navale du camp turc. Demande de l'envoi de quelques vaisseaux en reconnaissance vers la Sablonnière. — (Fol. 159, n° 144.)

J'ai reçu la lettre que vous m'avez fait l'honneur de m'écrire [3], à laquelle je ne vous ferai point d'autre réponse, si ce n'est que je crois que vous ferez de votre côté tout ce qui se pourra pour nous donner moyen de faire quelque chose. Je crois que vous ferez

---

1. Lettre de Vivonne à Navailles (23 juillet. Reg., n° 141) : « Nous nous en allons en résolution de bien canonner les ennemis. Je souhaite que le temps seconde nos bonnes intentions et que le vent vienne du large, car s'il n'en venoit, je n'oserois pas y mener les vaisseaux du Roi à cause des grands inconvénients qui en pourroient arriver, en ce cas la partie se remettroit à une autre fois. Faites-moi la grâce, je vous supplie, de me mander si vous ferez faire une grande sortie après notre canonnade, parce que si les choses n'étoient pas en cet état, il ne faudroit pas exposer ces grands vaisseaux du Roi à un assez grand danger pour une chose qui seroit infructueuse. » A la suite de cette lettre se trouve la liste des signaux convenus pour l'action (Reg., n° 142 et 143).

2. Cette lettre est datée, dans le Registre, du 24 juillet. Il y a certainement là erreur d'un jour, puisque la bataille tant préparée fut livrée le 24. Navailles, qui termine en souhaitant « le bonsoir » à Vivonne, dut écrire cette lettre dans la soirée du 23 juillet.

3. 23 juillet. Voir la note précédente.

avec votre prudence ordinaire [en sorte] de ne pas exposer les vaisseaux du Roi sans de fondements solides. Pour moi, je n'ai rien à vous dire sur les vents ni sur la mer, par la raison que je n'y connois rien de bonne foi. Mais je vous dirai que nous avons résolu d'être sous les armes tout ce que nous avons de gens dans cette garnison pour tâcher de profiter de l'occasion que vous nous pourrez donner, tellement que nous n'avons rien résolu de fixe, d'autant plus que vous avez vu aussi bien que nous que les ennemis ont avis que nous avons dessein d'aller du côté de Saint-André. C'est pourquoi nous avons arrêté que vous enverrez quelques vaisseaux du côté de la Sablonnière pour voir si nous trouverons facilité de ce côté là, ne le croyant pas si précautionné que l'autre. Voilà tout ce que je vous puis dire sur ce sujet. Il sera bon, en cas que vous ne puissiez approcher, autant qu'il seroit nécessaire pour faire quelque chose, que vous nous en donniez avis le plus tôt que faire se pourra. Je vous donne le bonsoir et suis votre très humble et très obéissant serviteur.

LI.

LE DUC DE NAVAILLES AU COMTE DE VIVONNE.

[Candie,] 24 juillet 1669.

Demande de rapport sur la catastrophe survenue à un bâtiment. Irritation contre la négligence et l'incurie des Vénitiens pendant la sortie que fit l'armée de terre tandis que la flotte canonnait les Turcs. — (Fol. 161 v°, n° 147.)

Je vous supplie très humblement, Monsieur, de

me mander le succès de votre entreprise et sur quel vaisseau le malheur est tombé [1]. Je vous serai très particulièrement obligé de m'en vouloir faire un détail un peu exact et par écrit. C'est la prière de votre très humble et très obéissant serviteur. L'on n'a point donné de ce côté ici qu'à la fin. Les François ont fait une petite sortie, mais ces Messieurs les Vénitiens n'étoient pas prêts et tout cela va à leur ordinaire [2]. Je vous prie de brûler mon billet. Je vous en dirai davantage à la première vue et vous connoîtrez combien l'on est malheureux d'avoir à faire à telles gens. Il ne se peut rien ajouter à tout ce qu'ont fait les vaisseaux et les galères. J'envoie savoir de vos nouvelles.

1. Au cours du bombardement du camp turc par la flotte chrétienne, qui venait d'avoir lieu, la *Thérèse* prit feu par l'imprudence d'un canonnier et sauta. On verra plus loin les suites de cet accident, les pertes qu'il causa, et les efforts pour sauver de son épave les canons qui y restaient encore. Navailles, en écrivant, ne savait pas encore que « le malheur étoit tombé » sur la *Thérèse*, précisément le navire qui l'avait amené de France et que l'accident venait de lui faire perdre 20000 écus, son argenterie et sa garde-robe qu'il avait laissés à bord (cf. Bigge, *op. cit.*, p. 183, et Arch. de la guerre, vol. 238, n° 92).

2. La garnison de Candie devait profiter du bombardement pour attaquer les Turcs, de son côté. (Cf. la lettre précédente et la suivante.) Selon M. Terlinden (p. 232), la sortie aurait échoué en partie par suite du mauvais vouloir de Navailles lui-même, qui aurait refusé de fournir 600 hommes promis. La lettre ci-dessus le contredit ou indique tout au moins un malentendu complet. (Voir le rapport de Vivonne à Colbert, n° LV.)

LII.

MOROSINI AU COMTE DE VIVONNE.

Candie, 24 juillet 1669.

Compliments adressés à Vivonne pour son courage et son talent. Réflexions sur la bataille et la canonnade qui viennent d'avoir lieu et leurs conséquences. — (Fol. 136, n° 149.)

Illmo e Ecc^{mo} Signor mio, Signor colendissimo, Assecondate le glorie di V. E. dalle generose azioni del suo estremo corraggio hanno questo oggi impresso perdite cosi grande a nemici, che senza dubio averanno concepito nel loro individuo terrore e spavento, mentre sprezzati tutti i pericoli, ha voluto abracciare quelli azzardi, che ebbero forza di costernare l'inimico e di accrescere a Lei quella corona di palme, che meritamente diviene marca gloriosa delle sue fatiche. Io non ho talenti che vaglino à decantare il valore con che hà effettuato una operazione tanto proficua a questi interessi, bensi ho un animo che saprà sempre pubblicare l'eternità delle mie obligazioni. Solo la perdita della nave *Santa Teresia* e il danno ricevuto [al]la sua propria galera [1] ha vivamente amareggiato la mia passione, e se l'aviso della sua ferita non mi fusse stato indirizzato colle notizie d'esser di poco momento, mi sarebbe accresciuto in forma tale il dolore, che non mi potrei dar pace. Fu certamente un'opera tanto segnalata per le consequenze che si vanno ricavando degli danni consi-

1. Cf. dans l'acte suivant les pertes de la galère Capitane.

derabili de nemici per la frequenza e moltiplicità delle canonate, che dapertutto colpivano, che si può formalizare concetti di piu alti trionfi ad armate così gloriose.

In fatti io non posso che credere esser assai piu maggiori li danni loro, di quello che cadauno si puo persuadere poichè in aggiunta di tanta quantità di canonate accopiati anco i fornelli, che saranno stati osservati dall'E. V. incendiati a tempo e opportunamente, fecero effetti così mirabili che certo i Turchi lacrimeranno per molti giorni le loro perdite [1]. Erano già disposte le cose della sortita stabilita, e si voleva anco poner ad effetto, ma osservato l'inimico che s'era molto ingrossato nei ridotti del balloardo, e che preavertiti di tal fatto attendeva di riportare qualche profitto sopra i nostri, un corpo de quali avendo fatti avanzare dalla parte della scozzeta per meglio accetarsi della verità, furono incontrati con tanta copia di granate che si ritirono con una perdita di settanta e piu tra morti e feriti. Onde riflettendo agli discapiti che ne potrebbe risultare, fu concordevolmente deliberata la suspensione di essa sortita per attendere con piu proposito qualche altra operazione, ma perchè (*sic*) avanti che si prendano simili espedienti, giudico di nostro avantaggio l'haver distinte notizie dei danni del nemico. Invio il messo questa sera agli confidenti, perchè dalle relazioni de medesimi possino prendere norma le nostre risoluzioni, le quali per altro saranno per riconoscere il moto delle sue

1. Les transfuges rapportèrent que les Turcs avaient perdu plus de douze cents hommes. Vivonne écrivait à Colbert 2 ou 3.000 hommes, mais sans garantir l'exactitude de ce chiffre.

prudentissime deliberazioni, mentre in tutte le forme ho ambizione d'essere [1]...

Candia, le 24 juglio 1669.

LIII.

COLBERT DE MAULEVRIER AU COMTE DE VIVONNE.

[Candie,] 24 juillet [2] 1669.

Félicitations. — (Fol. 159 v°, n° 145.)

Vous voulez bien, Monsieur, que je ne diffère pas davantage à vous faire mes compliments sur l'action d'aujourd'hui. Elle est assez glorieuse pour vous pour donner quelque joie à ceux qui font profession d'être particulièrement votre serviteur autant que je le suis. Je vous puis bien assurer qu'il n'a pas tenu à moi que nous n'en ayons mieux profité que nous n'avons fait, mais Dieu ne l'a pas voulu. Je vous supplie très humblement de vous souvenir quelquefois que vous m'avez promis un peu d'amitié et que vous n'en sauriez faire part à personne qui vous en soit si obligée ni qui la désire avec plus de passion que...

---

1. Cette lettre a tout l'air d'avoir été envoyée pour consoler Vivonne de l'insuccès de l'attaque et prévenir son découragement. On peut y voir une preuve des efforts tentés par Morosini pour soutenir le courage des généraux français et éviter leur départ (Cf. Terlinden, *op. cit.*, p. 233).
2. Par erreur, le copiste a écrit : avril.

LIV.

LES PERTES DES GALÈRES ET DES VAISSEAUX DE FRANCE PENDANT LA BATAILLE DU 24 JUILLET 1669.

« Liste des tués et blessés sur les galères de France, tant officiers volontaires, soldats que mariniers ou forçats dans la canonnade des batteries des Turcs de Candie du 24° juillet 1669. » — (Fol. 164 v°, n° 151 [1].)

Sur la Capitane :

Tués : Le sieur Chabert, sous-lieutenant, a eu le bras droit cassé de coups de mousquet et d'éclats de la *Thérèse*, dont il est mort le soir même. Le sieur Vidaut, commandant les barques des victuailles, tué d'un morceau de fer de la *Thérèse*.

Un sergent tué d'un éclat du dit vaisseau,

8 soldats tués,

2 forçats tués.

Blessés : M. le général blessé de contusions des éclats de la *Thérèse* aux jambes, aux épaules et un peu la vue incommodée de la poudre de ce vaisseau [2].

M. de Manse, capitaine, blessé d'un éclat de la *Thérèse* à la tête.

M. le chevalier de Mirabeau [3], major des galères,

---

1. Voir aussi : Arch. nat., *Marine*, B⁴3, fol. 308.
2. Vivonne fut soulevé de son poste et roula, tout meurtri, parmi les rameurs (Arch. de la guerre, vol. 238, n° 92 et Ch. Terlinden, *op. cit.*, p. 230).
3. François de Riquety, dit le *chevalier de Mirabeau*, né le 30 avril 1631, lieutenant au régiment de Provence avant de devenir officier de marine. Major des galères depuis le 11 mars 1665, mort inspecteur des galères (1690).

blessé d'un coup de mousquet à la tête et de deux éclats de la *Thérèse* au bras et à l'épaule.

M. de Maubousquet, volontaire, blessé de contusions des éclats de ce vaisseau.

M. le chevalier Gaillard[1], volontaire, blessé à dos d'une contusion d'un éclat de ce vaisseau.

M. de Manse, le neveu du capitaine, volontaire, le bras droit cassé et l'épaule cassée d'éclats de la *Thérèse*.

Il n'est resté auprès de M. le général dans le combat que le sieur de Roussi, capitaine réformé d'infanterie, le sieur Duché de Vancy, son secrétaire, et le sieur d'Antigny, son grand page, qui n'ont été blessés que de légères contusions.

40 soldats mariniers ou forçats blessés.

Sur la Patronne :
M. de Tagenac, lieutenant, tué,
12 soldats tués,
15 de blessés,
6 mariniers tués,
8 de blessés.

Sur la *Dauphine* :
2 timonniers tués,
2 soldats blessés,
2 mariniers tués,
2 caps de garde blessés,
1 marinier blessé,
3 forçats blessés.

Sur la *Croix de Malte* :
2 soldats tués,

1. Peut-être le même qui commandait l'*Amazone* en 1702.

5 soldats blessés,
4 forçats blessés.

Sur la *Couronne* :
7 soldats tués,
2 mariniers tués,
1 forçat tué,
9 soldats blessés,
4 forçats blessés.

Sur la *Fleur de Lys* :
1 soldat tué et 3 blessés,
1 caporal blessé et 1 canonnier,
5 mariniers blessés et 2 forçats.

Sur la *Victoire* :
6 soldats tués,
9 blessés.

Sur la *France* :
1 forçat tué d'un coup de canon.

Sur la *Force* :
3 soldats tués,
2 soldats et 2 mariniers blessés,
7 forçats blessés.

Sur la *Fortune* :
3 forçats blessés.

Sur la *Saint-Louis* :
4 soldats tués,
1 marinier tué,
4 soldats blessés,
2 mariniers blessés,
1 forçat blessé.

Sur la *Valeur* :
2 soldats et 3 mariniers tués,
5 soldats blessés,

3 forçats blessés.

Sur la *Renommée* :
5 soldats tués d'un coup de canon,
11 soldats blessés.

Sur la *Vigilante*, galiote :
2 mariniers de la rame, blessés,
1 soldat blessé.

Sur la *Subtile*, galiote :
4 soldats blessés,
3 mariniers de la rame, blessés.

Sur la *Légère*, galiote :
3 soldats tués,
1 caporal blessé,
6 mariniers de rame, blessés.

Liste des tués et blessés sur les navires de France et des coups de canon tirés et reçus dans la canonnade des batteries des Turcs de Candie du 24° juillet 1669.

L'*Amiral* a tiré 1400 coups de canon, en a reçu 7 à fleur d'eau et 25 dans les hauts, et il a eu 16 hommes tués et 25 blessés.

Le *Vice-amiral*, commandé par M. le marquis de Martel, a tiré 800 coups de canon et en a reçu 16 dans le corps du navire, dont il y a eu 10 hommes tués et 20 de blessés.

Le *Contre-amiral*, commandé par M. de Gabaret, a tiré 1085 coups de canon. Il en a reçu 15 dans le corps du navire, dont trois des siens ont été démontés, 20 dans les manœuvres, les haubans coupés, 7 hommes tués, 2 canonniers estropiés et 9 hommes blessés.

Le *Fleuron*, commandé par M. de Thurelle, a tiré 500 coups de canon, en a reçu 6 qui lui ont tué 15 hommes, et blessé 20.

Le *Comte*, commandé par M. de Kerjean [1], a tiré 500 coups de canon et en a reçu 6 dans le bois et d'autres dans les manœuvres; et il a eu 11 hommes tués et 23 blessés sans y comprendre le sieur de Méricourt, lieutenant, blessé à la jambe d'un éclat.

Le *Toulon*, commandé par M. de Belle-Isle, major des vaisseaux, a tiré 600 coups de canon, en a reçu 7 dans le bord et deux à l'arrière à l'estaubord; il a eu 5 hommes tués et 13 blessés.

Le *Lys*, commandé par M. le marquis de Grancey [2], a tiré 600 coups de canon et a reçu deux dans les hauts, un aux galeries et deux à la grande batterie, 4 matelots tués et cinq soldats blessés.

La *Royale*, commandée par M. de la Hillière [3], a tiré 400 coups de canon, a eu le sieur Mascardière, enseigne, blessé, 4 hommes tués et 7 blessés.

Le *Bourbon*, commandé par M. le bailli de Bouillon [4], a [tiré] 1095 coups de canon, en a reçu 8 dans le bois, autant dans les manœuvres, et 2 hommes tués et 7 blessés.

---

1. Le Barbier de Kerjean.
2. *Grandcerf*, dans le texte. François-Benedict Rouxel de Médavy, marquis de Grancey, capitaine de vaisseau depuis 1663, devint chef d'escadre en 1672. Il était colonel d'un régiment d'infanterie qu'il conserva quoique servant sur mer. Cf. Pinard, *Chronologie*, IV, p. 314.
3. Le chevalier de la Hillière ou La Ilhière commanda aussi le *Fleuron* en 1669. (Bibl. du Ministère de la Marine, *Cartes et plans*, 87, A. IV, n. 18-39.)
4. Constantin-Ignace de La Tour d'Auvergne, chevalier ou bailli de Bouillon, né en 1646, mort en 1670, neveu de Turenne,

Le *Croissant*, commandé par M. le chevalier de Tourville[1], a tiré 468 coups de canon, en a reçu 5 dans le corps du navire et 7 dans les manœuvres, et 5 hommes de blessés.

Le *Dunkerquois*, commandé par M. le chevalier de La Mothe[2], a tiré 400 coups de canon, en a reçu 10 dans le bois, et d'autres dans les manœuvres; il a eu 5 hommes tués et 7 blessés.

L'*Étoile*, commandée par M. de Contay[3], a tiré 467 coups de canon, il en a reçu 7 dans le vaisseau et il a eu 6 hommes tués et 15 blessés.

Le *Provençal*, commandé par M. le commandeur de Bouillé, a tiré 500 coups de canon; 3 hommes y ont été tués et M. de Blot[4], capitaine en second, et de Fénis, enseigne[5], fort blessé, et 5 hommes de blessés du canon des Turcs. Il a eu de plus 25 hommes de tués ou blessés par les éclats de la *Thérèse*.

La *Sirène*, commandée par M. de Cogolin[6], a tiré 600 coups de canon, en a reçu 6 dans le bois ou dans les manœuvres. Il a eu 4 hommes tués et 9 blessés[7].

---

1. Capitaine de vaisseau depuis 1667, il devint chef d'escadre en 1675, lieutenant-général en 1682, vice-amiral en 1689 et maréchal de France en 1696. En 1669 il avait 27 ans.
2. La Mothe Viala, capitaine de vaisseau (*États de la Marine*, 1668).
3. De Contay d'Humières, capitaine de vaisseau.
4. De la famille des Chauvigny-Blot.
5. Il venait d'être promu enseigne tout récemment (1669).
6. Le chevalier de Cogolin, capitaine de vaisseau depuis 1666, devint chef d'escadre en 1693. En 1672, il commandait l'*Éole*.
7. Au total, les pertes françaises s'élevèrent à 421 morts, dont 286 tués par la *Thérèse*, et 219 blessés.

LV.

LE COMTE DE VIVONNE A COLBERT.

[Standia,] 28 juillet 1669.

Rapport détaillé sur le combat du 24 juillet entre l'armée navale et le camp turc, et déclaration de la nécessité où se trouvent les Français de rentrer en France. — (Fol. 169 v°, n° 152.)

Monsieur,

J'eus l'honneur de vous mander, il y a douze jours, ce qui avoit été résolu dans le conseil que nous avions tenu dans la ville chez le capitaine général, où les généraux et les officiers généraux avoient été appelés [1]. Je vous rendis compte en même temps des particularités de ce conseil, où l'on ne consentit pas sans difficulté à faire canonner le camp des Turcs par les vaisseaux et par les galères pour favoriser une sortie générale des troupes de France et de la ville, comme les généraux de terre demandoient, parce que les galères d'Espagne et des autres princes ne l'avoient osé entreprendre l'année dernière. La chose ayant été mûrement résolue, parce que je dis hautement que les années précédentes c'étoient les galères d'Espagne et que c'étoit cette année celles de France [2], je pris les mesures nécessaires pour l'exécution de cette entreprise avec M. de Rospigliosi et M. de Martel, et tombai d'accord avec eux des postes que les galères et les vaisseaux doivent prendre.

1. Voir les noms des signataires du procès-verbal dans Terlinden, *op. cit.*, p. 229.
2. Sur le rôle de Vivonne dans ce conseil, cf. p. 58, n. 1.

Celles de France n'ont pas eu le moins honorable, comme vous verrez par le plan que j'ai l'honneur de vous envoyer [1]. Depuis cette résolution prise, les temps se montrèrent si peu favorables qu'ils nous firent quasi désespérer de trouver un jour de calme pour exécuter ce qui avoit été projeté. Mais à la fin le vent s'abaissa le 23ᵉ et nous promit le jour suivant ce que nous attendions avec tant d'impatience. Cela obligea toutes les galères et six galéasses de Venise d'aller mouiller la nuit suivante auprès des vaisseaux et de se mettre chacune auprès de celui qu'elle devoit remorquer pour partir toutes en même temps.

Sitôt que l'ordre fut donné, chaque galère donna la remorque à son vaisseau et alla en plein soleil se porter au lieu qui lui avoit été assigné par l'ordre de bataille dont j'étois convenu avec M. de Rospigliosi. Et comme j'avois ordonné aux vaisseaux et autres galères qui devoient être à l'aile gauche dessous le bastion de Saint-André [2] de se poster les premiers pour empêcher la confusion, qui auroit pû survenir s'ils avoient tous voulu se porter en un même temps, l'*Étoile*, commandée par le sieur de Contay, remorquée par la galère la *Renommée*, commandée par le sieur de Folleville, le *Courtisan*, vice-amiral commandé par M. de Martel [3], remorqué par la galère la *Force*,

---

1. Ce plan est à la Bibliothèque du Ministère de la marine, *Mss.*, n° 142 (Portefeuilles).

2. Voir le plan des fortifications de Candie, dans Bigge, *op. cit.*, p. 183.

3. Cf. le récit de la bataille par le marquis de Martel : Arch. nat., *Marine*, B⁴ 3, fol. 237 ; celui de la Croix : Arch. de la guerre, 238, n° 92, et surtout celui de Duché de Vancy, secrétaire de Vivonne (*Journal*, Bibl. nat., Fr. 6120, fol. 44 et suiv.), qui très vraisemblablement rédigea la lettre ci-dessus.

commandée par le sieur chevalier de Breteuil[1], prirent les premiers leurs postes à demi portée de mousquet de terre. Et comme les batteries des Turcs les incommodoient fort, ils furent obligés de commencer les premiers à les canonner.

Je ne puis, Monsieur, vous expliquer la beauté de ce début et combien le grand feu que firent ces deux vaisseaux et ces deux galères étonnèrent d'abord les Turcs. Tout le monde qui étoit dans la ville en fut dans une admiration non pareille et s'étonnoit de les voir faire d'aussi belles décharges et aussi justes que pourroit faire l'infanterie avec le mousquet. Le Vice-amiral n'eut pas plutôt commencé à tirer, que l'Amiral remorqué par la Capitane prit son poste. Le *Comte* commandé par le sieur de Kerjean, remorqué par la galère *Saint-Louis*, commandée par le sieur de Montolieu[2], le *Bourbon* commandé par M. le bailli de Bouillon, remorqué par la galère la *Victoire* commandée par le sieur chevalier de Tonnerre[3], le *Provençal* commandé par le sieur commandeur de Bouillé, remorqué par la galère la *Couronne*, commandée par le sieur commandeur de Gardanne[4], la *Thérèse*, com-

---

1. Antoine Le Tonnelier, chevalier de Breteuil, devint chef d'escadre des galères en 1685.
2. Louis de Montolieu, né le 19 janvier 1648, devint chef d'escadre des galères, maréchal de camp, chevalier de Saint-Louis. Louis XIV lui donna le titre de Marquis. Sur lui, cf. Jal, *op. cit.*, I, p. 302.
3. Louis-Alexandre de Clermont-Tonnerre, mort à Marseille en 1674. Fils de François de Clermont-Tonnerre.
4. Louis de Forbin, né à Marseille en 1610, reçu chevalier de Malte en 1628, dit le chevalier puis le commandeur de Gardanne, mort en 1690. Il commanda successivement la *Fortune*,

mandée par le sieur d'Hectot[1], remorquée par la galère la *Dauphine*, commandée par le sieur de Villeneuve[2], le *Toulon* commandé par le sieur de Belle-Isle, major, remorqué par la galère *Patronne*, commandée par le sieur de la Brossardière[3], se rangèrent ensuite en leurs postes avec tous les autres vaisseaux et galères sous les batteries que les Turcs avoient fait le long de la marine à fleur d'eau, outre celles dont ils avoient coutume de battre la ville; et comme l'Amiral tire beaucoup plus d'eau que les autres, il fut contraint de demeurer un peu plus au large, ce qui m'obligea de mon côté de m'approcher avec la Capitane un peu plus près de terre et de me mettre auprès du Vice-amiral. Ce petit point d'honneur pensa causer la perte de la Capitane, car le feu s'étant pris aux poudres de la *Thérèse*, comme il arrive toujours à quelques vaisseaux en ces sortes d'expéditions, elle sauta en l'air et la pensa accabler de son débris.

Ce malheur, joint à la perte que nous avons déjà faite de beaucoup de gens par le canon et la mousqueterie des ennemis, nous mit en quelque désordre, mais par les soins et l'activité du sieur de Manse, capitaine

le *Lion couronné*, le *Braize*, l'*Étourdi* et la *Couronne*. Il servit comme capitaine de galère jusqu'en 1677. Il commanda aussi la galère la *Madame* en 1673.

1. Cf. Jal, I, p. 304.
2. Pierre de Lucas, sieur de Villeneuve, était capitaine de la *Dauphine* en 1670.
3. Jacques de Laye (ou de la Haye) du Plessis, sieur de la Brossardière ou « le Plessis Brossardière », devint chef d'escadre des galères (Ch. de la Roncière, *Inventaire des mss. de la Bibliothèque de la marine*, p. 126). En 1673, il commandait la *Patronne*.

de la Capitane, qui, après avoir été blessé à la tête et à la cuisse de plusieurs éclats, ne laissa pas d'agir jusques à ce que nous eussions fait notre retraite avec le reste de l'armée, chacun demeura dans son devoir.

L'effet de la poudre de ce navire fut si grand que la mer s'entrouvrit et coucha la Capitane plusieurs fois tantôt d'un côté, tantôt de l'autre, de manière que l'on en vit la quille et qu'un chacun crut qu'elle étoit perdue. Ce désordre n'empêcha pas que les autres galères ne continuassent à canonner le camp des Turcs jusques à ce que l'on eut fait à la ville le signal de la retraite. Les galéasses qui étoient au milieu des navires ont fort bien fait leur devoir et ont perdu beaucoup de gens avec quelques mats et quelques antennes. Le Contre-amiral, commandé par M. Gabaret, qui étoit à leur droite avec sept vaisseaux et autant de galères, a fait le sien à son ordinaire, c'est-à-dire qu'il ne se peut pas mieux. Le désordre qu'il y eut de ce côté là fut que, le terrain se trouvant un peu serré pour tant de vaisseaux, ils se trouvèrent quasi les uns sur les autres et ne purent laisser entre eux les intervalles nécessaires pour les galères, hors le Contre-amiral à la gauche duquel la *France*, commandée par le chevalier de Béthomas[1], trouva lieu de se mettre. Les autres galères, savoir la *Croix de Malte*, commandée par le commandeur d'Oppède[2], la *Fleur de Lys*, commandée par le commandeur de la Bretesche, la *Valeur*, commandée par le sieur de Viviers, la *Fortune*, commandée par le chevalier

1. Éléonor de Beaulieu de Béthomas.
2. Vincent de Forbin, capitaine puis chef d'escadre des galères, frère puîné du premier président de Provence.

de Janson[1], et deux galiotes furent nécessitées pour être de la partie de se mettre en terre des vaisseaux et de souffrir qu'ils fissent souvent leurs décharges par-dessus elles, plutôt que de manquer à prendre un poste honorable en ce rencontre. Les galères de Sa Sainteté, de Malte et de Venise étoient tout à fait sur la droite qui battoient par le revers le camp des Turcs et étoient vus par une de leurs batteries qui les incommodoit fort. Je puis vous assurer, Monsieur, que M. de Rospigliosi a fait en cette occasion tout ce qui se pouvoit faire, car il fut d'abord avec son escadre poster des vaisseaux de Venise vis à vis du camp de la Sablonnière et repassa ensuite à portée de mousquet des batteries de Saint-André, pour s'en aller à son poste de la plus belle manière du monde; mais je ne puis, Monsieur, vous taire un trait que lui firent ces vaisseaux vénitiens qu'il avoit remorqués pour canonner les batteries de la Sablonnière et les empêcher de tirer par le revers, comme elles firent sur les vaisseaux et sur les galères qui étoient sous Saint-André, car sitôt qu'il les eut postées et qu'ils s'aperçurent qu'il alloit prendre un autre poste avec son escadre à la droite de nos vaisseaux, ils se mirent à la voile, disant qu'ils ne pouvoient demeurer là sans galères et laissèrent par ce moyen la liberté à toutes les batteries de ce quartier de nous tirer comme au blanc. Enfin, Monsieur, pour vous dire la vérité, les choses se sont passées d'une manière que je ne puis m'empêcher de vous témoigner la satisfaction

---

1. Le chevalier Albert de Forbin-Janson commanda aussi la galère l'*Heureuse* (Bibl. du Ministère de la Marine, *Mss.*, 337, f° 19).

que j'en ai et vous dire que vous en devez avoir beaucoup, prenant autant d'intérêt que vous faites à la marine que vous avez ressuscitée et remise sur pied par vos soins, d'apprendre que les vaisseaux et les galères de Sa Majesté ont été se poster fièrement en plein jour sous dix ou douze batteries des Turcs à demi portée de mousquet de terre, qu'ils y ont demeuré deux heures et demie entières et se sont retirés avec la même fierté, sans que les coups dans l'eau et quelques autres incommodités ait (*sic*) jamais pu obliger aucun à faire sa retraite avant plusieurs ordres réitérés.

Je ne vous dirai point lequel a le mieux fait en ce rencontre, parce que tous les capitaines des vaisseaux et des galères ont également bien fait leur devoir. Il est vrai que le but de M. de Martel, que l'épaisseur de la fumée et la confusion des canonnades n'empêcha pas dans le commencement de regarder, a paru par-dessus tous les autres quelque chose de si beau que je crois être obligé de vous en rendre un compte particulier, et de vous dire qu'il a si bien soutenu l'honneur du pavillon de Vice-amiral, qu'il sera difficile de le mettre en de meilleures mains. Ce que je trouve de plus considérable en cette occasion est que les capitaines de vaisseaux et de galères ont conçu une si véritable estime les uns pour les autres qu'il me paroit que ces deux corps, qui avoient toujours semblé être divisés et en jalousie, sont tout à fait réunis, et j'ose vous promettre, Monsieur, sur ce que j'en ai vu, qu'il n'y a rien de possible au monde qu'ils n'entreprennent quand Sa Majesté le souhaitera et qu'Elle peut compter là-dessus. La perte seroit peu considérable sans celle de la *Thérèse*, car quoiqu'il y ait cinq ou six cents hommes hors de combat, il n'y en a eu d'officiers blessés sur les galères que le sieur de Manse, comme je vous ai déjà dit, le sieur chevalier de Mirabeau, major des galères, qui a eu un coup de mousquet à la tête et un à l'épaule, et de tués que les sieurs de Tagenac, lieutenant de la Patronne, neveu de M. le marquis de Ternes[1], et Chabert, sous-lieutenant de la Capitane. J'en ai été en mon particulier quitte pour quelques légères contusions, mais il n'en a pas été de même de mes volontaires, car le sieur de Maubousquet, capitaine de mon petit navire, qui étoit l'hiver dernier en mer avec moi, et le chevalier Gaillard, ont été roués d'un bordage de la *Thérèse*.

Le sieur de Manse, neveu du capitaine de la Capitane, a eu le bras droit et l'épaule cassés d'un autre éclat, et le sieur Vidaut, auquel j'avois donné la conduite des barques des victuailles, a été tué; le reste de soixante qui ont été tués ou blessés sur la Capitane n'est que de soldats, de matelots, de chiourme; des vaisseaux il n'y a eu que le sieur Charles, capitaine du brigantin, qui a eu la jambe cassée. L'Amiral, le Vice-amiral et quelques autres vaisseaux ont eu quelques coups dans l'eau, mais ils seront bientôt radoubés et recalfatés. Je ne puis m'empêcher d'admirer la précaution de M. l'intendant[2] et du sieur

---

1. Jean d'Espinchal, baron puis marquis de Ternes, commandait la galère Capitane en 1663. Sur lui, cf. Jal, I, p. 300, n. 1, et Pinard, *Chronologie*, VI, p. 273.

2. De la Croix. Cf. Saint-Hilaire, *Mémoires*, éd. Lecestre, I, p. 67, n. 1.

Jacquier[1], qui avoient ôté cent mille écus appartenant à Sa Majesté de dessus la *Thérèse*, lorsque la résolution fut prise d'aller canonner le camp des Turcs. Si M. de Navailles en eût fait de même, il n'auroit pas tant perdu d'argent et de hardes qu'il a fait[2]. Cette disgrâce ne le touche pas si sensiblement que le procédé des Vénitiens, qui lui manquent de parole en toutes sortes d'occasions et qui rendent inutile par leur façon d'agir tout ce qu'on tâche de faire pour leur service. Cela paroit manifestement en ce rencontre parce qu'ils n'ont tiré aucun avantage de ce que la marine a fait, et qu'ils n'ont jamais voulu consentir à la sortie que M. de Navailles et toutes ses troupes étoient disposés de faire. Il ne sortit que deux cents hommes François et Allemands avec M. Colbert, que l'on fit rentrer après en avoir perdu plus de la moitié. Je ne vous dis rien de la manière dont il agit parce que je ne doute point qu'on ne vous en rende compte d'ailleurs. Mais tous les gens qui viennent de la ville me disent qu'il est partout et que l'on ne peut pas avoir plus d'activité et de bravoure qu'il en a. Les avis que le capitaine général reçoit tous les jours, que l'on nomme les constituts, portent que nous avons tué deux ou trois mille hommes aux Turcs, et que même leur principal ingénieur qui faisoit leurs travaux sous terre a été tué. Je ne sais pas au vrai ce qui en est, mais vous pouvez juger ce que douze à quinze mille coups de canon tirés dans un camp peuvent faire d'effet.

1. Commissaire général des vivres. Cf. p. 57 et Arch. nat., *Marine*, B⁴ 3, fol. 3.
2. Cf. n° LI, n. 1.

J'assemblai hier M. l'intendant, le sieur Jacquier et les commissaires généraux des galères et des vaisseaux pour voir l'état de nos victuailles, afin de ne nous pas laisser surprendre en un pays où il ne nous faut rien attendre des Vénitiens, non plus que des côtes où nous devons passer, où l'on ne trouve jamais de victuailles faites sans y avoir prévu de longue main, et je trouvai que nous aurions peine à passer ici le 15e du mois prochain.

Les troupes de terre de Sa Majesté qui gardent présentement les postes de la Sablonnière et de Saint-André dépérissent beaucoup tous les jours, parce qu'elles se défendent autrement que celles des Vénitiens. Il y a huit jours que le régiment de Jonzac[1] étant de garde au poste de Saint-André, quelques Turcs qu'ils nomment des Braves entre eux, vinrent à découvert, le sabre à la main, et se rendirent maîtres d'un poste avancé où il y avoit un lieutenant avec quelques gens détachés; mais comme ils pensoient faire leur logement, le marquis de Jonzac y entra le premier, l'esponton à la main, et il fut si bien secondé des officiers et des soldats de son régiment qu'il chassa non seulement les Turcs du poste, mais les poussa jusques à trente pas dans leurs boyaux, où il essuya de si grandes décharges qu'il ne fut relevé de ce poste qu'avec cinquante hommes de son régiment. Cette action a été si remarquée que j'ai cru ne me pouvoir dispenser de vous en parler.

1. Alexis de Sainte-Maure, marquis de Jonzac, commandait à Candie son régiment. Cf. Pinard, *Chronologie*, t. VIII, p. 13.

Les Vénitiens qui ne vont qu'à leur but, c'est-à-dire à conserver les troupes et à exposer celles de Sa Majesté qu'ils savent les devoir quitter, m'ont fait plusieurs instances pour leur donner de celles des vaisseaux et des galères. Mais quoique j'eusse résolu de m'attacher à suivre les ordres de Sa Majesté au pied de la lettre, et à ne les désarmer en aucune façon, je n'ai pu refuser à leur importunité quatre cents hommes de ces deux corps pour travailler à la seconde retirade de Saint-André, qui n'auroit jamais été en défense sans les soins particuliers qu'en a pris M. de Navailles. Elle pourra retarder la prise de la place, mais, selon les apparences, elle ne l'empêchera pas, car les ennemis et les maladies consomment tous les jours trop de gens pour les pouvoir remplacer. On doit compter par jour du moins soixante ou quatre-vingts hommes hors de combat, à quoi des armées entières auroient peine à résister.

Je ne vous mande encore rien des résolutions que nous devons prendre parce que M. de Navailles, qui étoit venu à Standia pour changer d'air un ou deux jours pour tâcher de reprendre sa santé qui est fort altérée, fut obligé de s'en retourner cinq ou six heures après sur des lettres du capitaine général, sans me donner lieu de lui faire voir l'état des victuailles des vaisseaux et des galères, et sans pouvoir par conséquent prendre aucune résolution avec lui. Je lui ai envoyé cet état le plus exact qu'il a été possible, dont je vous envoie copie, afin qu'il prenne les mesures nécessaires en ce rencontre et qu'il n'expose point par un retardement l'armée navale de Sa Majesté à se trouver sans vivres à la mer. Ce sont des extrémités si grandes qu'il n'y a rien qu'on ne doive faire pour les éviter, surtout au retour d'un voyage comme celui-ci, où il ne se peut pas faire que nous n'ayons une infinité de malades tant de l'armée de terre que de l'armée de mer, auxquelles il faut non seulement des vivres, mais des rafraîchissements.

Je vous supplie pour cet effet très humblement, Monsieur, de faire en sorte que Sa Majesté écrive à M. de Vendôme [1] et à M. le premier président de Provence, qu'ils donnent les ordres nécessaires au Golfe Juan [2], îles de Sainte-Marguerite et autres lieux de Provence où l'armée navale pourroit relâcher avant d'arriver à Toulon, pour y faire fournir les rafraîchissements dont on aura besoin après une si longue course. Je vous supplie aussi très humblement, Monsieur, de solliciter Sa Majesté d'ordonner que, lorsque l'armée arrivera à la rade de Toulon, l'on permette de débarquer les troupes dès le même jour, s'il est possible, le séjour dans les vaisseaux leur étant tout à fait contraire aussi bien qu'aux équipages des dits vaisseaux à qui l'infection se communiqueroit, et de porter Sa Majesté à envoyer des ordres exprès pour cela le plus tôt qu'il se pourra, afin que nous les trouvions en arrivant; car sans cela les allées et les venues qu'il faut faire au Parlement, sans un arrêt duquel on ne permet point le débarquement, feroit périr une grande partie de l'armée dans les vaisseaux en l'attendant. Il seroit aussi très avantageux au bien du service, que Sa

1. Louis, duc de Vendôme, avait épousé Laure Mancin en 1651. A sa mort en 1667, il devint cardinal.
2. *Au Gourjan*, dans le texte.

Majesté mandât à M. de Vendôme, à M. le premier président de Provence et à MM. les intendants de la marine de Toulon et de Marseille, de pourvoir aux remèdes nécessaires pour les malades et pour les blessés de faire faire dans les villages circonvoisins un grand amas de tous les rafraîchissements nécessaires pour l'armée navale et pour celle de terre, et surtout de faire augmenter le nombre des baraques et des lits de l'hôpital de Saint-Mandrier pour recevoir les malades et les blessés des deux armées qui seront en très grand nombre, et comme il s'y trouvera beaucoup d'officiers et de gens de qualité, je crois qu'il seroit essentiel pour les sauver de destiner des lieux particuliers pour les mettre, afin qu'ils puissent être secourus sans incommoder les villes et les villages voisins. Les maladies que nous avons ici ne sont pas dangereuses ni contagieuses, mais elles sont en grand nombre à cause des méchantes eaux que l'on boit. J'appréhende fort qu'elles n'augmentent encore au retour quand les troupes seront renfermées dans les vaisseaux. Je vous conjure encore de pourvoir à tout ce qui sera nécessaire de les faire débarquer en arrivant, et de considérer que le salut de l'armée de terre et des équipages des vaisseaux dépend de lui.

Je suis plus que personne du monde [1]...

1. Le même jour, Vivonne adressa à Louis XIV une lettre conçue en termes identiques. (Arch. nat., *Marine*, B⁴ 3, fol. 294-305.) En suite de la demande de Vivonne, Colbert invita d'Infreville, à Toulon, à tout préparer promptement pour le retour des troupes (*ibidem*, B² 9, fol. 385 v°). Louvois et Louis XIV expédièrent à d'Infreville de semblables instructions : Arch. de la Guerre, vol. 238, fol. 72 et 74 v° (16 septembre).

LVI.

LE COMTE DE VIVONNE A M. D'INFREVILLE [1].

Standia, à bord de la Capitane, 28 juillet 1669.

Il l'avertit qu'il a mandé au roi le prochain retour en France de l'armée décimée par la maladie et à court de vivres. Il fait tout préparer en Provence pour le débarquement. — (Fol. 52, n° 49.)

J'écris à Sa Majesté l'état où nous nous trouvons présentement, et comme nos victuailles nous obligent à penser à un prompt retour, je la prie en même temps d'écrire à M. le cardinal de Vendôme [2], à M. le premier président [3], à M. Arnoul [4] et à vous, afin que vous donniez conjointement les ordres pour le débarquement des troupes. Je lui mande que le premier seroit de faire trouver au Golfe Juan [5], îles Sainte-Marguerite et autres lieux où l'armée navale pourroit relâcher avant que d'arriver à Toulon, quantité de rafraîchissements, que le manque de pratique

---

1. M. Le Roux d'Infreville était intendant de Toulon en remplacement de M. de La Guette depuis 1665 (Jal, *op. cit.*, I, p. 349).
2. La lettre au cardinal de Vendôme est du 7 août. Cf. n° LXII.
3. La lettre au premier président Henri de Forbin-Maynier, baron d'Oppède, est du même jour. Elle contenait aussi des compliments sur la belle conduite des commandeurs d'Oppède et de Gardanne et du chevalier de Janson (Reg., n° 169).
4. Nicolas Arnoul né le 18 septembre 1608, mort le 18 octobre 1674 était intendant des galères, des armées navales et des fortifications de Provence et de Picardie dès 1865. Cf. Saint-Simon, *Mémoires*, t. VI, p. 230, n.
5. *Au Gourjan*, dans le texte.

empêcheroit d'aller chercher en terre ; qu'il est essentiel pour le salut de l'armée que nous trouvions en arrivant les ordres nécessaires pour débarquer le jour de notre arrivée les troupes de terre et les malades des vaisseaux, parce que si on les retient longtemps, comme on fait ordinairement, les maladies ne manqueront pas d'augmenter et de se communiquer aux équipages des vaisseaux qui ne seront plus en état de servir comme le prétend Sa Majesté.

Je lui représente aussi qu'il est nécessaire pour le soulagement de l'armée de pourvoir à toutes sortes de remèdes pour les blessés et les malades, de faire faire un grand amas de toutes sortes de rafraichissements dans les villages circonvoisins, d'augmenter le nombre des baraques et des lits de l'hôpital de Saint-Mandrier, à cause de la quantité de blessés et de malades qu'il y aura, et surtout, comme il s'y trouvera quantité d'officiers et de gens de qualité, de destiner plusieurs bastides et autres lieux pour les mettre, afin qu'ils puissent être débarqués promptement et secourus sans incommoder les villages d'alentour [1]. Je ne doute point, Monsieur, que vous ne contribuez en tout ce qui dépendra de vous au soulagement d'une armée qui en a quelque besoin et qui dépérira assurément beaucoup si on ne prend toutes ces précautions. Je vous en prie en mon particulier.

1. Malgré tout, le retour précipité de l'armée surprit à Toulon où les préparatifs n'étaient pas achevés. Cf. Arch. nat., *Marine*, B³8, fol. 323 et 330.

LVII.

LE MARQUIS DE MARTEL AU COMTE DE VIVONNE.

[Candie,] 29 juillet 1669.

Nouvelles relatives à l'épave de la *Thérèse*, que l'on va visiter, et à la blessure reçue par Colbert de Maulevrier. — (Fol. 181, n° 154.)

Ce soir je verrai moi-même si la *Thérèse* flotte [1]. Elle paroit, mais je ne vois pas qu'elle flotte. Je vous en manderai demain ce qui en sera. J'envoyai hier à la ville. M. Colbert est blessé à la tête d'un éclat de bombe; l'on ne sait pas encore si la blessure est dangereuse [2]. M. de Navailles se porte bien. Ce fut à une sortie où nos gens regagnèrent le terrain qu'ils avoient perdus le jour avant. La Sablonnière presse

---

1. Le lendemain Colbert de Maulevrier écrivait à Vivonne (Reg. n° 155) pour lui demander d'envoyer reconnaître le débris de la *Thérèse* : « Il paroit à présent plus de deux cents pas plus loin qu'il n'étoit ces jours passés. Cela fait croire qu'indubitablement il est à flot... Je crois, Monsieur, que vous serez bien aise que les Turcs ne profitent pas de ce qui se pourra trouver de canons restés dans cette carcasse, comme sans doute il y en a beaucoup. »

Martel ayant fait son inspection écrivit à Vivonne (Reg. n° 207) : « J'ai envoyé ces cinq chaloupes des vaisseaux de l'escadre avec un officier et capitaine de Cou pour savoir en quel état est la *Thérèse*. La carcasse est à fond et ce qui se voit ce sont quelques restes de mats et vergues qui tiennent au cordage. Il y a huit brasses d'eau où elle est, voilà la vérité. Ceux qui seront maîtres de l'île, qui pourront y travailler, peuvent en tirer quelques canons, mais en l'état présent cela ne se peut à cause de la mousqueterie et du canon des ennemis. »

2. Voir aussi la lettre suivante.

fort. Le camp de Saint-André ne se presse pas. Je suis avec le respect que je vous dois...

LVIII.

LE DUC DE NAVAILLES AU COMTE DE VIVONNE.

[Candie,] 30 juillet 1669.

Détails sur la sortie de la Sablonnière, du 30 juillet, au cours de laquelle les Turcs furent délogés mais où Colbert de Maulevrier fut blessé. — (Fol. 182, n° 156.)

Nous avons aujourd'hui fait faire une sortie du côté de la Sablonnière, qui étoit d'une grande nécessité, les ennemis ayant fait ce matin un logement dans la fausse braie, et pouvant dès à ce soir attacher un mineur à la courtine. Nous leur avons rompu leur logement et en avons fait un autre à trente pas au delà, et assurément les François ne pouvoient pas mieux faire qu'ils ont fait, car l'action a été hardie et bien menée [1]. Je vous envoie un Janissaire turc, lequel nous avons pris à cette sortie. J'ai cru que c'était un présent qui se pouvoit faire à un général des galères. J'aurois beaucoup de choses à vous dire, lesquelles je n'ose pas hasarder dans ma lettre et que je réserve à notre première vue. Je vous prie de rendre compte de ce détail à M. Rospigliosi, comme à notre général, pour qui j'ai beaucoup de

1. On ne peut donc parler comme M. Terlinden (*op. cit.*, p. 234) de l'apathie et du mauvais vouloir des généraux français. Le détail de cette sortie se trouve dans les *Mémoires* de Navailles (p. 254-256). Morosini avait promis 500 soldats mais ne fournit que 50 « esclavons ». Cf. sa lettre d'excuses à Lionne (Arch. des Affaires étrangères, *Venise*, Correspondance, t. 89, fol. 272).

vénération et de respect. Vous me feriez grand faveur de le faire aussi savoir à M. Le Bret [1]. M. Colbert y a été blessé d'un éclat de bombe à la tête, mais j'espère que ce ne sera rien [2]. Voilà tout ce que nous pouvons vous faire savoir. Je vous donne le bonsoir et suis tout à vous. Nous avons perdu trois ou quatre bons et braves officiers et 30 à 38 soldats.

LIX.

LE COMTE DE VIVONNE A COLBERT DE MAULEVRIER.

[Standia,] 30 juillet 1669.

Envoi à la ville du commandeur de la Bretesche pour exposer l'état des galères, protester contre un nouveau projet de canonnade du camp turc. Essai de renflouage de la *Thérèse*. — (Fol. 160, n° 146.)

Je suis en un état qui ne me permet pas d'aller à la ville comme je l'espérois et qui me donne à peine la liberté de vous dire que j'ai été obligé d'accepter le parti que M. de Rospigliosi m'a proposé d'envoyer chacun une personne de confiance à la ville pour savoir ce qu'on pouvoit désirer de nous. J'envoie

---

1. Alexandre Le Bret, maréchal de camp par brevet du 20 octobre 1665 (Jal, *op. cit.*, I, p. 578, n. 2), était lieutenant-général de l'armée française. Cf. Pinard, *Chronologie*, IV, p. 255-256.

2. Lettre de La Croix à Vivonne, du même jour (Reg. n° 157) : « Celle-ci est seulement pour vous supplier très humblement de vouloir envoyer une galiote du Roi demain à l'entrée de la nuit à la Fosse pour transporter à Standia M. Colbert, lequel a été blessé à la sortie d'un éclat de pierre à la tête... Je le ferai porter jusques à la galiote dans un brigantin vénitien. »

pour cet effet M. le commandeur de la Bretesche [1], capitaine d'une des galères du Roi, qui vous rendra compte de l'état de notre marine comme je pourrois faire. Il porte l'état de nos blessés et de nos invalides et de ceux que nous avons perdus ; par lequel vous jugerez vous-même, s'il vous plait, l'impossibilité dans laquelle sont les vaisseaux et les galères de fournir des troupes pour la terre en cas que les Vénitiens fassent encore quelque instance pour en avoir. Je ne doute point, si cela est, qu'à l'exemple de M. Colbert, votre frère, vous ne preniez les intérêts de [notre] marine et que vous ne représentiez le peu d'apparence qu'il y a de désarmer entièrement les vaisseaux et les galères de Sa Majesté contre ses ordres et contre son service. On nous veut faire croire que les Vénitiens veulent encore demander que les galères et les vaisseaux aillent une seconde fois canonner le camp des Turcs, mais ils ont publié si hautement le peu de fruit qu'ils en ont tiré la première fois, et l'ont si bien témoigné que je ne puis pas m'imaginer qu'ils puissent faire une proposition de cette nature. En tous cas, s'ils sont assez déraisonnables pour cela, je ne doute point que vous n'ayez comme M. de Navailles la bonté de représenter que l'on n'expose pas si légèrement les vaisseaux et les galères de Sa Majesté à des expéditions où Elle ne les a pas destinées dans ce voyage. En vérité, il suffit d'en avoir perdu un pour les satisfaire sans hasarder les autres sur des

---

1. Sur Charles de Savonnières, commandeur de la Bretesche, cf. Villette, *Mémoires*, p. 63, n. 2. Il était chef d'escadre des galères en 1687. Cf. *Catalogue général des mss. de la Marine*, par C. de la Roncière, p. 127.

propositions que l'on a déjà vu n'avoir point de suites. Considérez, je vous prie, que si il se fût levé le moindre vent avant notre retraite, nous n'en aurions pas sauvé un et que ç'a été la plus grande fortune du monde de nous en avoir tiré comme nous avons fait. J'envoie à M. de Martel votre lettre et lui mande d'envoyer cette nuit deux chaloupes pour voir en quel état est la carcasse de la *Thérèse* [1], et en cas qu'elle soit à flotte, pour tâcher de la remorquer. C'est de quoi je doute extrêmement ; mais si cela est, il faut qu'elle soit ouverte par les fonds et qu'il n'y ait par conséquent plus d'artillerie dedans [2]. Je vous manderai ce qui en sera et n'oublierai rien pour suivre la pensée que vous avez de ne laisser point aux Turcs ce débris. Je vous prie encore une fois d'entrer dans les intérêts de notre marine et d'être persuadé que je suis à vous plus que personne du monde...

LX.

LE COMTE DE VIVONNE A M. DE NAVAILLES.

[Standia,] 31 juillet 1669.

Même sujet que la lettre précédente. Détails sur la santé de Vivonne, et exposé de l'état de la flotte qu'il ne veut plus exposer inutilement dans un nouveau bombardement. — (Fol. 183 v°, n° 159.)

J'ai été si surpris cette après-dînée d'une si cruelle

---

1. Cf. n° LVII.
2. Colbert de Maulevrier avait écrit le 25 juillet à Vivonne (Reg. n° 148) : « Comme je connois particulièrement la peine qu'on a pour trouver la quantité de canons qu'il faut pour la

douleur et oppression de poitrine[1] que j'ai été obligé de me mettre dans le lit et d'accepter la proposition que M. de Rospigliosi m'a faite de vous envoyer chacun un de nos amis pour savoir ce que vous souhaitez de nous. Je vous envoie pour cet effet M. le commandeur de la Bretesche, capitaine d'une galère du Roi, qui vous dira l'état où je suis et auquel vous pouvez dire toute chose avec pleine confiance. J'ai plus de déplaisir de ne vous pouvoir rendre visite et de ne vous pouvoir entretenir de l'état de notre marine que de ne pouvoir assister au Conseil où l'on nous appeloit, parce que je ne dois en aucune façon me mêler des affaires de la terre pour suivre mon instruction comme je dois, et que je ne vois pas que l'on puisse rien souhaiter qui regarde la marine. On m'a voulu faire croire que l'intention des Vénitiens étoit de proposer encore de faire canonner le camp des Turcs par les vaisseaux et par les galères. Mais ils ont publié si hautement le peu de fruit qu'ils ont tiré de la première fois que nous y avons été et s'en sont si peu prévalus en ne sortant point, que je ne puis pas m'imaginer que cela leur puisse tomber sous le sens[2].

marine, cela m'oblige à vous supplier très humblement... de vouloir faire travailler diligemment à sauver le débris du vaisseau du pauvre Hectot et particulièrement le canon. »

1. Selon Bigge (*op. cit.*, p. 186), Vivonne était atteint d'une violente crise de coliques.

2. Navailles, *Mémoires*, p. 264-265 : « Les généraux proposèrent de faire une sortie avec un corps de dix mille hommes, qu'on composeroit de trois mille que j'avois encore, à ce qu'ils disoient, en état de combattre... et de cinq mille qu'ils donneroient de leurs troupes. Je leur dis qu'ils n'étoient pas en état de fournir les gens qu'ils promettoient et que dans les autres

Mais, si par hasard ils en faisoient la proposition, comme ils ne vont qu'à leurs fins et qu'ils ne se soucient guère de sacrifier les troupes et l'armée navale de Sa Majesté pour le moindre avantage qu'ils en croient tirer, je vous crois un trop bon serviteur du Roi pour ne pas représenter que l'on n'expose pas si légèrement ses vaisseaux et ses galères à des expéditions, où on ne les a pas destinés dans ce voyage, et qu'il suffit d'en avoir perdu un pour les satisfaire sans hasarder les autres sur des propositions que l'on a vu déjà n'avoir point de suite. Je vous envoie l'état des vaisseaux et des galères afin que s'ils demandoient encore quelque second secours de la marine, vous soyez juge vous-même de l'impossibilité qu'il y a d'en donner[1].

LXI.

LE DUC DE NAVAILLES AU COMTE DE VIVONNE.

Candie, 4 août 1669.

Détails sur le conseil qui vient d'être réuni, le départ du chevalier du Tilladet. Découragement provoqué par les progrès des Turcs toujours bien approvisionnés en munitions, au contraire de l'armée chrétienne. La question du retour et l'état des vaisseaux. — (Fol. 190, n° 166.)

Je vous remercie de toutes les bontés que vous me témoignez par la vôtre et vous ne devez pas douter

---

occasions où ils m'avoient tenu pareil discours, ils n'avoient jamais pu mettre mille hommes ensemble... Monsieur de Saint-André déclara de bonne foi que les Vénitiens ne pouvoient fournir le nombre d'hommes qu'ils disoient. »

1. Réponse du duc de Navailles, du même jour : « J'ai vu Monsieur le commandeur de la Bretesche, lequel m'a informé

que je ne profite de vos avis, étant persuadé qu'ils sont bons et sincères. Dans le conseil qui fut tenu il y a quatre jours, où M. le commandeur de la Bretesche étoit de votre part[1], ils se proposèrent de signer et me pressèrent. Il me semble que je leur répondis juste en leur disant que nous étions sous la bannière du Pape, que le Roi n'avoit point de guerre avec les Turcs et que si ceux qui commandoient ses troupes signoient, que cela ne pouvoit qu'être extrêmement désapprouvé. Il me parut que ce refus leur ferma la bouche, n'ayant pas vu de leur part nulle réplique à ce que j'avançois. Je suis surpris de la pensée de Messieurs des vaisseaux sur le sujet de ce que j'envoie M. de Tilladet à la Cour[2], n'ayant été rapporté que je ne le dépêche que pour leur rendre quelque mauvais office. Je ne suis guère porté à faire mal à personne, et comme je sais très bien que je ne puis pas faire de grands biens, je suis plus réservé à faire le mal, et si j'avois voulu dire sur ce sujet, il me semble que ce seroit après coup et que je prendrois mal mon temps, puisque le Roi aura reçu de nos nouvelles, il y a près d'un mois. Je vous avoue que cela n'est pas bien et que je croyois que ces Messieurs

de vos intentions. Elles sont très conformes aux miennes, n'y ayant rien de plus important au service de Sa Majesté que la conservation de son armée navale... » (Reg. n° 160).

1. Voir les deux lettres précédentes. Sur ce conseil de guerre tenu le 31 juillet dans la maison de Navailles, cf. Bigge, *op. cit.*, p. 187-188.

2. Cf. la lettre de Navailles à Lionne (3 août), apportée par le chevalier du Tilladet : Arch. des Affaires étrangères, *Venise*, Correspondance, t. 89, fol. 255-256. Sur la mission de Tilladet, cf. Arch. de la guerre, vol. 238, n° 89.

ne devoient pas se laisser persuader avec cette facilité dans une chose à quoi je n'ai pas pensé. J'écris à Sa Majesté sur le sujet de la canonnade et lui ai mandé tout ce qui s'est fait de bien avec grand plaisir, trouvant qu'il n'y a rien de plus agréable que de pouvoir soutenir la vérité et rendre la justice à qui elle est due [1].

Ma santé est un peu meilleure. Je crois que j'aurai bientôt l'honneur de vous voir. Je vous ferai savoir ce soir chez M. de Martel. Je crois qu'il seroit à propos que nos vaisseaux fussent à la Fosse et pour éviter les maladies et pour nous secourir de nos besoins. M. de Ruvigny vous supplie encore une fois de nous envoyer des grenades [2]. Nous sommes en grande nécessité, nous vous renvoirons nos soldats dans deux ou trois jours. Les ennemis nous pressent. Ils ont fait une batterie qui nous désespère. Leur supériorité en canons, bombes et grenades, nous fait perdre de belles occasions. Pour ce qui est de ce qui m'a été dit que ces Messieurs que vous commandez trouvoient qu'il y avoit beaucoup à désirer que les vaisseaux nous fissent savoir l'état où ils sont pour les vivres et le temps que nous devons mettre à notre retour, je vous avoue que cela me surprend, croyant que les intérêts de mer et de terre devoient être fort unis et qu'il n'y doit avoir d'autre intérêt que celui du salut de l'armée navale et de terre, et que la dite armée navale soit beaucoup plus considérable. C'est pourquoi il faut bien envisager

---

1. Cf. Arch. de la guerre, vol. 238, n° 90 (30 août).
2. Cf. n° XLVII.

cette affaire et croire que, lorsque je désirois que l'on prit la conduite que je vous ai proposée, ce n'étoit que pour faire voir que les troupes qui étoient exposées au péril continuel n'avoient pas d'inquiétude et que cela est une chose qui regarde la gloire des armes de Sa Majesté, laquelle, si vous trouvez qu'elle ne soit pas dans les règles, se conformera à vos sentiments, et vous devez croire que je ne manquerai jamais à vous faire connoître que je suis plein d'estime et d'amitié pour M. le comte de Vivonne et que je mourrai dans ces sentiments.

LXII.

LE COMTE DE VIVONNE AU CARDINAL DE VENDOME.

[Standia,] 7 août 1669.

Compliments; nouvelles de Candie et éloge du chevalier de Vendôme. Demande de préparer le débarquement des troupes. — (Fol. 194 v°, n° 170.)

Monseigneur,

Toutes les lettres que nous avons reçues en arrivant ici nous ont donné de si fâcheuses nouvelles de votre santé que je ne saurois assez me réjouir des dernières qui me marquent qu'après avoir eu lieu de craindre pour votre personne, vous vous trouvez en meilleure disposition et même en état d'aller à La Fare reprendre vos forces chez M. le premier président. Je souhaite que l'air de cette belle maison vous remette entièrement et vous rende une santé parfaite. Vous apprendrez par toutes les lettres que vous recevrez que les vaisseaux et les galères ont canonné le camp des Turcs durant deux heures et demie pour favoriser une sortie que les Vénitiens ne voulurent jamais permettre de faire, et que les choses se seroient passées le mieux du monde sans la perte du pauvre Hectot et de la *Thérèse*, qui sauta en l'air et qui pensa faire périr la Capitane de son débris. Je ne doute point que l'on ne vous rende compte en même temps de ce qui se passa dans l'Amiral et comme M. le chevalier de Vendôme[1] témoigna en cette occasion plus de fermeté et de bravoure que qui que ce soit. Je rends compte à Sa Majesté de l'état de ses armées de terre et de mer et la supplie très humblement comme nous n'avons quasi plus de vivres que pour notre retour de nous envoyer au plus tôt les ordres nécessaires pour leur débarquement. Je représente à Sa Majesté que ce seroit un grand bien si l'armée navale qui manque de toutes sortes de choses après une si longue course trouvoit au Golfe Juan, aux îles Sainte-Marguerite et autres lieux où elle pourra relâcher quantité de rafraîchissements que le manque de pratique empêchera d'aller chercher en terre[2].

1. Philippe dit le prieur de Vendôme, né en 1655, mort en 1727, entra de bonne heure dans l'Ordre de Malte. Il fit ses premières armes à Candie, sous les ordres de son oncle, le duc de Beaufort. — « M. le chevalier de Vendôme était un prince bien pris dans sa taille, d'un esprit vif, d'une humeur enjouée et agréable, d'un accueil très gracieux et très familier avec les gens de guerre. Il était robuste et vigoureux, capable des plus grandes fatigues dès cet âge tendre. Avec ces grandes qualités, il était un peu volontaire, ce qui faisait qu'on l'appelait l'enfant gâté de M. l'Amiral. » Du Cause de Nazelle, *Mémoires*, éd. Ernest Daudet, p. 42-45.

2. La fin comme aux n°s LV et LVI.

LXIII.

LE DUC DE NAVAILLES AU COMTE DE VIVONNE.

[Candie,] 9 août 1669.

Demande d'examiner avec les officiers et les pilotes combien de jours seront nécessaires pour regagner la France et à quelle date l'armée devra se rembarquer. Désir de pousser la résistance le plus loin possible mais de conserver en bon état l'armée et la flotte du roi. — (Fol. 196, n° 131.)

J'ai reçu, Monsieur, l'état que vous m'avez envoyé des vivres qui restent sur les vaisseaux du Roi, par lequel je connois qu'il y en a beaucoup moins que je n'aurois pensé. Cela me fait vous supplier très humblement de vouloir vous employer par les connoissances que vous avez de ce qui est de la marine, conjointement avec les plus habiles de vos pilotes et tous ces Messieurs de l'armée navale à régler ce que vous estimerez qu'il nous faut de vivres pour notre retour en France, comptant sur quatre mille cinq cents hommes de l'armée de terre y compris les valets, malades et blessés, et après la supputation exacte que vous aurez pris la peine d'en faire faire, de nous mander le temps auquel vous jugerez qu'il faudra se rembarquer pour ne pas tomber dans l'inconvénient de manquer de vivres, soit pour l'armée de mer soit pour celle de terre [1]. Quoique j'aie une extrême passion de prolonger autant que

---

1. Voir l'évaluation au n° LXV. — Vivonne s'empressa d'assembler « le corps des vaisseaux et des galères, chacun séparément avec les pilotes » (cf. n° LXVII).

faire se pourra la défense de cette place et qu'ayant fait autant d'avance que j'en ai fait, ce me soit un engagement à moi-même de la pousser au plus loin que je pourrai, néanmoins pour rien du monde je ne voudrois risquer l'armée navale de Sa Majesté, sachant de quelle considération elle lui est et que l'on ne lui peut rendre de service plus considérable que de la lui ramener à bon port. C'est là dessus, Monsieur, que vous pouvez prendre vos mesures, vous suppliant seulement de faire réflexion qu'en l'état qu'est cette place, il y va en quelque façon du nôtre de la soutenir autant que nous pourrons, sans néanmoins intéresser notre premier devoir et apporter aucun préjudice à l'armée navale. Comme je suis persuadé que vos sentiments sont pareils aux miens là dessus, par la connaissance que j'ai de votre cœur et du zèle que vous avez pour le service du Roi, je me soumettrai bien volontiers à tout ce que ces Messieurs et vous jugerez à propos. Je crois qu'il seroit bon que vous informassiez M. de Rospigliosi de l'état de toutes choses, étant persuadé que par les connoissances qu'il a de la mer, il nous pourra beaucoup servir dans les résolutions que nous avons à prendre, d'autant plus que, ne pouvant pas douter de l'affection et du zèle qu'il a pour le service de Sa Majesté, nous avons lieu de croire que dans l'occasion présente il continuera dans les mêmes sentiments qu'il a eu jusques ici.

J'ai prié M. l'intendant de prendre la peine d'aller à Standia pour conférer avec vous et ces Messieurs au sujet de l'affaire présente, et l'ai même prié de voir M. de Rospigliosi, si vous le jugez ainsi à propos.

J'ai fait préparer un logement pour la compagnie des gardes de l'amirauté de laquelle on aura tous les soins possibles. Nous sommes toujours dans la plus grande application du monde pour notre défense, les ennemis n'oubliant rien de tout ce qui nous peut inquiéter. Si nous avions autant de munitions et de grenades qu'eux, nous leur donnerions beaucoup plus d'occupation. Je suis à vous de tout mon cœur. Nous attendons demain la compagnie de la marine et vous ne sauriez avoir vos soldats dimanche.

LXIV.

M. DE LA CROIX AU COMTE DE VIVONNE.

Candie, 11 août 1669.

Recherche des soldats valides qui se cachent dans les vaisseaux. Difficultés opposées par les Vénitiens à l'attaque d'un renfort turc par les galères de Vivonne et de Venise. Blessure du duc de Navailles. Demande de chirurgiens de marine pour l'armée de terre. — (Fol. 198 v°, n° 172.)

Je vous envoie Monsieur le prévôt de l'armée avec des archers, ainsi que vous me l'avez demandé, pour faire une recherche à Standia et dans les vaisseaux des soldats valides et en état de servir, lesquels sont sortis de la ville de Candie, pour les obliger à y revenir. Si en même temps vous voulez l'employer à rechercher les soldats de Saint-Marc qui se sont pareillement échappés, il recevra et exécutera ponctuellement vos ordres. Je vous supplie très humblement de les lui vouloir donner et de commander qu'on lui fournisse des chaloupes pour ramener lesdits soldats [1].

J'ai parlé à Monsieur le capitaine général de la résolution que vous aviez prise d'aller avec vos galères au-devant des trois mille hommes que vous avez avis devoir arriver au camp des Turcs, pourvu qu'il voulût les accompagner de ses galères et galéasses. Il m'a répondu qu'il ne pouvoit rien faire là-dessus qu'il n'eût premièrement l'avis et l'ordre de M. le bailli Rospigliosi, comme étant son général, et ensuite que les galéasses ne pouvoient pas se mouvoir sans qu'auparavant il n'eût tenu une manière de conseil avec MM. les nobles Vénitiens qui commandent l'armée navale ; qu'il écriroit au dit sieur Rospigliosi et aux dits nobles Vénitiens cette nuit pour en suite de leur réponse me donner la sienne positive.

Il m'a remis à demain au soir pour me répondre à la demande que je lui ai faite aussi pour deux mille quintaux de biscuit pour vos galères. Aussitôt que je saurai sa résolution, je ne manquerai pas de vous la mander. Il n'y a rien de nouveau ici, si ce n'est que M. le duc de Navailles reçut hier au poste un coup de pierre entre les deux épaules, qui lui a fait une assez grande contusion. Mais, Dieu merci, il n'en est point incommodé et n'a pas laissé d'agir toute la journée. Il ne me reste, Monsieur, qu'à vous demander la continuation de vos bonnes grâces en qualité de votre très humble et très obéissant serviteur.

J'oubliois, Monsieur, de vous demander en grâce

---

1. Cf. n° LXVI.

de faire ordonner que quelques chirurgiens des vaisseaux aillent servir à l'hôpital pendant quelques jours et à l'infirmerie des officiers. Cependant c'est un des plus grands besoins que nous ayons jusques à ce que j'en puisse envoyer de ceux qui nous restent à terre et dont la plupart sont encore malades. Je les ferai payer fort régulièrement et j'espère que vous aurez bien la bonté de nous aider en ce rencontre.

LXV.

NOTE DU DUC DE NAVAILLES A ROSPIGLIOSI.

Standia, 11 août 1669.

« État des vivres des vaisseaux et galères du Roi pour leur retour en France, fait à Standia, le 11ᵉ août. » — (Fol. 200, n° 173 *bis*.)

L'on a fait fonds pour trois mois de vivres pour l'armée de terre dont la consommation a commencé le vingtième juin dernier pour finir au vingtième septembre prochain. Mais, attendu le déchet qui se rencontre toujours par ceux qui sont gâtés à fond de cale, on est obligé d'en diminuer pour dix jours. En sorte que l'on ne pourroit compter seulement que jusques au dixième du dit mois, n'étoit qu'il y a eu quantité de gens tués qui peuvent les faire augmenter jusques au 25 du dit mois ou à la fin d'icelui tout au plus.

Sur quoi il faut prendre ce qui sera nécessaire pour la subsistance des troupes de l'armée de terre jusques à leur retour en France.

Les galères n'ont de vivres que pour jusques à la fin du mois de septembre, et les vaisseaux n'en ont que pour leurs équipages suffisamment pour retourner en France.

Donné à M. de Rospigliosi le 11ᵉ août 1669 en conséquence de la lettre de M. de Navailles à Monsieur le général, du 10ᵉ du dit mois, de Candie.

LXVI.

LE COMTE DE VIVONNE AU DUC DE NAVAILLES.

[Standia,] 13 août 1669.

Sur les déserteurs trouvés à bord des galères et des vaisseaux. Demande de biscuits. — (Fol. 203, n° 175.)

Je ne puis assez remercier Votre Excellence des bontés qu'elle a pour moi et surtout de celle qu'elle a de donner la liberté à la personne que j'ai eu l'honneur de lui recommander. J'attends avec impatience les occasions de lui en témoigner ma reconnoissance et de lui faire connoître combien je suis sensible aux obligations que je lui ai.

J'ai fait faire une défense très rigoureuse aux capitaines des galères et de vaisseaux de Sa Majesté, aux capitaines de vaisseaux marchands, patrons de barques et autres bâtiments de France qui sont dans le port de Standia, de recevoir aucun déserteur de Candie, et j'ose assurer Votre Excellence qu'ils n'y contreviendront point après la recherche exacte que j'en ai fait faire dans leurs bords. On n'y en a trouvé que vingt que j'ai fait mettre entre les mains du prévôt de l'armée pour les conduire en toute sûreté dans la ville [1]. Je ne doute point que Votre Excellence ne joigne la grâce que je lui demande pour eux à toutes celles que j'ai reçues d'elle, et qu'elle ne leur pardonne cette faute à ma considération. Je l'en supplie très humblement et la conjure d'être persuadée que, bien loin d'autoriser la désertion des soldats, qui sont à la défense de Candie, j'en augmenterois le nombre, si cela dépendoit de moi.

Je m'intéresse trop à la conservation de cette place pour n'y pas contribuer en toute manière. Votre Excellence n'en doutera point si elle considère que je retiens ici pour ce sujet les galères de France avec beaucoup moins de victuailles que les pilotes n'en demandent pour leur retour, et que sans le secours des mille quintaux de biscuit qu'elle a la bonté de me faire donner, elles seroient obligées de partir incessamment. Je supplie très humblement Votre Excellence de se souvenir des mille autres quintaux de biscuit qu'elle me fait la grâce de me promettre, et de croire que personne n'est avec plus de vérité et de reconnoissance que moi...

---

1. Cf. n° LXIV. Cette lettre contredit M. Terlinden (p. 238) lorsqu'il affirme que Vivonne donnait l'hospitalité sur ses vaisseaux à une foule de déserteurs vénitiens, malgré les sollicitations du capitaine général. Celui-ci se plaignait des Français à Rospigliosi : le malentendu était donc complet.

LXVII.

LE COMTE DE VIVONNE A M. DE LA CROIX.

[Standia, 14 août 1669.]

Remerciements pour la livraison du biscuit. Demande de fixer la date du départ, les vivres venant à manquer et les malades se faisant nombreux. — (Fol. 204 v°, n° 177.)

Je vous suis infiniment obligé, Monsieur, d'avoir eu la bonté d'obtenir que le capitaine général ait ordonné de nous délivrer mille quintaux de biscuit en payant. Ayez la bonté de le solliciter de nous en fournir encore mille quintaux, comme il l'a promis à M. de Rospigliosi, et vous nous ferez un plaisir très singulier [1]. Mais ayez aussi la bonté de considérer qu'encore que ce soit un secours pour les galères du Roi que ces mille quintaux de biscuit, ce n'est néanmoins quasi que pour remplacer ce qu'elles ont pris sur les soixante jours qu'il faut pour leur retour.

J'ai assemblé les capitaines et les pilotes des vaisseaux et des galères séparément, et tous sont convenus que l'on ne pouvoit pas, sans hasarder l'armée navale de Sa Majesté, partir d'ici pour retourner en Provence à moins de deux mois de vic-

---

1. Il est en effet question de 2.000 quintaux de biscuit dans la lettre où de La Croix annonçait cet envoi à Vivonne, le 13 août (Reg. n° 176).

tuailles à compter du jour que l'on mettra à la voile ; les capitaines des navires marchands qui naviguent avec beaucoup plus de diligence qu'un grand corps de vaisseaux n'en prennent jamais moins, et soutiennent qu'il en faut davantage pour l'armée, surtout dans la nécessité qu'il y aura de s'arrêter quelque part pour faire de l'eau et du bois. J'ai prié M. de Navailles [1] d'avoir la bonté de prendre sur cela ses mesures, et je vous prie aussi d'avoir la bonté de vous ressouvenir que je vous ai dit que les vaisseaux de Sa Majesté n'ont de victuailles que jusques à la fin d'octobre, et que sans compter les deux mois nécessaires pour leur retour, il faut absolument quelques jours pour le rembarquement des troupes et que l'on ne sait pas le temps qu'il faudra demeurer à Standia après l'embarquement pour attendre le vent favorable pour partir.

Ayez donc la bonté sur ces fondements de déterminer précisément avec M. de Navailles le jour de notre départ, celui de l'embarquement des troupes et de le solliciter de m'envoyer un état au vrai de ce qui vous en reste avec le nombre d'officiers, de soldats et de valets et de blessés qu'il y a dans chaque corps, afin que j'en fasse la distribution sur les navires et que je donne par avance les ordres nécessaires pour leur rembarquement. Vous voyez bien que l'on ne sauroit trop prendre de précautions pour que les vaisseaux et les galères de Sa Majesté ne tombent

---

1. Le 13 août (Reg., n° 174). Dans cette lettre, le passage relatif aux provisions et à la nécessité d'un prompt départ est conçu en des termes identiques à ceux-ci. Cf. Navailles, *Mémoires*, p. 250.

pas dans de fâcheux inconvénients non seulement par le manque de victuailles, mais par la quantité de maladies qui affoiblissent tous les jours les équipages des vaisseaux et la chiourme des galères [1].

Je vous prie de considérer encore par dessus toutes choses qu'il ne m'est pas permis de prolonger le temps des armements des vaisseaux et des galères au delà des états de Sa Majesté et que ce sont les meilleurs ordres que nous ayons à la mer pour juger du temps que nous y devons demeurer. Comme je vous mande aussi bien qu'à M. de Navailles l'état des vaisseaux et des galères, j'espère que vous prendrez ensemble les mesures nécessaires à ce rencontre, et que vous me ferez bien la grâce de croire que je suis, avec toute la sincérité possible, tout à vous.

LXVIII.

MOROSINI AU COMTE DE VIVONNE.

Candie, 14 août 1669.

Compliments. Sollicitations pour que la flotte française n'abandonne pas Candie, qui après son départ sera perdue. Espoir en quelque succès prochain. — (Fol. 206 v°, n° 179.)

Illmo e Ecc^{mo} S^r mio, S^r colendissimo,

Sono chiari li testimonii del zelo che V. E.

---

1. La farine fournie par les Vénitiens était de très mauvaise qualité et faisait du pain presque immangeable. L'eau n'était pas potable. De là la cause de tant de maladies. Cf. Arch. de la guerre, 238, n° 91. (Lettre de Jacquier à Louvois, 3 août 1669.)

nutrisce per il servizio di questa piazza, mentre con prove distinte ha voluto praticare quelle parti di diligenza che valseron a far ritrovare parte delle genti che sono fuggite da questo presidio e dell' armata. Io pero, riconoscendolo per un atto di speziale cortesia, non resto di attestare un aggregato d'obligazioni e di assicurarla che del pari sarà la mia brama nel corrisponderle gl'atti della mia osservanza.

Io, come ho riposto le piu vive speranze di questa diffesa nel valore di V. E., cosi mi giova credere che sarà per applicare tutta l'attenzione de suoi studi al solevo di essa, mentre ridotta in contingenze molto miserabili sequendo la sua partenza con le truppe di S. M. senza alcuna operazione, inevitabile sarà la perdita et irreparabili le nostre incidenze. So che non devo oggetare agli riflessi della E. V. la pietà colla quale ha concorso il Re Cristianissimo d'impugnare la diffesa di questa causa, poiche piu a Lei che a me deve essere ciò noto, onde non me resta in questo stato di cose altro da considerare solo, che il mondo tutto stà con aspettazione grande attendendo gl'avisi di qualche successo, ansioso di acclamare le glorie d'un Re tanto potente, mentre colle sue forze avrà dato libertà ad una piazza che senza di esse non puo riconoscere alcuna susistanza.

Compatisca la bontà di V. E. la libertà di miei sentimenti e creda che il desiderio, che ho di vedere maggiormente accresciute le sue glorie mi fanno passare in queste espressioni, mentre per altro so l'ansietà che Lei nutrisce nel vedere diffesa la causa della Cristianità et effectuata l'intenzione del Re Cristianissimo a cui servendo Lei in una cosi desante direzione sarà per riportare quelli aggradimenti che per tutti i capi devonsi al suo merito con che per fine devotemente le baccio le mani.

LXIX.

DE LA CROIX AU COMTE DE VIVONNE.

Candie, 15 août 1669.

Le duc de Navailles, malade, fait proposer le 20 août comme date du départ des Français. Mécontentement du capitaine général Morosini qui convoque un conseil auquel Navailles prie Vivonne de se trouver. Morosini fait de grandes difficultés pour la fourniture du biscuit. L'embarquement des malades et blessés doit commencer sans retard. — (Fol. 208, n° 182.)

Je croyois, Monsieur, avoir l'honneur de vous rendre compte moi-même ce matin touchant tout ce que vous me mandez par la vôtre du 13°. Mais M. de Navailles ayant eu la fièvre pendant toute la nuit, nous n'avons pu exécuter la résolution que nous avions prise d'aller ensemble à l'armée navale, et il m'a même prié de vous faire ses excuses si dans le méchant état qu'il est, il ne vous a pas fait réponse à la vôtre et vous supplie d'agréer que je vous la fasse de sa part.

Il a considéré tout ce que vous lui mandez et trouve comme vous que dans la nécessité où l'armée navale est de vivres, il faut absolument s'embarquer dans peu de jours. Il estime que la chose pourroit aller au 20° ou 22° de ce mois et sa maladie ne lui permettant pas de voir le capitaine général, il m'a prié de l'aller trouver de sa part pour lui faire voir votre lettre et lui déclarer sa résolution. Il n'y a point de comédie pareille à celle que le dit capitaine général a joué pendant deux heures de conversation que nous avons eu ensemble. Il a fait tous les personnages que vous pouvez vous imaginer et pour conclusion il a demandé un conseil et doit écrire cette nuit à M. de Rospigliosi pour le prier de venir demain dans cette ville à cet effet. M. le duc de Navailles vous supplie très humblement en cas qu'il prenne ce parti, d'en vouloir être et vous assure que quoi qu'il arrive, il persistera dans sa résolution à cet effet pour diligenter.

Je vous envoyerai demain l'état au vrai et dans la dernière exactitude de tout ce que nous avons de troupes à rembarquer, les malades, blessés et même les valets compris. On y travaille incessamment et il n'a pas pu être achevé que pour le soir. Si vous jugez à propos de faire toujours embarquer sur les vaisseaux marchands ce qu'il y a de blessés à Standia, ce seroit une grande avance par l'incommodité qu'il y aura d'embarquer les dits blessés, et j'envoyerois les malades prendre leurs places à l'hôpital dont nous avons ici un très grand nombre.

Je vois bien que nous devons nous attendre ici à toutes les pièces imaginables. Les Vénitiens ont défendu aux Juifs, avec lesquels je voulois traiter pour du biscuit, de m'en fournir, et il m'est venu trouver pour me dire qu'il ne pouvoit pas tenir la parole qu'il m'avoit donnée. L'ayant dit au commissaire général, il m'a promis d'abord qu'il accommoderoit la chose avec les dits Juifs et que je me pouvois assurer que de telle manière que ce fut, il me fourniroit la quantité que je lui demandois, qu'il falloit seulement qu'il en dît un mot au capitaine général. La réponse du capitaine général a été plusieurs remises d'abord et ensuite des assurances verbales que sitôt que l'escadre des vaisseaux qui doit venir des Zantes seroit arrivée, il me fourniroit la quantité, et enfin sur ce que je lui ai dit que je ne pouvois pas attendre un seul moment, et qu'il falloit que dans ce soir j'eusse une réponse positive, il m'a promis de m'envoyer une lettre adressante au commandant des galéasses portant ordre de fournir la dite quantité de biscuit et que j'aurois la dite lettre dans le moment. Je l'ai attendue jusques à minuit, qui est l'heure que je vous écris et elle ne m'est point encore venue. Ce qui me persuade qu'ils n'ont pas envie de nous donner satisfaction là-dessus.

Dans le temps que j'écrivois celle-ci, j'ai reçu enfin une lettre adressante au commandant des galéasses, ensemble une autre par laquelle Monsieur le capitaine général me mande qu'il lui ordonne de vous fournir le biscuit que nous demandons. Je vous l'adresse, Monsieur, pour la lui rendre et vous supplie de faire diligenter tout le plus que vous pourrez la réception du dit biscuit afin qu'il n'y arrive pas de changement, ayant toutes choses à craindre de ces gens-ci. Je crois qu'il est à propos que M. Jacquier intervienne à la réception, afin que l'on ne reçoive rien que de bon [1]. Je suis...

---

1. Sur les fournitures de vivres, cf. la lettre de Jacquier à Louvois, citée plus haut, p. 117, n° 1.

LXX.

LE DUC DE NAVAILLES AU COMTE DE VIVONNE.

Candie, 16 août 1669.

Invitation pressante adressée à Vivonne à assister à la conférence avec les Vénitiens, où le départ de l'armée doit être examiné. Ordre de préparer l'embarquement. — (Fol. 213 v°, n° 185.)

J'ai vu tout ce que vous m'avez mandé par votre lettre [1] et j'expérimente tous les jours tout ce qui y

1. Le 15 août (Rég., n° 183), Vivonne avait refusé, prétextant qu'il ne s'occupait que des questions maritimes, de prendre part à la conférence avec les Vénitiens au sujet du départ des Français. Il engageait même Navailles à partir sans s'y rendre pour éviter d'avoir à répondre aux supplications des Vénitiens : « Non seulement les Vénitiens diront que l'on les a abandonnés dans l'extrémité, mais encore que l'on n'a pas voulu avant de partir faire un dernier effort. Nous avons encore découvert par de leurs gens qu'ils ne prétendent pas devoir hasarder de conserver la place quand vous n'y serez plus, parce que s'ils étoient forcés, ils perdront non seulement la ville de Candie, mais le reste de leurs troupes de terre et de mer dont la perte seroit la ruine de leur république. »

Le 17 août, Vivonne renouvela son refus d'assister à la conférence (Reg., n° 189) : « Outre les raisons que j'ai de ne point assister à votre conseil, n'y ayant rien qui puisse concerner la mer, je vous supplie de trouver bon que je persiste dans la résolution de n'y point aller, en ayant déjà fait ma déclaration à M. Rospigliosi, ne pouvant y avoir affaire que pour dire comme un commissaire le nombre que la marine vous pourroit fournir d'hommes pour vingt-quatre heures seulement. »

Le 21 août, Vivonne annonçant à Colbert le prochain embarquement des troupes, fixé par Navailles au 20 août, ajoutait :

est contenu. Je suis dans vos sentiments, mais il faut comme vous savez mieux que moi, faire les choses honnêtement. J'ai grand besoin de vous dans cette conférence que nous devons faire avec Monsieur le capitaine général. Je vous supplie très humblement de vouloir vous y trouver. Je suis persuadé que cela sera très utile au service du Roi et que nous serons bien d'accord vous et moi de toutes choses.

M. de Rospigliosi doit venir à la Fosse. On lui propose de faire avancer un vaisseau du Roi jusque là, et quoique ma santé soit très languissante et mauvaise, je ne laisserai pas de m'y transporter. Je vous prie de donner les ordres nécessaires pour notre embarquement. Le plus tôt sera le meilleur, car je vois bien que ces gens ici ne buttent qu'à nous achever de ruiner. Lorsque j'aurai l'honneur de vous voir, je vous en dirai davantage et vous assurerai que personne ne peut être plus à vous que...

« Sur quoi, M. de Rospigliosi, que j'en ai averti et qui se gouverne entièrement par l'esprit des Vénitiens, a désiré avec empressement de tenir un conseil pour les raisons que j'aurai l'honneur de vous expliquer, mais comme j'ai découvert par un Vénitien, qui a quelque connoissance de leurs affaires, que le conseil n'étoit que comme je me doutois par la connoissance que j'ai acquise par leur manière d'agir, que pour nous faire des propositions bizarres et nous embarrasser dans le mauvais succès des choses qui y seroient résolues, j'ai cru qu'il seroit bon... de ne m'y point trouver et d'avertir M. de Navailles des embarras où je croyois que cela le pourroit jeter. Il a reçu la chose très agréablement... » (Arch. nat., *Marine*, B^{1}3, fol. 309 v°.)

LXXI.

LE DUC DE NAVAILLES AU COMTE DE VIVONNE.

Candie, 16 août 1669.

Blessure mortelle du comte de Dampierre. Son éloge. Mauvaise santé du duc de Navailles, qui craint d'être arrêté par la maladie et fait presser les préparatifs de départ. — (Fol. 214 v°, n° 186.)

Je vous ai fait savoir aujourd'hui que je croyois que M. de Rospigliosi viendroit à la Fosse demain dix-septième. Mais je lui mandai par la même commodité que je vous écris la blessure de M. le comte de Dampierre [1], qui après avoir essuyé cinquante mille périls a reçu un coup de canon qui lui a tué son cheval et lui a emporté les deux gras de jambe dans la rue en s'en allant donner les ordres pour notre tranchée. C'est un homme qui ne sauroit vivre deux heures, à ce que disent les médecins et chirurgiens. C'est une perte très considérable. Je n'ai guère vu d'hommes de son âge avoir plus de mérite que celui-là [2]. Vous me voyez par cet acci-

1. Cugnac de Dampierre.
2. Vivonne répondit à Navailles, le lendemain (Reg., n° 189) : « J'ai bien du déplaisir de la perte de M. de Dampierre. Outre qu'il étoit fort de mes amis, c'étoit une personne d'un mérite si grand qu'il ne se trouvera pas seulement à dire dans Candie mais dans les autres occasions du service ». Du Cause de Nazelle, *Mémoires*, p. 44 : « Ce dernier [Dampierre] fut extrêmement regretté des troupes à cause de son bon sens et de son extrême bravoure. » Sur la mort du comte de Dampierre,

dent l'hôte et l'hôtellerie n'ayant plus d'officier sur qui je me puisse reposer, étant en bonne santé comme vous savez que je suis. Cet accident m'empêche de pouvoir aller à la mer. Je prie M. de Rospigliosi, s'il se pouvoit rendre ici demain au soir, que je me trouverai à écouter les propositions que l'on me voudroit faire. Je suis bien assuré que cela n'aboutira à rien.

J'eusse bien désiré que vous eussiez pu faire le même trajet, m'assurant que nous eussions trouvé de quoi les tourner en ridicules dans les propositions qu'ils nous y doivent faire. Je vous prie de diligenter toutes nos affaires de delà, vous avouant que ma mauvaise santé me fait peur pour l'abandonnement où seroient les troupes du Roi si je venois à être en état de ne pouvoir agir. Cette réflexion m'oblige à me presser un peu davantage, d'autant plus que j'ai affaire à des gens qui nous tendent tous les jours de nouveaux pièges pour nous y faire tomber. J'attendrai de vos nouvelles sur tout ce détail ci-dessus et vous assurerai que je serai toute ma vie fort à vous.

cf. n° C, et des Réaux de la Richardière, *Le Voyage de Candie*, p. 114 : « Le comte de Dampierre, brigadier de l'armée, dont le mérite et la valeur attiroient l'amitié de tout le monde, passant à cheval par une rue enfilée du canon des ennemis, pour aller visiter l'attaque de Saint-André, fut malheureusement blessé d'un boulet de canon qui, traversant son cheval, luy emporta le gras des deux jambes, dont il mourut le lendemain. »

LXXII.

LE DUC DE NAVAILLES AU COMTE DE VIVONNE.

Candie, 17 août 1669.

Plaintes contre les Vénitiens. Demande de commencer l'embarquement des bagages et des troupes. — (Fol. 215 v°, n° 187.)

Vous ne verrez plus que de mes lettres et j'appréhende bien de vous fatiguer, mais je le suis encore beaucoup plus de la part de Messieurs les Vénitiens. Il n'y a point de ruses et de méchants procédés dont ils ne se servent à notre égard [1]. Je ne sais

---

1. Dans toute l'armée française, on se plaignait des Vénitiens. Voici l'opinion d'un officier subalterne :

« Les Vénitiens ne tirèrent pas de ce secours du roi tout le fruit qu'on en attendait, mais on peut dire que ce fut leur faute. Leurs commandants en Candie en usèrent avec nos généraux et avec toutes les troupes françaises en ennemis plutôt qu'en amis. Ils ne songèrent qu'à vider nos bourses et à s'enrichir de nos dépouilles. Les moindres rafraîchissements dont nous eûmes besoin à notre débarquement nous furent vendus au poids d'or. Les vivres qui étaient abondants et à grand marché dans la ville étaient vendus au triple du prix ordinaire. Après que nous eûmes versé tant de sang pour les servir, ils refusèrent toutes sortes de secours à nos blessés et à nos malades. Dès que nous n'eûmes plus de quoi payer, nous n'eûmes rien. Notre général s'en plaignit hautement et ses plaintes ne produisirent rien. Ils mirent eux-mêmes M. de Navailles dans l'impossibilité de tenter un nouveau combat. Il semblait par la conduite des officiers vénitiens qu'ils eussent conspiré la perte de tous les Français qui s'étaient sacrifiés pour eux. » Du Cause de Nazelle, *Mémoires*, éd. E. Daudet, p. 44-45.

pas comme j'ai la force de supporter toutes ces coyonneries là (*sic*) en l'état où je suis [1]. Je suis toujours résolu de commencer mon embarquement le vingtième et nous ne devons pas différer ce temps-là ; c'est pourquoi je vous supplie très humblement de nous envoyer dès demain des barques et chaloupes pour commencer à embarquer le gros de nos bagages [2] et de faire venir les vaisseaux à la Fosse le plus près que faire se pourra de la ville sans les exposer au canon, afin que nous ayons plus de facilité à embarquer les troupes.

Je vous conjure de faire la dernière diligence, car il est très important au service du Roi que cela soit, d'autant que nous sommes ici avec des gens avec lesquels nous ne pouvons plus demeurer [3]. Je vous avoue que l'infidélité de leur procédé

1. On ne comprenait guère à Rome les dissentiments entre les Vénitiens et les Français ; les courriers apportaient des lettres fort contradictoires : « Je ne vois rien qui s'accorde ; les uns écrivent d'une manière et les autres d'une autre. Mgr le cardinal Azolino m'a dit que la bonne intelligence n'étoit point entre MM. les chefs des troupes de S. M. et de la République, que les vaisseaux et les galères devoient partir et qu'il y a parmi les troupes une très grande quantité de malades... » (Lettre de Bonfils à Lionne, Rome, 7 septembre : Arch. des Affaires étrangères, *Rome*, Correspondance, vol. 200, fol. 55.)
2. De la Croix lui écrivait le même jour (Reg., n° 188) d'envoyer des tartanes pour l'embarquement des bagages dès le 18 août au soir. Il insistait pour obtenir de Vivonne le plus d'aide possible en vue du départ.
3. Navailles, dans ses *Mémoires* (p. 273-274), précise le motif de sa détermination : « Outre l'impossibilité où j'étois de faire subsister les troupes du roi, j'avois encore de bonnes raisons de les retirer de Candie. Je voyois qu'elles n'avoient pas plutôt gagné quelques-uns des travaux des ennemis, que les Vénitiens

me donne sujet d'être dans la dernière défiance d'eux et que nous avons grand besoin de votre application et diligence ordinaire à tout ce qui va au bien du service du Roi. Je ne vous en saurois dire davantage, étant bien persuadé que vous en ferez davantage que ce que l'on peut désirer de vous. Je suis de tout mon cœur tout à vous.

LXXIII.

LE DUC DE NAVAILLES AU COMTE DE VIVONNE.

Candie, 20 août 1669.

Envoi à la Cour de M. de Fortanet en remplacement du chevalier de Tilladet pour informer le roi du prochain retour de l'armée. — (Fol. 220 v°, n° 194.)

M. de la Croix et moi avons jugé à propos d'informer le Roi du dessein que nous avons pris de rembarquer ses troupes et des motifs qui nous y ont portés [1]. C'est pourquoi nous envoyons M. de

les laissoient perdre et qu'ainsi tous les efforts qu'elles pourroient faire, seroient entièrement inutiles... De plus je savois de bonne part que les généraux de la République vouloient rendre la ville et qu'ils étoient sur le point de conclure le traité, et cela se trouva si véritable qu'encore que le secours de Zante qui étoit de deux mille hommes remplaçât le nombre de ceux que j'avois retirés, Morosini signa la capitulation deux jours après mon départ. »

[1]. « De cinq mille hommes que j'avois amenez de France, il n'en restoit plus que deux mille cinq cens en état de combattre. Monsieur de Vivonne me faisoit avertir tous les jours que les vivres diminuoient, sans que l'on en pût trouver ailleurs et que l'armée navale aussi bien que celle de terre étoit en danger de périr si l'on demeuroit plus longtemps. » Navailles, *Mémoires*, p. 249.

Fortanet, lequel, ayant été employé à tout ce qui s'est fait pour la défense de cette place, pourra mieux satisfaire Sa Majesté qu'un autre dans la curiosité qu'elle pourra avoir de s'informer de tout ce qui s'est passé ; outre que je trouve qu'il nous est de la dernière importance que l'on soit averti en Provence de notre arrivée, afin que nous trouvions toutes choses disposées à nous y recevoir.

C'est ce qui me fait vous supplier de faire donner au dit sieur de Fortanet le vaisseau *Saint-Barthélemy*, qui avoit été préparé pour M. de Tilladet, lequel lui remettra aussi tous nos paquets entre les mains[1]. Il est de l'intérêt de tout le monde que le dit sieur Fortanet fasse diligence. C'est pourquoi je ne doute point que vous ne l'expédiez au plus tôt. J'espère avoir l'honneur de vous voir demain au soir au moins si vous nous envoyez des chaloupes pour nous embarquer[2]. Je vous en supplie très humblement et de me croire entièrement à vous.

1. La substitution de Fortanet au chevalier de Tilladet est expliquée par la lettre de la Croix à Vivonne, 20 août (Reg., n° 195) : « Sur l'avis que M. le duc de Navailles a eu que M. le chevalier de Tilladet a relâché à Standia, il a résolu aussitôt d'envoyer M. de Fortanet en France pour porter les paquets dont il étoit chargé, comprenant de quelle importance il est que le roi ait des nouvelles de son armée et que l'on soit averti en Provence de notre arrivée. » — Fortanet était capitaine au régiment de la Motte (Arch. de la guerre, 238, n° 50). Sur son ambassade à la Cour, cf. *ibidem*, fol. 76 et suiv. et surtout plus bas n° CIII (*Journal* de Duché de Vancy).

2. Le 20 août fut dressée la liste des chaloupes destinées à collaborer à l'embarquement des troupes (Reg., n° 193).

LXXIV.

LOUIS XIV AU COMTE DE VIVONNE.

[Saint-Germain-en-Laye,] 20 août 1669.

Sur la mort du duc de Beaufort. Instructions envoyées à Vivonne, qui le remplace. La question des vivres et du retour. Le roi ordonne que les galères rentrent au port avant l'arrière-saison. Recommandation du chevalier de Vendôme. — (Fol. 222, n° 197. Minute aut. de Colbert : Bibl. nat., Fr. 8026, fol. 134. Publié par P. Clément, *Lettres, instructions et mémoires de Colbert*, t. III, 2ᵉ partie, p. 155.)

Monsieur le comte de Vivonne,

J'ai appris avec une douleur très sensible la perte que j'ai faite de mon cousin le duc de Beaufort. La grande expérience qu'il s'étoit acquise au commandement de mes armées navales, sa valeur et son zèle pour le bien de mon service et pour les avantages de ma couronne et ma gloire particulière me le feront longtemps regretter. A présent que vous lui avez succédé dans le commandement de mes armées de mer, je suis bien aise de vous faire savoir mes intentions sur tout ce que vous avez à faire.

Je ne doute point que vous n'ayez trouvé l'instruction que j'avois donnée à mon dit cousin et que vous n'en continuiez l'exécution ainsi qu'il l'avoit commencée. Il ne reste à présent qu'à vous dire que mon intention est que vous suiviez en toutes choses les avis de mon cousin le duc de Navailles ou en cas de maladie ou autre empêchement de celui qui commandera mes troupes de terre ; duquel je désire que vous preniez les avis par écrit, particulièrement en cas que vous soyez obligé de séparer quelque partie de mes vaisseaux du reste de mon armée qui doit être toujours aux rades de Candie ou le plus proche qu'il sera possible. D'autant que la principale et plus importante application que vous devez avoir est de lui donner toutes les assistances qui dépendront de mes vaisseaux et galères pour la conservation de mes dites troupes dans tous les divers accidents qui peuvent arriver.

A l'égard de mes galères, je désire que vous les fassiez partir assez à temps pour pouvoir retourner dans mes ports sans courre un risque manifeste par le mauvais temps de l'arrière-saison. Sur quoi j'estime que vous pourrez observer de les faire partir avec celles du Pape, ne doutant pas que Sa Sainteté ne les fasse retourner à Cività-Vecchia pour y passer l'hiver, ainsi qu'elles ont accoutumé. Je donne ordre au sieur Arnoul de pourvoir à leurs vivres en cas qu'elles en puissent avoir besoin et en même temps, je fais presser la République par son ambassadeur auprès de moi à ce qu'elle envoie en Candie tous les vivres et rafraîchissements qui seront nécessaires pour mes armées de terre et de mer.

Pour ce qui est de mes vaisseaux, vous êtes informé qu'ils ont des vivres jusqu'au 15° novembre prochain, et j'envoie de plus au sieur Brodart, commissaire général de mon armée navale[1], un mois de

1. Jean-Baptiste Brodart, commissaire de la marine à Toulon dès 1666, des galères du marquis de Centurion en 1669, commissaire des galères à Marseille en 1670 et commissaire ordinaire au Havre en 1671, intendant général des galères en 1680. Il fut révoqué le 21 juin 1684.

vivres en argent qui se monte à cinquante deux mille livres. En sorte que je ne doute point que cela ne suffise pour votre retour.

Outre l'escadre de trois vaisseaux sous le commandement du chevalier de Valbelle que je fais partir à présent[1], qui vous porte cette dépêche, je fais état de remettre encore en mer celle du sieur d'Alméras qui pourra partir au commencement du mois d'octobre prochain[2] afin que vous puissiez recevoir souvent mes ordres et qu'il y ait toujours quelque nouvelle escadre de mes vaisseaux en mer.

Pour les troupes de terre, je me remets à ce qui sera concerté entre mon dit cousin le duc de Navailles, vous, l'intendant et le commissaire général des vivres de mes dites troupes pour pourvoir à leur subsistance lors de leur retour.

Au surplus, je désire que vous continuiez de donner toutes les troupes de mes vaisseaux toutes les fois que mon dit cousin le désirera ; mais pour quelque cause que ce soit je vous défends de mettre pied à terre pour les commander[3], voulant que vous vous appliquiez uniquement, comme je suis assuré que vous aurez fait, à faire sentir aux Turcs la force de

1. L'envoi d'une escadre de renfort sous les ordres de Valbelle fut décidée par le roi dès le 7 août (cf. Gérin, *op. cit.*, II, p. 340). Elle croisa la flotte qui revenait de Candie à la hauteur de Malte. — Sur Valbelle, cf. les *Mémoires* du marquis de Villette, p. 17, n. 1.

2. Cette escadre devait apporter des vivres pour un mois environ et une somme suffisante pour en acheter pendant le mois suivant. Sur d'Alméras, cf. Villette, *Mémoires*, p. 34, n. 2.

3. Louis XIV voulait empêcher le renouvellement des fautes qui avaient amené le désastre du 25 juin.

mes vaisseaux et de mes galères joints ensemble par le feu de l'artillerie, espérant de l'assistance divine et de la justice de mes armes que vous les aurez contraint d'abandonner leurs tranchées et que vous aurez remporté quelque considérable avantage sur eux. En quoi je suis certain que vous m'aurez donné des marques de votre expérience, de votre valeur et de votre zèle pour mon service et pour ma gloire.

Je désire que vous preniez un soin particulier du chevalier de Vendôme[1], que vous lui fassiez un compliment de ma part sur la perte qu'il a faite[2], en même temps sur les marques de valeur qu'il a données dans l'action de la sortie, et que vous l'assuriez de ma protection particulière pour lui et pour sa maison. Sur ce je prie Dieu, qu'il vous ait, Monsieur le comte de Vivonne, en sa sainte garde. Écrit à Saint-Germain-en-Laye, le 20ᵉ août 1669.

LXXV.

LOUIS XIV AU MARQUIS DE MARTEL.

Saint-Germain-en-Laye, 20 août 1669.

Mécontentement du roi sur la conduite des troupes de Candie pendant la sortie qui causa la mort du duc de Beaufort. Ordre d'obéir à Vivonne. — (Fol. 264, n° 238.)

Monsieur le marquis de Martel,

J'ai vu la relation que vous avez envoyée concer-

1. Philippe de Vendôme, né le 23 août 1655, faisait ses premières armes à Candie, sous les ordres de son oncle, le duc de Beaufort. Il faillit plus tard avoir un duel avec Vivonne.
2. La perte de son oncle, le duc de Beaufort. En outre, son

nant ce qui s'est passé à l'égard des troupes de mes vaisseaux qui ont été détachées pour la sortie qui s'est faite sur le camp des Turcs. Il auroit été à souhaiter qu'elles eussent mieux obéi à leur général et ne l'eussent pas abandonné[1]. Je veux croire que les officiers de mes vaisseaux s'appliqueront à les mieux discipliner et à les rendre plus capables de marcher ensemble et par quelque bonne action réparer celles qu'elles ont faites en abandonnant leur général; à quoi je désire que vous les excitiez fortement en mon nom.

Je fais savoir au sieur comte de Vivonne, qui commande à présent mes armées navales par la mort de mon cousin le duc de Beaufort, mes intentions sur tout ce qu'il aura à faire pendant le reste de cette campagne. En sorte qu'il ne me reste qu'à vous dire que vous ayez à lui obéir, ainsi que vous y êtes obligé, et m'assurant que vous me donnerez en une occasion aussi importante pour ma gloire et pour le bien de mon service des marques de votre expérience et de votre valeur, je ne vous fais la présente plus longue ni plus expresse que pour prier Dieu qu'il vous ait, Monsieur le marquis de Martel, en sa sainte garde. Écrit à Saint-Germain-en-Laye, le vingtième août 1669.

père, le duc Louis de Vendôme, gouverneur de Provence, qui avait été fait cardinal après la mort de sa femme, était mort le 6 août 1669.

1. Cf. sur ce sujet la lettre de Louvois au duc de Navailles, Arch. de la Guerre, vol. 238, fol. 62 (10 août 1669).

LXXVI.

LOUIS XIV AU COMTE DE VIVONNE.

Saint-Germain-en-Laye, 23 août 1669.

Avis que le comte de Vermandois a été nommé amiral de France en remplacement du duc de Beaufort. Voies par lesquelles peut passer le courrier de l'armée de Candie pour arriver en France. — (Fol. 226, n° 199. Minute aut. de Colbert : Bibl. nat., Fr. 8026, fol. 140.)

Monsieur le comte de Vivonne,

Après la mort de mon cousin le duc de Beaufort, j'ai jeté les yeux sur mon fils naturel, le comte de Vermandois[1], pour le pourvoir de la charge d'amiral de France, espérant que la bonne éducation que je lui donnerai le rendra capable de bien servir l'État. C'est de quoi j'ai été bien aise de vous avertir, afin que vous en puissiez faire part à tous les officiers de mon armée navale qui sont à présent sous votre charge. Sur ce je prie Dieu, qu'il vous ait, Monsieur le comte de Vivonne, en sa sainte garde. Écrit à Saint-Germain-en-Laye.

J'envoie par Rome un duplicata de ma dépêche et donne ordre au sieur abbé de Bourlémont[2] de faire

---

1. Né le 2 octobre 1667, fils de Louis XIV et de Melle de La Vallière. Il fut légitimé en 1669 et obtint le pas après les princes du sang. Il mourut le 18 novembre 1683, à Courtrai, et fut enterré à Arras.
2. Louis d'Anglure de Bourlémont, auditeur de rote à Rome pendant vingt-deux ans. En 1679, il devint évêque de Fréjus, puis de Carcassonne en 1680, enfin archevêque de

instance au Pape d'envoyer un courrier express à Otrante et d'y établir un correspondant sûr avec ordre d'envoyer un bâtiment léger porter ma dite dépêche en Candie et recevoir celles que vous pourrez envoyer au même lieu; mon intention étant qu'aussitôt que vous serez avertis que cet établissement sera fait, vous envoyiez tous les quinze jours un bâtiment léger pour porter en la dite ville d'Otrante les lettres de toute l'armée tant de terre que de mer dont vous donnerez avis à tous les officiers. J'ai envoyé en même temps un autre duplicata à mon ambassadeur à Venise, afin qu'il prenne le même soin de vous le faire tenir et de recevoir celles que vous lui envoierez. Nonobstant ces deux voies, ne négligez pas de m'envoyer des bâtiments légers de temps en temps droit à Toulon ou à Marseille, pourvu que l'état de la place vous le puisse permettre.

LXXVII.

LOUIS XIV AU COMTE DE VIVONNE.

Saint-Germain-en-Laye, 24 août 1669.

Ordre au chevalier de Vendôme de quitter Candie et de rentrer en France sur une des galères. — (Fol. 227, n° 200. Minute aut. de Colbert : Bibl. nat., Fr. n° 8026, 108. Copie : Arch. nat., *Marine*, B⁶1, fol. 152.)

Monsieur le comte de Vivonne,

Mon cousin, le chevalier de Vendôme [1], n'étant

Bordeaux en septembre de cette même année. En 1664, il avait été chargé des affaires et plénipotentiaire pour conclure le traité de Pise. Il mourut le 9 novembre 1697, âgé de 79 ou de 80 ans.

1. Cf. p. 133.

point en âge de supporter plus longtemps le travail d'une aussi périlleuse défense que celle de Candie, et ayant déjà donné de grandes marques de son courage, je désire que vous le fassiez embarquer sur mes galères pour repasser dans mon royaume; et en cas qu'il en fasse difficulté, je veux que vous lui disiez que je le lui ordonne sur peine de me déplaire[1]. Sur ce je prie Dieu qu'il vous ait, Monsieur le comte de Vivonne, en sa sainte garde. Écrit à Saint-Germain-en-Laye.

LXXVIII.

DUCHÉ DE VANCY[2] AU DUC DE MORTEMART[3].

S. l., 26 août 1669.

Éloge de la conduite de Vivonne et des troupes françaises. Nouvelles des derniers événements et des préparatifs du départ. Négociations avec Rospigliosi. — (Fol. 228 v°, n° 203.)

Par la dernière relation que j'ai eu l'honneur de

1. Le duc de Vendôme insista dans une lettre du 26 août (Reg., n° 201) adressée à Vivonne pour que son frère revînt, comme le roi l'ordonnait: « Dans le malheur de notre maison, le Roi n'ayant pas jugé à propos de laisser mon frère plus longtemps exposé dans le péril, a eu la bonté de vous écrire pour cet effet la lettre que je vous envoie... » Matharel adressa à Vivonne la même demande, le même jour (Reg., n° 202).
2. Secrétaire de Vivonne. Voir plus haut, p. 33, n. 2.
3. Père du comte de Vivonne. Gabriel de Rochechouart, premier gentilhomme de la Chambre depuis 1630, chevalier des Ordres depuis 1633, obtint en décembre 1650 l'érection du marquisat de Mortemart en duché-pairie, prêta serment le 15 décembre 1663, fut nommé gouverneur de Paris et de l'Ile-de-France en 1669, mourut le 26 décembre 1675 et fut enterré dans l'église des Pénitents de Picpus.

vous adresser, Monseigneur, vous aurez été informé, si elle vous a été rendue, d'une entreprise aussi hardie et d'une action aussi bien conduite et aussi bien exécutée qu'aucun des héros de l'antiquité ait jamais pu faire. Je ne doute pas qu'elle ne vous plaise beaucoup puisque tout le monde la loue. Mais Monsieur le général a montré en cette occasion qu'il avoit de la bravoure et de la fermeté, il a fait voir du depuis aux Vénitiens, aux Italiens et aux François qu'il a toute la conduite dont un homme est capable, puisqu'après avoir procuré le salut de Candie il en a retiré les François et les a fait rembarquer au contentement des uns et des autres, plus des François à la vérité que des étrangers. Mais à ceux-là, il leur fait voir par des raisons si puissantes la nécessité qu'il y avoit de ce rembarquement et du retour des armes du Roi en France qu'à moins de vouloir passer pour injustes, ils ne pouvoient s'y opposer.

Après tous les honneurs que le capitaine général Morosini a rendus à Monsieur le général et les témoignages par écrit des obligations que la Sérénissime République lui a, il est impossible qu'il ne l'oblige à remercier le Roi de ce qu'il a fait pour le salut de Candie, à moins qu'il ne veuille se démentir lui-même comme il a fait assez souvent.

Je garde ses lettres aussi bien que les minutes de celles que M. le général lui a écrites pour prouver ce que je viens de dire, Monseigneur, et je n'ai pas manqué aussi de faire une liasse de celles que M. de Navailles a écrites à Monsieur, et des réponses ou avis qu'il lui a donnés pour faire voir par mon Journal[1] qu'il n'a rien oublié de tout ce qui se pouvoit pour le bien de la chrétienté et pour le service du Roi. Et j'ose vous assurer, Monseigneur, qu'il faut être aussi habile qu'il est pour se dégager aussi galamment qu'il a fait d'avec les Italiens qui n'ont autre but que de jeter les gens dans la confusion en les sacrifiant pour leurs intérêts particuliers. Il y a longtemps que ces Messieurs là auroient sauvé cette place s'ils avoient agi de la bonne façon avec les princes chrétiens et qu'ils eussent employé toutes leurs forces à quelque entreprise considérable. Mais, à ce que l'on ne voit que trop à présent, les particuliers de cette République n'ont eu autre but que de s'enrichir, comme ils ont fait, et je ne sais pas même s'il n'y a point eu quelque trait de politique plus méchant de miner peu à peu les forces des princes de l'Europe pour se conserver eux-mêmes.

Nous sortons d'avec ces gens-là avec un esprit turc et certes leurs abominations et leurs fourberies sont si odieuses à Dieu et au monde que je n'ose rien espérer de bon du salut de la ville de Candie, quoique les François l'aient mise en si bon état avant que de partir, qu'après que les troupes ont été rembarquées, cinquante hommes des gardes et les régiments de La Fère, de Bandeville[2] et quelques

1. On trouvera plus loin, à l'Appendice, le texte de ce Journal d'après le manuscrit de la Bibliothèque nationale.
2. Régiment de Louis II Sevin, marquis de Bandeville, tué à Hochstedt le 13 août 1704. A sa mort le chevalier de Bandeville lui succéda. Sur ce régiment, cf. le chevalier de Quincy, *Mémoires*, éd. Lecestre, I, p. 51, et III, p. 236.

mousquetaires, qui étoient restés pour l'arrière-garde, soutinrent un assaut très considérable que les Turcs firent à la Sablonnière et à Saint-André le lendemain de la sortie de nos troupes, dans la pensée qu'avoient ces infidèles qu'il n'y avoit plus de François dans la ville[1], et le capitaine général aussi bien que le général Bataglia, qui leur firent cent caresses après qu'ils eurent remporté la victoire sur les Turcs qui ne prirent pas un pouce de terrain sur eux, avouèrent que les François avoient sauvé plusieurs fois Candie, mais singulièrement cette dernière.

Les Allemands et les Italiens avoient plié et abandonné leurs postes. Les Turcs s'en étoient saisis et les ennemis seroient à présent maîtres de la ville sans ce grand effort que firent les François par un sentiment de bravoure et de générosité. Nos gens qui étoient postés dans un lieu particulier sans être de garde, mais attendant la nuit pour se rembarquer, furent sollicités par les généraux vénitiens nommés ci-dessus de vouloir les aider encore une fois à repousser les Turcs. M. de Choiseul[2], qui commandoit avec M. de Bandeville firent avancer leurs troupes, savoir les gardes de la Sablonnière et les autres troupes à Saint-André, et repoussèrent non seulement les Turcs des postes où ils s'étoient logés mais

1. Sur cette affaire, cf. Navailles, *Mémoires*, p. 268-272.
2. Claude de Choiseul, dit le *Comte de Choiseul*, marquis de Francières, né le 1ᵉʳ janvier 1633, servit dès 1649 et devint gouverneur de Langres en 1658. En 1669, il fut fait maréchal de camp, en 1676 lieutenant-général et en 1693 maréchal de France. Il mourut le 15 mars 1711. Sur son action après l'embarquement des troupes, cf. Navailles, *Mémoires*, p. 258 et suiv.

même soutinrent près de trois heures de temps plusieurs assauts et conservèrent leurs postes sans perdre trente hommes. Les Turcs y ont perdu par le feu de la mousqueterie, du canon chargé à quart de touche et des fourneaux, près de trois mille hommes.

Le vingt-sept, le duc de la Mirandole[1] arriva ici avec près de deux mille hommes et fit son entrée à la dite ville le 28e[2]. Le 29e, le capitaine général fit une sortie et regagna encore vingt ou trente pas sur les Turcs du côté de la Sablonnière en sorte que la ville est assez en bon état quant à présent. Il y eut ce jour là quelque contestation entre Monsieur le général et M. Rospigliosi pour le départ de ce port de Standia parce que les Vénitiens, qui avoient été informés de la nécessité qu'avoit l'armée de France de partir faute de vivres, avoient encore envoyé demander des troupes, après qu'elles avoient été rembarquées, pour faire une troisième retirade du côté de Saint-André. Monsieur le général fit connoître à M. de Rospigliosi que la demande, que le capitaine général faisoit, étoit à contre-temps. M. de Rospigliosi en convint et écrivit, à ce qu'il dit, au capitaine général que cela ne

1. Alexandre II Pic, duc de la Mirandole et de Concorde, né le 30 mars 1631, mort le 3 février 1691. Il avait épousé, le 29 avril 1656, Anne-Béatrice d'Este.
2. Le duc de la Mirandole, maréchal de camp général du Saint-Siège, commandait les troupes levées en Italie par le pape, aux frais de l'Église. Il débarqua aussitôt arrivé et apportait d'abondantes provisions de guerre, surtout des bombes et des grenades dont la ville avait grand besoin (Navailles, *Mémoires*, p. 262). Il ne resta que quelques jours et rembarqua, ne voulant pas assister, disait-il, à la chute de la place.

se pouvoit faire. Mais il donna lieu de soupçonner le lendemain trentième, qu'il ne l'avoit pas fait puisqu'ils étoient convenus qu'on feroit rembarquer cette nuit l'arrière-garde des François et les chevaliers de Malte et le capitaine général fit tendre la chaîne pour empêcher la sortie des François ce soir-là ; et on sut que M. de Rospigliosi avoit dit au général des galères de Malte d'attendre encore quelques jours à faire rembarquer les chevaliers.

Ce procédé surprit tellement Monsieur le général, joint à ce que l'on s'aperçut qu'il ne faisoit ni épalmer ses galères ni les charger de victuailles, qu'il crut qu'il le vouloit obliger à rester plus longtemps à Standia. Il lui envoya dire que les vaisseaux ne pouvoient pas attendre une heure de temps et qu'il alloit faire mettre le lendemain à la voile aussitôt que l'arrière-garde des François étant en Candie seroit rembarquée; qu'il avoit su qu'il ne vouloit pas partir jusques au 20ᵉ septembre, mais que pour lui, il ne pouvoit pas attendre ce temps-là, parce que les armées du Roi manquoient de vivres et que ses troupes dépérissoient plus dans les vaisseaux que dans Candie ; qu'il le supplioit au nom de Dieu, de Sa Sainteté, de Sa Majesté et pour l'amour de lui-même de considérer, s'il vouloit rendre quelque service à la chrétienté, qu'il valoit mieux aller croiser sous la Canée et aux Cérigues pour empêcher le secours que les Turcs pourroient donner en Candie que de rester à Standia, où on ne pouvoit rendre aucun service à la place, où l'air étoit corrompu, où il tomboit tous les jours une infinité de malades, manque de bonne eau, et où on ne pouvoit plus espérer aucun rafraichissement qu'encore qu'il n'ait pas de vivres pour retourner en France, il feroit en sorte de se retrancher dans ses galères pour quelque temps et qu'il renvoyeroit les vaisseaux afin d'être en état de pouvoir contribuer par la perte même de son sang au salut de Candie afin que tous les Chrétiens ne puissent pas lui reprocher qu'il n'ait fait toutes les choses possibles pour le bien et pour l'avantage de toute l'Église.

Le sieur de Manse, capitaine de la Capitane, qui fut trouver mon dit sieur de Rospigliosi à cet effet en revint quelque temps après avec la réponse portant que mon dit sieur de Rospigliosi avoit à espalmer[1] et à faire chercher son pain sur ses galères et qu'il lui falloit sept jours de temps pour cela. Monsieur le général y renvoya lui dire que puisqu'il avoit offert aux François de leur faire fournir du pain, s'ils en avoient besoin avant leur arrivée à Cività Vecchia, qu'il pourroit charger des vivres ici pour quinze jours, ce qui seroit fait en une après-dînée et en prendre le long de la côte, et, comme il n'y avoit plus que sa galère à espalmer et qu'il le pouvoit être en une matinée, qu'il pourroit de cette manière avoir fait ses affaires en un jour et qu'ainsi on pourroit partir à la fin du mois et demeurer sept ou huit jours aux Cérigues ou au Mile[2] à croiser avant que de reprendre la route de France[3].

Mon dit sieur Rospigliosi persista dans sa pre-

1. Nettoyer la carène des navires.
2. Milo.
3. Voir plus bas, pp. 148 et suivantes.

mière réponse et les deux généraux furent prêts à se séparer, mais Monsieur le général apprit deux heures après que M. de Rospigliosi venoit de recevoir une lettre de Rome qui l'avertissoit de la mort de Monsieur son cadet. De sorte que pour ne le pas affliger davantage, il le fut voir et lui fit compliment sur cette mort sans lui parler d'affaire, et voyant qu'il faisoit décharger sa galère pour la mettre à la bande afin d'espalmer, Monsieur le général, qui couche sur l'Amiral depuis cinq jours que l'on a commencé à rembarquer les troupes, résolut de continuer à y aller coucher et de faire tenir les vaisseaux et les galères lestés pour partir au premier bon vent, si on reconnoissoit que mon dit sieur de Rospigliosi ne se mit pas en état de partir, et en ce cas, que mon dit sieur le général montant sur l'Amiral escorteroit avec les vaisseaux les galères de France jusques aux Zantes ; mais on me vient d'assurer que M. de Rospigliosi veut partir et qu'il a un grand regret d'avoir donné lieu à Monsieur le général de mécontentement, ce qui a obligé Monsieur le général d'attendre jusques au premier septembre pour partir.

LXXIX.

LE COMTE DE VIVONNE A MOROSINI.

Standia, 30 août 1669.

Compliments. Départ de Vivonne pour croiser avec ses galères sur la route que prennent les renforts des Turcs. — (Fol. 237 v°, n° 209.)

J'ai reçu tant de marques de la bonté de V.E. en

toutes sortes de rencontres, que je ne puis assez l'en remercier en prenant congé d'elle ni lui en demander avec assez d'instances la continuation. Je la supplie très humblement de me l'accorder et d'être persuadée que je conserverai toute ma vie les sentiments de reconnoissance que j'en ai, et toute l'estime que je dois à sa personne et à la haute vertu que tout le monde admire en elle. V. E. me fait justice de croire que personne ne s'est plus véritablement intéressé dans la conservation de la place de Candie et n'a recherché avec plus d'empressement les occasions d'y contribuer que moi. Elle sera tout à fait confirmée dans cette pensée si elle considère que, malgré le peu de victuailles et le peu de temps qui me reste pour me rendre en France avant la mauvaise saison, je n'ai pas laissé de proposer à Monsieur le bailli Rospigliosi d'employer encore quelques jours en nous en retournant sur les croisières où passent les secours que les Turcs portent en la Canée pour tâcher de les défaire, et de rendre à Candie le service que je puis dire être le seul qu'elle pouvoit attendre de notre marine au mauvais état où les maladies ont réduit nos soldats et notre chiourme.

Nous partons ce soir pour l'exécuter [1]. Dieu veuille que le succès réponde à mes désirs et que je sois assez heureux pour contribuer encore quelque chose à la défense d'une place que V. E. conserve

---

1. Les flottes française, maltaise et pontificale appareillèrent le samedi 31 août. Chaque galère remorqua son vaisseau jusqu'à ce qu'il pût se servir de ses voiles. Sur la traversée du retour, cf. plus loin le *Journal* de Duché de Vancy, et Des Réaux de la Richardière, *op. cit.*, p. 120 et suiv.

depuis tant de temps contre les Infidèles avec l'applaudissement de toute l'Europe. Je lui souhaite toute la bonne fortune qu'elle mérite en l'assurant que personne n'est si véritablement que moi...

LXXX.

LE COMTE DE VIVONNE AU MARQUIS DE MARTEL.

Standia, 30 août 1669.

Ordre de partir pour la France, aussitôt que le temps sera favorable, avec les vaisseaux divisés en deux escadres. — (Fol. 237, n° 208.)

Le comte de Vivonne.

Monsieur le marquis de Martel, lieutenant général de l'armée de la sainte Église, partira aussitôt que le vent lui permettra et qu'il le jugera à propos de ce port de Standia, pour s'en aller en France et y conduire les vaisseaux du Roi, qui sont commis sous sa charge, et les troupes qui sont embarquées dessus, aussi bien que les vaisseaux marchands nolisés par le Roi, sur lesquels on a mis les officiers réformés. Il séparera la dite armée en deux escadres et incorporera dans la sienne le vaisseau *Le Monarque*, servant ci devant d'Amiral. Et comme il est parfaitement instruit des intentions de Sa Majesté, tant pour la guerre des corsaires que pour la visite des marchands étrangers, et son expérience et capacité au fait de la marine étant très grande, nous remettons à sa prudence et bonne conduite tous les événements de son voyage [1]. Fait à Standia, à bord de la Capitaine, le 30ᵉ août 1669.

LXXXI.

LE COMTE DE VIVONNE A LOUIS XIV.

Standia, 30 août 1669.

Efforts des Vénitiens pour retarder le départ des Français. La croisière des galères contre les Turcs, sur la route du retour. — (Fol. 238 v°, n° 211.)

Sire,

Les troupes de V. M. s'étant embarquées [2] suivant la résolution que M. de Navailles avoit prise, comme j'ai eu l'honneur de le demander à V. M., elle peut bien s'imaginer que les Vénitiens étant intéressés et ingénieux comme ils sont, n'ont rien oublié pour faire en sorte que les troupes et l'armée navale demeurassent. Et comme ils ont vu que les raisons qui avoient obligé M. de Navailles à désirer le rem-

1. Cf. la lettre du marquis de Martel portant la relation de sa traversée de retour (1ᵉʳ octobre 1669) : Arch. nat., *Marine*, B⁴ 3, fol. 241-244.
2. Des Réaux de la Richardière, *op. cit.*, p. 115-117 : « Le jour donc de mardy, vingtième du mois, à l'entrée de la nuit nous nous rendîmes tous au port... A mesure que les barques des vaisseaux arrivoient, on s'embarquoit, de sorte que le vendredi vingt et unième, le reste de l'infanterie, les officiers réformés et les mousquetaires se trouvèrent sur les vaisseaux, excepté les régiments de Bandeville et Rouergue qu'on avoit laissés pour faire l'arrière-garde avec quelques officiers... Le lundi suivant, sur le soir, M. de Choiseul sortit de la place avec le reste de nos gens et se rembarqua. »

barquement étoient encore plus fortes pour les laisser partir étant embarquées, ils ont fait tout ce qu'ils ont pu, ne pouvant pas obtenir de moi de pouvoir faire séjourner l'armée de terre et les vaisseaux ici, pour conserver encore quelque temps ici les galères ; mais comme M. de Rospigliosi est fort dans leurs intérêts, et qu'outre cela ils voient bien que la nécessité nous obligeoit à partir, il a voulu se faire une vertu de notre nécessité employant toute chose au monde pour nous retenir ici jusques au dixième de septembre.

J'ai cru, Sire, voyant toutes ses intrigues, qu'il étoit de la gloire de V. M. de conserver quelque bonne grâce et de ménager les choses de telle sorte que toutes les raisons que l'on a eues pour se retirer ne pussent pas être accusées d'impatience et pussent être prétextées de quelque chose de glorieux et d'utile au service de Candie ; j'ai donc, Sire, pris le parti de dire à M. de Rospigliosi que, puisque l'armée de terre et les vaisseaux ne pouvoient pas demeurer par les raisons qu'il savoit lui-même et dont il étoit tombé d'accord, qu'il n'étoit de nulle utilité que les galères demeurassent inutiles en ce lieu ici accablées de maladies, infectées d'un méchant air qui les augmentoit encore et nourries de très méchante eau[1], qu'il valoit bien mieux hâter notre partance pour aller au Mille[2] passer devant le cap

---

1. Voir plus haut, p. 117, n. 1. Navailles, *Mémoires*, p. 252 : « J'étois informé... qu'ils [les vivres] étoient si mauvais que ceux qu'il [Morosini] avoit donné aux galères de France avoient fait périr une partie de la chiourme. »

2. Milo.

Saint-Ange et séjourner aux Cérigues jusques à ce x^e. qui sont les véritables croisières où l'on peut trouver les galères turques, soit en cas qu'elles portent des secours en Candie, soit qu'elles retournent pour en aller chercher d'autres, que de demeurer à Standia exposé à tous les inconvénients que j'ai eu l'honneur de dire à V. M., étant inutile à la défense de la place, ne pouvant pas les assister de monde dans la ville.

Je ne me suis pas contenté, Sire, de lui faire faire seulement la proposition, mais j'ai été encore bien aise (comme c'étoit plutôt une fanfaronnade qu'une chose effective) de la faire éclater. Et pour cet effet, j'ai pris le temps que M. de Frontenac[1] étoit chez lui de l'en faire prier, afin que la chose pût être redite et bien tournée au capitaine général, ayant été entendue d'un homme aussi zélé pour le service de V. M. qu'est M. de Frontenac, l'un des principaux officiers des Vénitiens, et je me servis pour exhorter M. de Rospigliosi de toutes les mêmes prières dont il s'étoit servi lui-même pour demeurer à Standia.

La fanfaronnade que je leur ai faite est à bon marché puisqu'à la vérité le chemin que je leur propose sous prétexte d'aller chercher l'ennemi est plus sûr pour la navigation et plus commode pour notre retour. Ainsi, en prenant toute la précaution qu'on

1. Louis de Buade-Palluau, comte de Frontenac, maître de camp dès 1643, avait abandonné en 1653 l'office de maréchal de camp du régiment de Normandie, qu'il avait depuis 1646. Il s'engagea dans l'armée vénitienne ; revint en France. En mai 1672, il fut nommé gouverneur de la Nouvelle-France, et mourut à Québec le 28 novembre 1698, âgé de 78 ans. Cf. *Le comte de Frontenac*, par Henri Lorin (Paris, 1895, in-8).

doit prendre pour la conservation des galères de
V. M., je sais en même temps ce qui se peut faire
pour trouver occasion de faire faire quelque chose
de glorieux et d'utile au corps que j'ai l'honneur de
commander. Monsieur de Rospigliosi s'est rendu à
mes raisons et est convenu de la chose. Je travaillerai
pendant le chemin, n'ayant plus que la simple navigation à faire, à faire un mémoire bien exact de ce
que j'ai observé dans les galères avec lesquelles j'ai
été et des choses que j'ai remarqué être avantageuses
pour perfectionner le corps des galères. J'essaie par
mon application de réparer les défauts[1].

LXXXII.

LOUIS XIV AU COMTE DE VIVONNE.

Saint-Germain-en-Laye, 11 septembre 1669.

Ordre de ramener sans retard les galères à Marseille, si elles ne sont déjà en route pour la France. — (Fol. 242 v°, n° 214.)

Monsieur le comte de Vivonne,

Quoique notre Saint Père le Pape ne m'ait fait
donner aucun avis du retour de ses galères qui sont
à présent en Candie, néanmoins comme sur le bruit
qui s'est répandu qu'il avoit envoyé ordre au bailli
Rospigliosi, son neveu, d'y demeurer pendant tout
l'hiver, vous auriez peut-être quelque sujet de dou-

---

1. L'original de cette lettre (Arch. nat., *Marine*, B⁴3, fol. 313) est un peu plus étendu et contient plusieurs variantes. Elles ne sont pas assez importantes, cependant, pour que nous ayons cru devoir les relever ici. L'original est daté du 31 août.

ter de mes intentions sur le retour de mes galères, je vous fais cette lettre pour vous dire que je désire qu'elles retournent à Marseille au plus tôt, et pour cet effet que vous les fassiez partir de la rade de Candie sans aucune perte de temps en cas que vous ne l'ayez déjà fait en vertu de mes précédents ordres. Sur ce je prie Dieu qu'il vous ait, Monsieur le comte de Vivonne, en sa sainte garde.

LXXXIII.

LE CARDINAL ROSPIGLIOSI[1] AU BAILLI ROSPIGLIOSI.

Rome, 14 septembre 1669.

Invitation adressée à Vivonne à aller prendre quelque repos à Castel-Gandolfo. Assurance donnée que le pape lui ferait le meilleur accueil s'il venait à Rome. — (Fol. 246 v°, n° 221.)

Illmo e Ecc^{mo} Sig^r,

Venendo con V. E. il s^r conte de Vivonne dopo si lunga e incommoda navigazione, conviene ch'Ella l'inviti a prendere qualche ristoro a Castel Gandolfo, assicurandolo insieme che quando a lui piaccia ancora di portarsi a Roma, sarà da S. B. veduto ed accolto benignamente e per il carattere ch'egli porta si degnamente di comand^{te} del Re cristianissimo e per le qualità stimabili e cospicue che resplendono in lui, verso il quale è sopra modo singulare la mia osservanza, e a V. E. baccio di cuore le mani. Roma, 14 settembre 1669.

1. Jacques Rospigliosi, frère du bailli Vincent Rospigliosi. Il avait commencé sa carrière dans la diplomatie.

LXXXIV.

LOUIS XIV AU COMTE DE VIVONNE.

Chambord, 27 septembre 1669.

Ordre de désarmer la flotte et de mettre en état une escadre pour porter à Candie un nouveau secours. — (Fol. 243 v°, n° 217.)

Monsieur le comte de Vivonne,

Je donne ordre au sieur d'Infreville, intendant de la marine à Toulon, de désarmer les vaisseaux de mon armée navale que vous commandez, et en même temps de travailler promptement au radoub et carène de cinq vaisseaux et de deux brûlots, que je veux remettre en mer pour joindre aux quatre autres qui sont à présent commandés par le sieur d'Alméras, et en composer une escadre pour porter en Candie un nouveau secours de troupes que j'ai résolu d'y envoyer. C'est pourquoi j'ai été bien aise de vous donner avis, afin que vous puissiez tenir la main à l'exécution de ce qui est en cela de mes intentions. Sur ce je prie Dieu qu'il vous ait, Monsieur le comte de Vivonne, en sa sainte garde.

LXXXV.

LOUIS XIV AU COMTE DE VIVONNE.

Chambord, 27 septembre 1669.

Ordre donné à d'Infreville et Arnoul pour l'entretien et le désarmement des équipages et des chiourmes. Demande d'un rapport sur le corps des galères pendant la campagne. — (Fol. 244 v°, n° 218.)

Monsieur le comte de Vivonne,

Sur l'avis que vous m'avez donné par vos lettres du 21° du mois passé du retour de mon armée navale, je donne ordre aux s^{rs} d'Infreville et Arnoul, intendants de mes vaisseaux et galères, de donner aux équipages et à la chiourme toutes les assistances et les rafraîchissements dont ils auront besoin pour leur conservation, et en même temps de travailler à leur désarmement. Je serai bien aise cependant que vous me donniez vos avis sur tout ce que vous aurez reconnu pendant cette campagne concernant la navigation des galères et le temps et les saisons pendant lesquels je pourrai m'en servir pour faire la guerre aux corsaires de Barbarie, afin que je vous puisse faire savoir mes intentions sur ce sujet. Cependant je prie Dieu qu'il vous ait, Monsieur le comte de Vivonne, en sa sainte garde.

LXXXVI.

LE COMTE DE VIVONNE AU GRAND MAITRE DE L'ORDRE DE MALTE [1].

Messine [2], 6 octobre 1669.

Remerciements pour tous les secours que les galères du roi ont reçus pendant la campagne. — (Fol. 248 v°, n° 224.)

---

1. Nicolas Cotoner, bailli de Négrepont, qui succéda à son frère Raphaël Cotoner en octobre 1663. Il mourut le 29 avril 1680, âgé de soixante-treize ans.
2. A Messine, les galères de Malte et les vaisseaux français quittèrent les galères pour gagner Malte. Les galères de

Monseigneur,

Les galères de Sa Majesté ont reçu durant cette campagne tant d'honnêtetés et de secours de celles de la Religion et de M. le général des galères, que je crois être obligé d'en rendre témoignage à Votre Éminence et lui en faire mes très humbles remerciements. Elle doit être persuadée que je ne manquerai pas d'en rendre un fidèle compte à Sa Majesté, et que je n'oublierai rien pour lui faire connoître la manière obligeante avec laquelle MM. de la Religion et particulièrement [*en blanc*] ont été au devant de toutes les choses dont ils ont cru que ses galères pouvoient avoir besoin. Je ne doute point que Sa Majesté n'en témoigne sa gratitude à la Religion et qu'elle ne reconnoisse en toutes sortes de rencontres l'obligation qu'elle lui a. Si les sentiments de reconnoissance que j'en conserverai toute ma vie pouvoient être comptés pour quelque chose après ceux que Sa Majesté lui doit, j'en assurerois Votre Éminence et la supplierois très humblement de croire que je ne perdrai jamais aucune occasion de faire connoître à Votre Éminence avec combien de respect et de passion je suis[1]...

France suivirent la côte italienne. Sur le séjour des galères à Messine, cf. le *Journal* de Duché de Vancy.

1. Le 20 octobre, le Grand Maître de Malte répondit à Vivonne pour le remercier et lui adresser des compliments (Reg., n° 230), et ajoutait : « Comme je sais qu'Elle (Vivonne) a besoin de personnes qui soient plus propres pour ramer que les François et les Turcs du Levant, j'ai encore bien de la joie de ce que la rupture de Barbarie lui donnera lieu d'en pouvoir acquérir. » (Louis XIV venait de décider une expédition dans le nord de l'Afrique.)

LXXXVII.

LE MARQUIS DE BELLE-ISLE AU COMTE DE VIVONNE.

Toulon, 7 octobre 1669 [1].

Nouvelles de l'escadre commandée par Belle-Isle et de la fin de la traversée. Nouvelle de la capitulation de Candie et des dernières décisions de la Cour pour la flotte. Le bruit se répand que le duc de Beaufort ne serait pas mort. — (Fol. 249, n° 225.)

Monseigneur,

J'eus l'honneur de vous écrire à la hauteur du cap Passaro et ma lettre doit vous avoir été rendue puisque la barque qui l'a portée à Cività Vecchia est de retour. Nous sommes arrivés à la rade de Toulon le 29° septembre par un gros vent de sud-est et une grosse pluie après avoir été faire de l'eau au golfe de Palmi [2] et avoir été huit jours par calme sur les îles San Pietro [3] sans avancer. Il y avoit eu quelques corsaires d'Alger, huit ou dix jours devant notre arrivée, qui ont fait descente en terre et quelques esclaves sur la Sicile. L'*Étoile* a pris un bateau sur lequel étoient huit esclaves de M. Centurion qui se sauvoient. J'aurois eu l'honneur de vous écrire plus tôt, mais comme le *Lys*, le *Dunkerquois*, le *Suisse*, la barque du Roi et des polacres nous

---

1. Par erreur, le copiste a écrit : *septembre*.
2. En Calabre. *Palme*, dans le texte.
3. Sur les côtes de Sardaigne. *Îles Saint-Pierre*, dans le texte. Sur la tempête, cf. des Réaux de la Richardière, *op. cit.*, p. 134 et suiv.

manquoient, j'étois bien aise, Monseigneur, de ne vous donner aucune mauvaise nouvelle.

Tout est présentement ici où M. le duc de Navailles n'est arrivé que depuis deux jours [1]. Nous les savions à la vérité aux Gozes de Malte [2] par M. de Bouillon, qui y a été [3]. La barque du Roi et une tartane sur laquelle étoit M. de Montlimart, écuyer de M. le duc de Navailles, sont arrivés depuis, après avoir relâché en Candie. Ils nous ont appris les capitulations de Candie dès le lendemain de notre départ [4]. Montli-

1. Le duc de Navailles était sur le *Lys*.
2. Ile Gozzo, au nord-ouest de Malte.
3. Le chevalier de Bouillon avait obtenu du marquis de Martel, vice-amiral, l'autorisation d'aller à Malte. Il se sépara de la flotte le 5 septembre et arriva à Malte le 8. Il y fut fort bien reçu ainsi que ses officiers et son équipage. Voir le récit de son séjour à Malte dans des Réaux de la Richardière, *op. cit.*, p. 122 et suiv. «... Sur le soir, le grand Maître vint se promener à un jardin qu'il a sur le bord du port au bas du bastion d'Italie, d'où on nous avoit rendu le salut. Nous le vîmes tous d'assez près et à découvert des galères de nostre vaisseau, et les chevaliers et commandeurs qui étoient avec luy, marchant tous devant luy deux à deux et en fort bon ordre, au nombre de plus de cent, en habits et manteaux noirs avec une croix blanche sur leur manteau et une petite épée au costé. Après eux, le grand Maître parut, on portoit une chaise derrière luy. A son arrivée, M. le chevalier V. de Bouillon fit tirer toute l'artillerie de son vaisseau, qui étoit monté de 70 pièces de canon. Il la fit encore tonner quand il se retira avec ses chevaliers. »
4. Candie capitula le 5 septembre. Déjà, avant le départ des Français, les négociations avaient été commencées par Morosini. Cf. *Mémoires ou relation militaire contenant ce qui s'est passé de plus considérable dans les attaques et dans la deffence de la ville de Candie...*, par un Capitaine françois... Paris, 1670, in-12, p. 315-16. « Le Capitaine général envoya le colonel

mart a été dans le camp turc et a tout vu. C'est ce qui fait qu'on le dépêche aujourd'hui en Cour. Je ne vous entretiendrai pas, Monseigneur, des articles de la reddition de Candie. Je n'en suis pas assez bien informé. Je sais seulement que de part et d'autre on s'est donné des otages et que les Turcs sont logés dans la ville d'où les Vénitiens peuvent tout emporter durant 14 jours et toutes les pièces de canon, qui sont de 20 l. de balle et au-dessous. Les autres plus fortes doivent rester [1].

On ne nous attendoit pas ici quand nous sommes arrivés. La Cour nous croyoit plus de vivres que nous n'en avons, et sur les lettres du dernier cour-

Lalandi vers les Turcs, comme venant de l'armée de France, qui estoit encore à l'Estandié, pour proposer au Grand Visir un accommodement de paix. Il se rendit à ce sujet, le 29 d'aoust, dans une barque qui portoit pavillon blanc, au quartier du Visir, près du château de Policastre... Le lendemain 30 (qui fut celuy auquel le duc de Navaille fit mettre à la voile pour France), Lalandi se rendit, porté par la même barque, au mesme endroit de S. André où il fit sçavoir à ce ministre ottoman que le généralissime luy remettroit la Place pourveu que ce fut à des conditions justes et raisonnables. »

1. Tous les renseignements donnés ici sont exacts ; cf. *Mémoires ou relation militaire...* par un Capitaine françois... p. 319 : « Si tost que les articles du traité furent signées, on changea les ostages de part et d'autre pour la plus grande seureté des conditions. La Rive et le Galbo, lieutenans généraux et Navalier, capitaine des galéasses, tous trois nobles Vénitiens, furent donnés de la part de la République; et les Turcs envoyèrent le Bacha Bébir, homme de très grande considération, et deux des principaux agas de leur armée. Les Vénitiens purent faire sortir de la place 125 gros canons, 123 canons moins gros et 8 mortiers. Le Vizir leur fit présent en outre de 4 de ses plus gros canons, à leur choix pour les honorer de leur défense.. »

rier parti à la place de M. de Tilladet [1], elle envoyoit 130 milliers de poudre par le chevalier de Valbelle et de l'argent pour un mois de vivres. Il y a un mois qu'il est parti avec le chevalier de Beaumont, Saint-Aubin et Champagne-Brûlot. Il a trouvé M. de Navailles à Malte. Mais il n'a pas rebroussé chemin [2].

M. d'Alméras, Preuilly et Thivas se préparent avec diligence pour l'embarquement du régiment du pape de 16 compagnies de cent hommes chacune, commandé par Monseigneur le maréchal de Bellefonds [3], et depuis notre arrivée, comme la Cour avoit résolu de grossir ce secours, elle a augmenté l'escadre du *Courtisan* pour M. le marquis de Martel, qui doit tout commander, du *Fleuron* pour le chevalier de la Hillière, du *Provençal* pour Bouillé, qui est très mal, du *Lys* pour le marquis de Grancey, et la *Sirène* pour Cogolin. Mais il y a apparence que les dernières nouvelles renverseront ces desseins. M. de Cajac [4] devoit commander un détachement de 400 hommes de gardes.

1. M. de Fortanet, parti de Candie le 20 ou 21 août. Cf. p. 129, n. 4).
2. Valbelle n'écouta pas Navailles, qui lui proposait de ne pas poursuivre plus loin, et ne pouvant débarquer à Candie, il alla remettre au provéditeur vénitien qui commandait à La Sude les approvisionnements destinés à la capitale (Terlinden, *op. cit.*, p. 272).
3. Bernardin Gigault, marquis de Bellefonds, né en 1630, mort en 1694. Il était maréchal depuis 1668. Il mourut au château de Vincennes et fut enterré dans la chapelle du château. Sur les préparatifs de son expédition à Candie, cf. Terlinden, *op. cit.*, p. 249 et suiv.
4. Marc de Canin de Cajac, capitaine au régiment de Navarre dès le 1er février 1643. Capitaine d'une compagnie au

EXPÉDITION DE CANDIE. 159

Quoiqu'on ne nous attendît pas, nous avons trouvé assez de baraques prêtes au Lazaret [1] pour loger les troupes et pour des hôpitaux commodes. M. le premier président étoit à Toulon, qui donna des bastides pour tous les officiers. La mort de Monseigneur le cardinal [2] n'étoit que trop certaine. Madame de Vendôme [3] l'est aussi, et la Reine mère d'Angleterre [4]. Le Roi a conservé tous les gouvernements dans la maison, et a donné cinq heures après la nouvelle de la mort de Monseigneur l'amiral la charge à Monseigneur le comte de Vermandois [5]. La Cour est présentement à Chambord, Monseigneur, Colbert à Dampierre. Le Roi a fait acheter trois

régiment des gardes françaises par commission du 6 décembre 1664, il combattit aux sièges de Tournai, Douai et Lille en 1667, en Franche-Comté en 1668. Il se démit de sa compagnie le 7 janvier 1670, et devint gouverneur de Nancy en 1676. Il fut promu maréchal de camp le 20 janvier 1678 et mourut à Nancy en mai 1685.
1. Des Réaux de la Richardière, *op. cit.*, p. 137-138 : « On mit tous nos soldats en quarentaine au Lazaret, où il y avoit un hôpital pour les blessés et pour les malades. Quant aux officiers, ils furent mis dans diverses bastides proche un bourg qui s'appelle la Seyne, où ils pouvoient envoyer acheter leurs necessitez. »
2. Louis de Vendôme. Cf. p. 93, n. 1.
3. Françoise de Lorraine, duchesse de Mercœur, veuve de César de Vendôme.
4. Henriette-Marie, veuve de Charles Ier, qui s'était retirée en France depuis 1644. Elle était la mère de Madame, duchesse d'Orléans, de Charles II et de Jacques II.
5. Par cette nomination, Colbert devenait tout-puissant, car le comte de Vermandois n'était qu'un enfant. Les revenus de l'Amirauté étaient la seule chose à laquelle Colbert ne prétendit pas. Cf. Jal, I, p. 584.

vaisseaux de M. de Centurion et a fait un marché avec lui pour lui entretenir sept galères[1]. Vous savez mieux que moi, Monseigneur, les conditions du marché.

M. le duc de Navailles est arrivé en bonne santé. Il a jeté à la mer le pauvre M. de La Croix, qui est mort après une attaque d'apoplexie, d'une fièvre de sept jours[2]. Le lendemain de notre arrivée, M. le chevalier de Vendôme s'est débarqué et s'en est allé pour quelques jours à Saint-Marc d'où il a pris le chemin de Paris. On m'a dit aujourd'hui que le Roi avoit donné à M. de Vendôme M. Foucault pour gouverneur. On arme à La Rochelle pour Perse et pour l'Amérique, et M. du Terron[3] a fait lever 3000 soldats pour faire ce qu'il plaira au Roi. L'*Ile de France* et le *Paris* sont achevés, à leurs ornements près, auxquels on va travailler et à ceux du *Dauphin Royal*. Le *Monarque* est dans le creux de

1. Le marquis de Centurion, commandant les galères génoises que le roi avait achetées pour former une escadre semblable à celle que duc de Turcy entretenait à Gênes pour le roi d'Espagne, fut placé sous les ordres de Vivonne. Mais plusieurs conflits protocolaires surgirent entre eux dans la suite. Le 2 octobre, Colbert avertit Vivonne des négociations entamées à ce sujet, et en décembre Louis XIV écrivit officiellement à Vivonne sur le traité conclu. Cf. Reg., *passim*, et Bibl. nat., *Mss.*, Fr. 8026, fol. 215.

2. Sur la mort de la Croix, cf. plus loin.

3. Charles Colbert, seigneur du Terron, marquis de Bourbonne, d'abord intendant de Mazarin dans son gouvernement du Brouage, intendant de l'armée de Catalogne, plus tard intendant de la marine à Rochefort, conseiller d'État en 1678. Il mourut le 9 avril 1684. Il était cousin germain du ministre. Cf. P. Clément, *Histoire de Colbert*, I, p. 75.

l'égoutier pour être désarmé. Nous avons à présent l'entrée. M. de Ruvigny est parti il y a deux jours pour Paris. J'avois envoyé devant les lettres dont vous m'aviez chargé parce qu'il n'étoit pas arrivé, ni M. de Navailles. M. de Martel a reçu des lettres de la Cour, par lesquelles elle marquoit fort désirer de la marine quelque action vigoureuse. On n'a pas encore eu réponse sur la canonnade [1].

L'ambassadeur turc [2], que M. d'Alméras a apporté, est en chemin de Paris. Il est venu un ordinaire du Roi pour le conduire et défrayer. Le chevalier de Beaujeu est revenu de Paris et a trouvé un courrier turc de la part du Vizir qui avoit été à Larissa, et de là à Venise et que les Vénitiens défrayent. Nous ne savons pas encore le sujet de son voyage. Bien des gens veulent que Monseigneur l'amiral ne soit pas mort, et plût à Dieu que cela fût vrai. Voilà, Monseigneur, une longue et ennuyeuse épître. Mais comme vous m'aviez commandé de le faire ainsi, je n'ai pas osé contrevenir à vos ordres que je ferai gloire toute ma vie d'exécuter ponctuellement pour vous faire connoître que je suis en tout respect...

Le chevalier de Clerville [3] a été quelque temps à

---

1. Du 24 juillet.
2. Soliman-aga-Mustafa-Raca. Cf. Gérin, *op. cit.*, II, p. 357.
3. Nicolas, chevalier de Clerville, ingénieur à différents sièges en 1647 et 1648, sergent de bataille en 1650, et maréchal de camp la même année. Le 30 juin 1662, on créa en sa faveur la charge de commissaire-général des fortifications et réparations des villes de France. Il devint gouverneur de l'île et citadelle d'Oléron le 7 août 1671 en remplacement du duc de Nevers. Il mourut en décembre 1677 et Vauban lui succéda dans sa charge de commissaire-général.

Toulon pour l'agrandissement de la ville. Je ne sais aucunes nouvelles de Marseille, si ce n'est que vous y êtes attendu avec une impatience incroyable.

LXXXVIII.

COLBERT DE MAULEVRIER AU COMTE DE VIVONNE.

[Naples,] 14 octobre 1669.

Remerciements. Demande d'une lieutenance pour le chevalier de Rousset. — (Fol. 252 v°, n° 226.)

Je crois, Monsieur, que vous aurez bien la bonté d'excuser un pauvre infirme qui se trouve très incommodé de l'air de la mer [1], et qui à cause de cela n'a pas osé se mettre dans un caïque pour aller prendre congé de vous [2]. Je ne vous fais point de compliments sur toutes les bontés que vous avez eues pour moi dans ce voyage. Mais je vous supplie très humblement, Monsieur, de compter sur moi comme sur une personne qui recherchera toujours avec le dernier empressement les moyens de mériter quelque part en votre amitié, et qui ose se flatter que vous ne lui refuserez pas, pour peu que vous vouliez rendre de justice à l'attachement avec lequel je suis...

Nous avons une grâce à vous demander, M. de Gardanne et moi, que nous voudrions bien que vous eussiez la bonté de nous accorder. C'est la lieutenance de M. Brossardière [3] pour M. son neveu,

1. Cf. à ce sujet le n° LXXXIX.
2. Les galères étaient à l'ancre près de l'île de Nisida (cf. le *Journal* de Duché de Vancy).
3. M. de la Brossardière commandait la galère *Patronne* depuis le 12 mars 1669 (cf. n° VIII, n. 2).

le chevalier de Rousset. Je vous aurai une très particulière obligation s'il vous plaît accorder cette grâce à ma très humble prière.

LXXXIX.

LE COMTE DE VIVONNE A COLBERT.

Rome, 21 octobre 1669.

Nouvelles du voyage de retour. Les escales à Messine et Cività Vecchia, la réception par le pape. Détails sur la santé de Colbert de Maulevrier. — (Bibl. nat., *Mélanges Colbert*, vol. 154, fol. 293 [1].)

Monsieur,

J'ai reçu la lettre que vous m'avez écrite du quinzième d'août, dans le canal de Corfou à Messine, à laquelle j'aurois eu occasion de faire réponse en même temps si j'avois été averti que M. le bailli Rospigliosi dépêchoit un courrier en arrivant au cap Sta Maria par la voie d'Otrante, mais comme il fit partir sa felouque la nuit par un assez mauvais temps, il ne put pas m'en donner avis.

J'ai remis à vous rendre compte de notre voyage en ce lieu, parce que je croyois y arriver aussi tôt que les ordinaires de Messine et de Naples, d'où j'aurois pu écrire à Sa Majesté durant le séjour que nous y avons fait. J'ai reçu à l'île de Nisida [2], où les réales ont mouillé, tous les honneurs possibles de la part du vice-roi de Naples, qui avoit donné

---

1. Lettre identique de Vivonne à Louis XIV, à la même date : Arch. nat., *Marine*, B⁴3, fol. 317-320.
2. Près de Naples. *Nizita*, dans le texte.

ordre par toutes les villes de ce royaume de faire le même et de ne donner aucun sujet aux François de se plaindre de la moindre chose. Le vice-roi de Sicile n'en a pas usé de même, car ayant appris les honneurs qu'avoit rendus la ville de Messine aux galères de S. M., en passant pour aller en Candie, il donna les ordres contraires pour le retour que cette ville a été obligé de suivre, mais j'ai appris à Nisida qu'il en avoit reçu depuis notre départ de fortes réprimandes de la part du roi d'Espagne.

J'ai eu l'honneur de mander à S. M. que Sa Sainteté m'avoit fait témoigner en passant à Cività Vecchia qu'elle souhaitoit que j'eusse au retour celui de lui aller baiser les pieds. Elle m'a fait témoigner depuis ce temps plusieurs fois la même chose par M. le bailli de Rospigliosi et par M. le cardinal son frère, qui m'en ont fait de telles instances que je n'ai pas cru me devoir dispenser de donner à Sa Sainteté cette marque de mon obéissance, surtout depuis que Sa Majesté m'a ordonné de m'appliquer à gagner ses bonnes grâces, celles de ses parents et nommément celles de M. le bailli de Rospigliosi, qui en a témoigné en son particulier une passion incroyable. Il souhaitoit que je débarquasse avec lui à Nettuno, à soixante milles de Cività Vecchia, mais je lui représentai que je ne pouvois pas quitter les galères de Sa Majesté qu'après les avoir mises dans le port.

Elles y arrivèrent assez heureusement le 18ᵉ de ce mois, à dix heures de nuit, pour éviter la plus forte bourasque du monde, et comme je vis le lendemain que le temps étoit tout à fait gâté, que les galères de Sa Majesté avoient besoin de prendre du biscuit, quelques autres rafraîchissements, et que la Capitane et une autre galère avoient besoin de mats, je crus que toutes ces choses ne pouvant être faites de quatre ou cinq jours, que je pourrois employer ce temps à donner à S. M. la satisfaction qu'Elle a souhaité de moi de contenter Sa Sainteté, M. le cardinal patron et M. le bailli de Rospigliosi.

J'arrivai hier au soir 20e de ce mois à Rome, et comme M. de Guastaldi vint au devant de moi avec deux carrosses, je ne pus pas me dispenser d'aller descendre en son hôtel où le Pape m'envoya incontinent complimenter et me témoigner qu'il vouloit me parler en particulier. Je me suis rendu ce matin à son lever et j'ai reçu de Sa Sainteté tous les honneurs et toutes les honnêtetés possibles [1]. Sa Sainteté vouloit savoir de moi comme les choses s'étoient passées en Candie, en quel état est l'armée et quelles sont les forces des Turcs et d'autres particularités dont je lui ai rendu bon compte. M. le cardinal de Rospigliosi, son neveu, que j'ai vu ensuite, m'a pareillement fait toutes les honnêtetés, toutes les civilités possibles. J'irai demain matin prendre congé de M. le bailli de Rospigliosi à Castel Gandolfo, et après demain je m'en retournerai à Cività Vecchia pour en partir aussitôt que le temps le permettra. J'ai été obligé, après la mort de M. du Coquel, contrôleur des galères, de prendre moi-même le soin des victuailles. La conduite des écrivains m'a été fort suspecte. Je donnerai les avis nécessaires à M. Arnoul pour empêcher que nous ne tombions toujours dans les mêmes inconvénients.

1. Sur les détails du séjour à Rome, cf. le *Journal* de Vancy.

Monsieur votre frère s'est débarqué à Naples en assez bonne santé. Il n'étoit pas nécessaire que vous prissiez la peine de me recommander d'en avoir soin, car je ne puis pas manquer, vous honorant au point que je fais, de rendre tout ce que je dois à ce qui vous appartient de si près. J'ai ordonné à tous les consuls des lieux où nous avons séjourné de le loger et de chercher tous les moyens imaginables d'adoucir, durant qu'il étoit à terre, l'ennui de la navigation, qui n'est pas petit en cette saison à une personne qui souffre à la mer.

Je ne manquerai pas désormais de vous adresser les lettres que j'aurai l'honneur d'écrire à S. M., puisque vous avez la bonté de l'agréer et de me témoigner qu'il y va du service de S. M. Sitôt que je serai arrivé à Marseille, je vous rendrai un compte plus particulier de l'état des galères de S. M.[1] et vous informerai comme je vous ai promis de tout ce que j'ai remarqué dans ce voyage être nécessaire pour l'établissement de ce corps. Je suis avec toute la passion imaginable, Monsieur, votre très humble et très obéissant serviteur,

Vivonne.

A Rome, ce 21ᵉ octobre 1669.

Comme j'allois fermer ma lettre, on m'est venu donner des avis sûrs que les bandits qui sont en très grande quantité entre Rome et Naples se préparoient, sur l'avis qu'ils ont que M. votre frère est à Naples, de le prendre et de le rançonner. C'est ce

1. Cette lettre fut envoyée le 23 novembre. Cf. n° XCI.

qui m'a obligé, l'aimant au point que je fais, de lui dépêcher un courrier exprès pour lui envoyer cet avis, et pour le conjurer au nom de Dieu de se mettre en felouque et de prendre un temps propre pour cela.

XC.

LE COMTE DE VIVONNE A L'ABBÉ STROZZI [1].

[Porto-Ferrajo,] 27 octobre 1669.

Sur le refus du grand duc de Toscane de laisser les galères faire escale à Livourne, lors de leur retour en France. — (Fol. 261 v°, n° 235.)

Monsieur,

Je n'aurois pas manqué de faire plus tôt réponse à la lettre que vous m'avez fait la grâce de m'écrire et de vous remercier des soins obligeants que vous avez eu de m'informer de ce qui s'est passé à Florence sur le sujet des galères du Roi, si je n'avois été obligé de faire un voyage à Rome par l'ordre de Sa Sainteté. Je vous avoue que j'ai été tout à fait surpris d'apprendre que le Grand Duc [2] faisoit difficulté de nous donner entrée à Livourne après avoir été reçu de la plus obligeante manière du monde à Messine, à Naples, à Gaëte, à Cività Vecchia [3] et

1. Agent de Louis XIV près du grand duc de Toscane.
2. Ferdinand II de Médicis, né le 14 juillet 1660, succéda à son père Cosme II, en 1621. Il avait envoyé des troupes pour secourir Candie. Il mourut le 23 mai 1670.
3. Bourlémont à Lionne, 22 octobre 1669 : « Les galères du pape et du roi touchèrent vendredi la rade de Neptune, où

en dernier lieu à Rome, où non seulement les gentilshommes qui m'ont accompagné, mais jusques aux moindres soldats qui ont voulu voir cette ville ont été les bien reçus.

Ils n'en auroient pas assûrément usé de cette manière en toutes les villes que je viens de dire et surtout dans Rome, où il n'y a pas moins de circonspection pour la santé qu'à Florence (s'il y avoit eu le moindre soupçon de maladie contagieuse dans les galères). Celles qui ont travaillé la chiourme plus que les gens de liberté viennent des mauvaises eaux qu'elle a bues à Standia et du pain que les Vénitiens nous ont fourni, qui ont causé des flux de ventre et quelques fièvres, que l'arrière-saison rend mortelles parce que le froid saisit les malades.

Je vous supplie de représenter au Grand Duc le tort considérable qu'il fait aux galères de Sa Majesté s'il leur refuse l'entrée, que personne n'a fait difficulté de leur accorder, et de lui faire connoître que dans une saison aussi avancée que celle-ci, surtout ayant besoin de prendre du pain à Livourne, elles ne peuvent se dispenser d'y mouiller, et que si on leur refuse l'entrée, on leur fera la même chose par tous les lieux où elles toucheront, à l'exemple de cette ville, et que ce sera par conséquent ruiner un corps qui est tout à fait considérable à Sa Majesté, et pour la conservation duquel

descendit le bailli Vincent Rospigliosi pour aller à Castel Gandolfo, et après les galères continuèrent leur route à Cività-Vecchia. » (Arch. des Affaires étrangères, *Rome*, Correspondance, t. 200, fol. 217 v°.)

tous les lieux où elles ont touché ont témoigné s'intéresser. Je ne doute pas quand le Grand Duc sera informé de ce procédé, qu'il ne se pique d'en user pour le moins aussi bien qu'eux et qu'il ne témoigne en ce rencontre, comme en tous les autres qui se sont passés, qu'il n'a pas moins de considération pour Sa Majesté. Je vous dirai librement que l'on m'a voulu faire croire que quelque autre intérêt que celui de la santé obligeoit de nous refuser l'entrée à Livourne. J'ai peine à le croire, mais si par hasard il en étoit quelque chose, je vous prie de vous en expliquer à M. de Lafond, commissaire général des galères, qui aura l'honneur de vous rendre celle-ci, car il ne manquera pas de lever toutes les difficultés qu'on pourroit faire. Je vous conjure de vous employer fortement à cette affaire parce qu'elle est de la dernière conséquence pour le service du roi. Je suis...

XCI.

LE COMTE DE VIVONNE A COLBERT.

Marseille, 23 novembre 1669.

Rapport sur la fin de la traversée et l'arrivée des galères à Marseille. — (Arch. nat., *Marine*, B⁴3, fol. 321.)

Je crois que les lettres que j'ai eu l'honneur de vous écrire de Rome vous ont tiré de l'inquiétude où j'ai appris que vous étiez des galères du Roi[1],

1. Colbert attendait les galères avec impatience : « J'at-

puisque le trajet de Cività Vecchia jusqu'ici est le moins fâcheux de tout notre voyage. Elles n'ont pas laissé de demeurer quelque temps à le faire parce que les pluies et les mauvais temps les ont retenu à Cività Vecchia trois jours après mon retour de Rome et dix autres jours entiers à Porto-Ferrajo. Je me suis aperçu dans ce séjour que la précaution que j'avois prise d'amener avec moi le fils du sieur Arnoul[1], qui étoit à Rome, étoit nécessaire, car il nous a fait venir en ce lieu, qui est dépourvu de toutes choses, celles qui nous manquoient avec une diligence incroyable, et nous a tiré durant le reste du voyage de l'embarras où je vous ai mandé que

tends avec bien de l'impatience les nouvelles de l'arrivée des galères, et je vous avoue que je serai toujours en inquiétude jusqu'à ce que j'apprenne qu'elles soient dans le port. » (Lettre à Arnoul, Bibl. nat., Fr. nouv. acq. 21309, fol. 294.)

1. Pierre Arnoul, fils de l'intendant des galères à Marseille, avait été élevé avec le marquis de Seignelay. Il fut formé par son père pour l'administration et devint intendant de la marine à Toulon. Il mécontenta Colbert, qui fut indulgent envers lui pendant longtemps, à cause de son père, mais il fut révoqué en 1679. Cependant Colbert le rétablit, l'envoya au Hâvre, à Rochefort et à Marseille, comme intendant des galères (cf. P. Clément, *Histoire de Colbert*, I, p. 470-472). — Pendant le retour des galères, Pierre Arnoul tomba gravement malade. Arnoul à Colbert (23 novembre) : « Les galères et les quilles [de galères] sont arrivées en même temps, et j'aurois eu joie et satisfaction entière, si mon fils s'étant trouvé à Rome, M. le général ne l'avoit point obligé à s'embarquer pour prendre soin de ses galères jusques à Marseille. Ce qu'il a fait. Mais on me l'a débarqué malade de la maladie des galères. Je prie Dieu qu'il me le conserve, ayant pris son mal dans le service du maître et en faisant son devoir. » (Bibl. nat., Fr. nouv. acq. 21309, fol. 296.)

la mort du sieur du Coquel, contrôleur de ses[1] galères, nous avoit jeté.

Nous arrivâmes ici mercredi dernier[2] après avoir fait les deux derniers jours une force dont l'on ne croyoit pas capables les galères de V. M. (sic) après tous les bruits qui avoient couru ; le secours de cent cinquante hommes de chiourme que le sieur Arnoul avoit envoyé au devant de nous par la *Saint-Dominique* [3] n'a pas été inutile aux trois galères qui se trouvèrent les plus maltraitées, car elles ont fait la même force que les autres et sont venues comme elles depuis les iles d'Hyères jusques ici contre un vent assez frais. Nous avons eu quantité de malades, et même eu besoin de secours des galères de Malte pour remorquer les galères les plus incommodées, comme Sa Majesté l'aura déjà appris, et dont vous aurez sans doute été informé. Nous avons perdu un nombre assez considérable de chiourme, mais par un très grand bonheur, il se rencontre peu de très bons hommes dans le nombre des morts, parce qu'ils ont résisté à la fatigue du voyage et aux autres incommodités, dont il a été impossible de garantir la chiourme des méchantes eaux, du mauvais pain des Vénitiens et du froid

1. Une lettre identique dut être envoyée au roi en même temps ; cela explique une certaine confusion : *ses* galères pour : *les* galères *de S. M.*, et plus loin *V. M.*, au lieu de *S. M.*
2. 17 novembre.
3. Cette galère envoyée au devant de l'escadre sur l'ordre de Vivonne avait eu à lutter aussi contre le mauvais temps (Bibl. nat. Fr. nouv. acq. 21309, fol. 282 v°). — Arnoul avait envoyé à son fils l'ordre d'acheter vingt esclaves à Livourne pour renforcer la chiourme.

qui la surprit à Porto Ferrajo. J'ai remarqué durant le voyage avec toute l'exactitude possible ce qui se pratique dans les autres galères et surtout ce qui regarde les bonnevoglies. J'espère que nous en trouverons ici à peu près sur le même pied et que nous n'aurons pas de peine par ce moyen à mettre l'année qui vient un nombre considérable de galères à la mer [1].

XCII.

LE DUC DE NAVAILLES AU COMTE DE VIVONNE.

S. l., 4 décembre 1669.

Calomnies des Vénitiens qui dénigrent les Français à Rome. Observations sur la santé des troupes à Candie. — (Fol. 272, n° 249.)

J'ai été extrêmement en peine de votre santé jusques à ce que j'aie appris qu'elle étoit bonne et que vous étiez à Rome avec M. Colbert [2], à qui je n'écris pas, ne sachant là où il est et croyant qu'il s'en reviendra par terre. Je vous adresse celle-ci à Marseille.

Nous avons eu un grand besoin de votre secours auprès de Sa Sainteté où Messieurs les Vénitiens nous ont bien taillé en pièces [3], et cette conjonc-

1. La fin de cette lettre n'intéresse pas l'expédition de Candie.
2. Colbert de Maulevrier.
3. Cf. Terlinden, *op. cit.*, p. 263. Bourlémont à Lionne, 24 septembre 1669 : « Il eût été bien à propos que M. le duc de Navailles partant de Candie eut écrit ici les motifs de son départ pour fermer la bouche à ceux qui en parlent si désa-

ture a été très heureuse pour désabuser les Italiens. Je ne puis pas m'empêcher de vous en remercier, l'affaire ne pouvant tomber en meilleures mains que les vôtres pour soutenir nos intérêts. Il faut avec ces Messieurs avoir de la connoissance et de la fermeté. Ils avancent les choses avec une impudence effrontée, et cela n'a pas laissé de faire effet comme vous aurez appris, et l'ordre que je reçus d'aller chez moi attendre ceux de Sa Majesté fait assez voir que ceux qui commencent à se plaindre et qui crient le plus font souffrir l'innocence et coupent la gorge aux gens qui ont mérité un meilleur traitement[1]. A cela, il faut se donner de la patience, le temps et ce que vous avez déjà fait par avance éclaircira les affaires.

L'on doit bien voir par les souffrances, que vous avez eues en votre particulier et les galères de Sa Majesté, combien il étoit nécessaire de prendre le parti de se retirer. Ils ne peuvent se désabuser sur l'abondance où nous étions en Candie, sur la facilité qu'il y avoit de retirer les choses dont nous avions besoin des îles de l'archipel, et des grands secours que l'on pouvoit avoir de Candie. Celui

vantageusement pour lui ; et je m'assure que lorsque l'on saura ses raisons, l'on ne lui donnera pas tout le tort que l'on fait. Il y a des principaux de cette cour qui disent qu'il y a eu de l'impatience en son départ de n'avoir pas attendu les ordres du roi, mais que les traitements peu favorables qu'il a reçus des Vénitiens l'ont chagriné. Le pape a un extrême déplaisir de ce départ si prompt. » (Arch. des Affaires étrangères, *Rome*, Correspondance, t. 200, fol. 129.)

1. On sait que Navailles, peu après son retour, fut disgracié. (Voir l'Introduction.)

que vous en avez tiré pour nos galères coûtera cher à Sa Majesté, ayant appris que les chiourmes de vos galères étoient en méchant état, et il ne faut pas douter que ce ne soit la méchante nourriture qu'ils ont eu de ce biscuit pourri, qui les ait mis en cet état, et sans la précaution que vous eûtes à Standia de faire faire du pain frais au sieur Jacquier pour nos malades et leur faire donner quelque peu de vin, je crois que les galères couroient risque d'être perdues.

J'ai bien de la joie de vous savoir rendu à bon port, vous assurant que l'estime et l'amitié que j'ai pour vous m'obligeront toujours de m'intéresser extrêmement en toutes les choses qui vous regardent et que vous m'aurez jamais de serviteur ni d'ami plus sincère et assuré et fidèle que...

APPENDICES

I.

LETTRES DIVERSES

1.

COMMISSION EN FAVEUR DU COMTE DE VIVONNE.

Paris, 4 avril 1669.

« Commission au sieur comte de Vivonne pour commander l'armée navale en l'absence de M. le duc de Beaufort. » — (Arch. nat., *Marine*, B⁶ 1, fol. 65.)

Louis, par la grâce de Dieu roi de France et de Navarre, à tous ceux qui ces présentes lettres verront, salut. Ayant résolu d'envoyer en Candie notre armée navale sous le commandement de notre cousin, le duc de Beaufort, pour y porter un nombre considérable de troupes, que nous avons destinées pour le secours de cette importante place, et étant nécessaire de faire choix d'une autre personne en qui nous puissions prendre une entière confiance pour commander notre armée navale, nous avons estimé que nous ne pouvions mieux jeter les yeux que sur notre cher et bien amé le comte de Vivonne, capitaine général des galères de France et notre lieutenant général es mers de Levant, tant pour l'expérience que nous savons qu'il s'est acquise aux emplois de la mer dans les derniers voyages qu'il a fait, que pour les diverses preuves qu'il nous a données de son zèle et de son affection à notre service et pour l'accroissement de notre gloire.

A ces causes nous l'avons commis, ordonné et établi, com-

178   APPENDICES.

mettons, ordonnons et établissons par ces présentes lignes de notre main pour commander en l'absence de notre dit cousin notre armée navale et la faire agir pendant cette campagne, ainsi que les occasions s'en présenteront et qu'il le jugera à propos pour le succès d'une entreprise si importante à toute la chrétienté. Si donnons en mandement à nos lieutenants généraux en nos armées navales, chefs d'escadre, capitaines, lieutenants et autres officiers étant sur notre dite armée navale, de reconnoître et obéir au dit sieur comte de Vivonne es choses concernant le présent pouvoir sans aucune difficulté, comme aussi à tous gouverneurs et à nos lieutenants en nos provinces maritimes de le recevoir, et la dite armée navale dans leurs ports et havres, et de lui donner et à notre dite armée toute l'aide et assistance dont il aura besoin. Car tel est notre plaisir. En témoin de quoi, nous avons fait mettre notre scel à ces dites présentes. Donné à Paris, le 4ᵉ jour d'avril, l'an de grâce MVIᶜ soixante neuf, et de notre règne le vingt-sixième.

Signé : Louis, et sur le repli : *Par le Roi*, Colbert, et scellé.

II.

COLBERT AU DUC DE BEAUFORT.

Saint-Germain-en-Laye, 31 mai 1669.
Invitation à un prompt départ. Approbation des ordres donnés à Vivonne. — (Arch. nat., *Marine*, B² 9, fol. 152 v°.)

Le Roi attend à présent les nouvelles de votre départ avec impatience, Sa Majesté n'estimant pas qu'il y ait plus rien qui vous puisse retenir, d'autant plus que votre présence à Marseille aura sans doute fait partir les vaisseaux de nolis ; et ainsi tout étant disposé du côté de la terre, il n'y a pas d'apparence que rien vous ait pu retarder.

Sa Majesté vous fait savoir ses intentions par sa dépêche sur le nombre des canons dont on a déjà trop surchargé deux de ses meilleurs vaisseaux. Sa Majesté a approuvé les ordres que vous avez donnés à M. le comte de Vivonne pour la navigation des galères et pour le rendez-vous.

Il ne me reste qu'à vous souhaiter bon et heureux voyage et que vous nous donniez, s'il vous plait, de vos nouvelles par toutes les occasions que vous trouverez.

En marge : De la main de Monseigneur. Bon.

III.

LE DUC DE BEAUFORT A LOUIS XIV.

Toulon, 2 juin 1669.

Hommages adressés au roi à la veille du départ. L'état de l'escadre. — (Bibl. nat., *Mélanges Colbert*, vol. 153 *bis*, fol. 67.)

Je ne prétends être au monde que pour obéir aux ordres de Votre Majesté avec tout le respect imaginable. Je prie Dieu qu'il m'abandonne si j'ai jamais d'autre pensée. Je la supplie très humblement d'avoir agréable que je lui renouvelle, en mettant à la voile pour Candie, les assurances de mes respectueux services et que j'aie l'honneur de lui demander sa protection pour mon neveu, qui est à Paris seul et sans appui que celui de la bienveillance de V.M.[1]

Si ses navires trouvent des corsaires d'Alger, nous en enverrons d'esclaves ici. J'apréhende qu'en faisant une route fort régulière étant chargés de troupes, je ne puisse donner chasse presque à aucun. Du reste, Sire, j'irai demain mettre au large avec tous vos vaisseaux à quatre

1. Sans doute le chevalier de Vendôme, qui rejoignit son oncle à Candie.

lieues d'ici, et après demain, si le vent me le permet, je mettrai tout à fait à la voile. Pourvu que nous nous garantissions des maladies, à quoi je m'appliquerai de tous mes soins, j'espère que le secours que V. M. envoie en Candie, paraîtra de toute manière. Je laisserai ici le nombre de voiles qui iront à ce voyage, ne le sachant pas au vrai ; en pouvant encore arriver deux ou trois entre ci et le jour du départ.

Je crois que nous sommes tous contents les uns des autres et qu'il y a une entière union et amitié parmi ce qui est ici de gens de terre et de mer. Je ne vois aucune apparence qu'il y puisse avoir rien au contraire. Tout se fait d'un même concert. Nous serions bien malheureux d'être d'un autre esprit. Cela, ce me semble, peut donner un grand respect et satisfaction à V. M., laquelle me fera la grâce, s'il lui plaît, de me tenir pour sa véritable créature. Toutes sortes de raisons m'y obligent et beaucoup plus celle que je n'oserois dire pour ne pas manquer au respect que celle du devoir. C'est de quoi je la supplie très humblement d'être persuadée, et que je suis la dernière soumission, Sire, de Votre Majesté, le très humble, très obéissant et très fidèle serviteur,

Le duc de Beaufort.

A Toulon, ce 2ᵉ juin 1669.

IV.

LE DUC DE NAVAILLES A COLBERT.

Toulon, 2 juin 1669.

Observations sur l'état des troupes embarquées très à l'étroit à bord des vaisseaux. Précautions à prendre contre les maladies contagieuses au retour. — (Bibl. nat., *Mélanges Colbert*, vol. 153 *bis*, fol. 65.)

Monsieur,

Je ne me suis pas donné l'honneur de vous écrire depuis

que je suis à Toulon, ayant cru que je devois attendre notre embarquement pour vous faire savoir que les troupes sont en bon état et que tout se dispose à nous faire espérer une bonne issue de notre voyage, les soldats étant un peu pressés, mais cela ne se peut autrement tant que l'on embarquera des troupes sur les vaisseaux de guerre, quoiqu'ils soient grands. Leur équipage et la quantité de canons, dont ils sont remplis, emporte la plus grande partie des vaisseaux. Si Sa Majesté avoit quelque pensée pour faire trajetter des troupes, je crois qu'une douzaine de grandes flûtes ne seroit pas une dépense inutile.

Je me donne l'honneur d'écrire à Sa Majesté sur le sujet de notre retour et lui représente qu'il sera malaisé que nous ne rapportions des maladies dans cette province, si l'on ne se précautionne. Il faudroit pour cela faire travailler au camp, qui est une péninsule, qu'avec très peu de frais l'on pourroit renfermer et y faire construire cinq ou six mille huttes et un grand couvert pour l'hôpital.

J'en ai parlé à MM. les procureurs du pays et leur ayant fait connaître l'intérêt de la province en ce rencontre, je crois que s'ils étoient ménagés sur ce sujet, qu'ils contribueroient de bon cœur à une affaire qui me semble être de grande conséquence. D'autant plus que dans les provinces où il y a des ports de mer, l'on ne doit rien oublier pour prévenir les accidents que causeroient des maladies malignes.

Je vous fais mes excuses, si je m'étends au delà de mes limites, mais je connois votre bonté et bonnes intentions pour tout ce qui s'appelle le bien. C'est pourquoi je n'ai pas balancé à prendre cette liberté [1].

---

1. Colbert répondit le 18 juin à cette lettre, prévenant Navailles qu'il avait donné ordre aux procureurs de Provence de faire bâtir des huttes et baraques dans la péninsule qui ferme le port de Toulon, pour recevoir les troupes de Candie en quarantaine. (P. Clément, *Lettres, instructions... de Colbert*, t. III, 1re partie, p. 134-135.)

Il ne me reste, Monsieur, qu'à vous remercier très humblement de l'honneur que vous m'avez fait de vous souvenir de moi dans la lettre que vous m'avez écrite à Monsieur votre frère, et à vous assurer de ma parfaite reconnoissance. Je me flatte que vous et lui serez contents de ma conduite sur son sujet, et je vous avoue que son procédé est si honnête et si plein de zèle et de soin pour tout ce qui regarde le service, que j'en ressens une joie très particulière.

M. d'Infreville et M. Arnoul nous ont donné toutes les assistances nécessaires, dont je vous remercie très humblement, et vous assure que personne ne peut être plus véritablement, Monsieur,

Votre très humble et très obéissant serviteur,

LE DUC DE NAVAILLES.

A Toulon, le 2ᵉ juin 1669.

En m'embarquant, j'ai reçu la lettre que vous m'avez fait l'honneur de m'écrire avec le mémoire qui traite des affaires de Candie. Je le verrai avec toute l'application que je dois et vous suis très sensiblement obligé d'avoir bien voulu prendre cette peine.

V.

COLBERT DE MAULEVRIER A COLBERT.

[Toulon,] 4 juin 1669.

État des troupes embarquées pour Candie. Le vent empêche le départ. La navigation des galères encore peu éloignées. La santé du duc de Navailles ; soucis de Beaufort pour les vivres. — (Bibl. nat., *Mélanges Colbert*, vol. 153, fol. 121.)

Du bord du Vice-Amiral, le mardi au matin, 4ᵉ juin 1669.

Je vous envoie, Monsieur mon frère, l'extrait de la

revue que nous avons fait en embarquant les troupes[1] ; par lequel vous verrez le bon état auquel elles sont. Je n'aurois jamais vu l'infanterie si bonne qu'elle est en effet, et hors deux ou trois régiments qui n'ont pas fait leur devoir, je n'en sache point de meilleure dans tout le royaume pour les gens détachés du régiment des gardes, les trois cents chevau-légers, les deux cents officiers réformés et les deux cent cinquante mousquetaires. Il n'y a rien à désirer pour tous ces gens là qu'une occasion prompte où ils puissent trouver matière d'exercer leur bravoure.

Il y a deux jours que nous sommes tous sur nos bords en attendant le vent. Il est nord-est à présent mais il change à tout moment. C'est ce qui nous fait espérer qu'il deviendra plus favorable. Monsieur l'amiral n'attend que cela pour appareiller, faire saluer le pavillon du pape, qu'il n'a pas encore déferlé, et puis mettre à la voile demain ou après demain au plus tôt, comme je me suis donné l'honneur de vous le mander par ma précédente. Nos galères n'ont pas fait tant de diligence que je croyois. Elles étoient encore vendredi dernier, 31ᵉ du mois passé, à Agay qui n'est qu'à quinze lieues d'ici[2].

Notre armée est pourvue de toutes choses, nos navires bien équipés et les généraux de mer et de terre dans une très bonne intelligence, en sorte que tout s'y fait d'un concert admirable. Il n'y a que la santé du Monsieur le duc de Navailles qui me paraît bien délicate et capable de résister à la fatigue d'un aussi grand voyage que celui-ci[3]. Il faut espérer que Dieu bénira ses intentions et lui donnera des forces. Je n'ai point vu d'homme si droit et si détaché de toute sorte d'intérêt, qu'est celui-là.

1. Bibl. nat., *Mélanges Colbert*, vol. 153, fol. 122.
2. *Agay*, Var, commune de Saint-Raphaël. Les galères partirent de ce port ce jour-là, à midi, pour se rendre à l'île Sainte-Marguerite. (Cf. plus loin le journal de Duché de Vancy.)
3. On a vu en effet plus haut que Navailles tomba malade à Candie.

Vous voulez bien que je vous remercie très humblement de tous les soins qu'il vous a plu prendre de l'accouchée et de l'honneur que vous lui avez fait de la visiter. Je suis avec tout le respect que je dois, Monsieur mon frère, votre très humble et très obéissant serviteur,

Colbert de Maulevrier.

Monsieur l'amiral m'envoie quérir pour proposer de faire reprendre à terre par tous les navires les huit jours de vivres que les troupes ont déjà consommés depuis l'embarquement[1]. Le vent d'ailleurs étant contraire, cela va encore retarder au moins deux jours et, si je ne crois pas qu'on en puisse faire à Toulon, la ville étant épuisée de toutes choses [2]...

VI.

LE DUC DE BEAUFORT A COLBERT

En mer, 5 juin 1669.

La navigation est toujours favorisée par le vent. Crainte de manquer de vivres au retour. L'aménagement du *Monarque*. — (Bibl. nat., *Mélanges Colbert*, vol. 153, fol. 155).

A bord du *Monarque*, le 5ᵉ juin 1669.

Nous sommes au large, à deux lieues de terre, à la voile. Le vent nous porte à la route. S'il veut continuer, quoique faible, nous n'en perdrons pas la faveur. Je souhaiterois de tout mon cœur que nous eussions remplacé les vivres que nous avons mangé dans le port. Cela auroit servi au retour des troupes pour lesquelles j'ai un peu d'inquiétude sur ce sujet[3]. Outre ce qu'il vous plaira de

---

1. Cf. la lettre suivante.
2. La fin de la lettre manque.
3. Cf. la lettre précédente.

faire pour cela, je crois qu'il seroit bon de faire tenir des lettres de change à Venise, à Ancône et en Sicile, car pour le secours d'une seconde escadre après nous, n'étant pas prête, je doute qu'elle puisse arriver à temps, vivres ni équipages n'étant point en état. Dieu et le bonheur de Sa Majesté nous feront vaincre toute sorte de difficultés. Si j'en suis cru, nous exécuterons ce que nous aurons à faire en peu de temps. Toutes raisons nous portent à cela. L'honneur de vos bonnes grâces m'est plus à désirer en ce rencontre épineux qu'en aucun autre. Je souhaite que la même vigueur qu'ont nos gens présentement, continue en Candie.

Le duc de Beaufort.

Il a été d'une absolue nécessité, Monsieur, de faire faire un ameublement pour le *Monarque*. La dépense en revient à sept ou huit mille livres [1]. On la rejette sur moi. Je ne sais pas pourquoi. Je vous prie, Monsieur, de m'expliquer là-dessus votre intention et de vouloir bien considérer que j'ai mis à l'épreuve cette année le crédit de mes amis à un point que ce ne sera pas sans peine que je m'en tirerai.

VII.

COLBERT DE MAULEVRIER A COLBERT.

Le cap Passaro, 12 juin 1669.

Nouvelles de la navigation de la flotte. — (Bibl. nat., *Mélanges Colbert*, vol. 153, fol. 379.)

A bord du Vice-Amiral, à la rade du cap Passaro, le mercredi à 10 heures du matin, 12e juin 1669.

---

1. D'Infreville à Colbert (*Mélanges Colbert*, vol. 153, fol. 199), 7 juin 1669 : « Le *Monarque* paraissoit dans cette flotte comme une merveille. Il est accompagné de quatorze navires de guerre des plus grands et des plus beaux de la mer... Nous les avons

Vous verrez, Monsieur mon frère, par le Journal de notre navigation que je vous envoie [1], qu'il ne s'en est jamais faite une plus heureuse que la nôtre l'a été jusqu'ici. Le vent a toujours été favorable et assez frais pour avancer sur notre route sans être incommodés de la mer, en sorte que hors les deux premiers jours qu'il a fallu payer le tribut qu'on lui doit [2], tous nos gens se sont très bien portés jusqu'ici et je ne doute point, si le temps continue, comme il a grande apparence, que nous n'arrivions en Candie tous en état de faire une grande exécution sans être embarrassés que d'un très petit nombre de malades. J'ai attendu jusqu'ici pour fermer ma lettre pour vous dire des nouvelles de nos galères, mais nous n'en avons aucune non plus que de Candie. C'est ce qui fait que nous continuons notre route sans prendre aucun rafraîchissement ici afin de profiter du bon vent qui continue à nous être tout à fait favorable. Je suis, Monsieur mon frère, avec beaucoup de respect, votre très humble et très obéissant serviteur,

Colbert de Maulevrier.

Nous continuons notre route droit au Cérigo, notre rendez-vous général.

---

vus s'éloigner de nous capables d'étonner les lieux où ils aborderont. » Sur les défauts et les dorures du *Monarque*, voir plus loin la lettre de Beaufort à Colbert du 16 juin.

1. Nous le publions ci-après.
2. Le duc de Beaufort à Colbert (*Mélanges Colbert*, vol. 153, fol. 310), 10 juin 1669 : « ...Nous partîmes mercredi dernier de Toulon, mais je fus contraint d'attendre en panne hors des terres jusques au soir que tous les marchands fussent sortis de la rade. Je fis bonne route la nuit et jusqu'au jeudi au soir par le vent de nord-ouest très frais. Cela fit purger tous nos Messieurs d'importance, ce qui les tient en santé, n'y ayant pas un, Dieu merci, de malade. Le calme nous prit jeudi au soir jusqu'au lendemain midi que le ponant nous adonna. Lequel nous a mené très agréablement jusqu'ici. »

VIII.

JOURNAL DE LA NAVIGATION DE L'ARMÉE DEPUIS TOULON JUSQUES AU CAP PASSARO.

Le cap Passaro, 12 juin 1669.

Relation très brève du voyage. — (Bibl. nat., *Mélanges Colbert*, vol. 153, fol. 380.)

Le mercredi, 5º du mois de juin 1669, sur les dix heures du matin, l'armée navale de France, composée de seize vaisseaux de guerre commandés par Monseigneur l'amiral en personne, montant celui que l'on nomme le *Monarque*, de cinq brûlots, de deux autres navires, dont l'un sert de magasin et l'autre d'hôpital pour la dite armée, de dix-sept autres navires marchands et de douze polacres, tartanes ou barques chargées de vivres et munitions, est partie de la grande rade de Toulon avec un vent d'ouest, cinglant au sud tout le jour et la nuit et a fait 80 milles.

Le lendemain jeudi, 6º du mois, le vent étant nord-ouest, la dite armée cinglant au sud jusques au soir a fait 88 milles.

La nuit, le vent étant ouest et petit vent jusques au matin, elle a fait 16 milles.

Le lendemain, vendredi, 7ᵉ du dit mois, la mer étant calme, la dite armée est demeurée en bonneau [1] jusques à 6 heures du soir, que le vent s'étant mis d'abord à l'ouest et puis à l'ouest-nord-ouest, le reste du jour et la nuit, cinglant au sud-sud-est a fait 60 milles.

Le lendemain, samedi 8ᵉ, le vent étant nord-ouest, bon et frais, ayant le cap au sud-sud-est, elle a fait cingler jusques à 10 heures du matin et a fait 36 milles.

Le restant du jour, cinglant au sud-est, ayant découvert sur le soir les îles de Saint-Pierre, qu'elle a laissées à

---

1. Amarrée aux bouées.

gauche, environ 7 ou 8 lieues, et cinglant à l'est, elle a fait 88 milles.

La nuit, cinglant à l'est, elle a fait 80 milles.

Le lendemain, dimanche 9°, le vent étant nord-ouest, petit vent, elle a reconnu Cagliari, capitale de Sardaigne, qu'elle a laissée à 7 ou 8 lieues à gauche ; puis, ayant le cap à l'est, et cinglant jusques au soir, elle a fait 60 milles.

La nuit, cinglant à l'est quart de sud-est, elle a fait 40 milles.

Le lendemain, lundi 10°, le vent étant nord-ouest, petit vent, ayant le cap au sud-est, et cinglant jusques à midi, 32 milles.

Le reste du jour, le vent étant ouest, ayant le cap au sud quart de sud-ouest, elle a fait 48 milles.

Et la nuit, côtoyant la Sicile, en cinglant au sud-est, elle a fait 32 milles.

Le lendemain, mardi 11, cinglant toujours au sud-est, elle a fait 80 milles.

Le lendemain, mercredi 12, l'armée a mis en panne à la rade du cap de Passaro, où après s'être informée inutilement du passage des galères comme aussi des nouvelles de Candie dont elle n'en apprit aucune, elle a continué sa route.

IX.

LE DUC DE BEAUFORT A COLBERT.

Zante, 16 juin 1669.

Nouvelles de la traversée et des troupes embarquées sur les vaisseaux. Remarques sur les défauts du *Monarque* et sur son ornementation. — (Bibl. nat., *Mélanges Colbert*, vol. 153 *bis*, fol. 492).

A bord de l'Amiral, du travers de Zante, le 16° de juin 1669.

Nous mîmes à la voile du cap Passaro le mercredi [1] à midi, après avoir donné part à sa Sainteté de notre passage, à M. de Rospigliosi et à M. de Vivonne [2], pressant ces deux derniers de venir incessamment au Cérigo. Je laissai aussi des lettres au dit cap afin d'avertir tous les bâtiments, qui y pouvoient venir, que j'y avois touché. Ce fut de là que j'eus l'honneur d'écrire à Sa Majesté et à vous aussi, Monsieur, en rendant compte de notre heureuse navigation. Elle n'a pas été si prompte depuis la Sicile qu'elle l'avoit été par delà, le calme nous ayant tenu plus de deux jours. Avec cela j'espère être ce soir à la Sapienza, et sans m'arrêter un moment, j'irai droit au Cérigo, même en Candie, s'il est nécessaire.

C'est un miracle jusqu'à présent de voir le peu de malades que nous avons. Il n'y en a dans ce navire que six du régiment des gardes qui le sont médiocrement, dans les autres presque point. Il n'y a précaution au monde que nous ne prenions pour mettre ces troupes en bonne santé à terre. Les officiers généraux et autres en rendront bon compte un jour.

J'ai sur le *Monarque* près de quatorze cents hommes à nourrir, qui est trois cents de plus que je ne croyois. Ce surcroît vient de force gentilshommes dans le régiment des gardes qui portent le mousquet, dans nos troupes aussi et parmi les gardes de la marine. Il y a peu de vaisseaux qui n'aient trente hommes plus que leur monde, en sorte que ces troupes seront tout au moins complètes en les débarquant.

Tous les officiers généraux et autres se portent fort bien.

Le vaisseau que je monte a d'assez grands défauts. Il ne porte point la voile. Sa batterie de bas est presque inutile et gouverne très peu. Il y aura remède à tout cela quand

---

1. Le 12 juin. Cf. le *Journal* ci-dessus.
2. Ce jour-là, Vivonne était à Rome et ses galères à Civita Vecchia.

nous serons revenus à Toulon. J'y ai mandé déjà par avance qu'on raccommodât le *Royal Louis* et le *Royal Dauphin*, car ce seroit la même chose que celui-ci. Ce que j'ai bien jugé dès que je les ai vus une première fois, mais je n'osois jusqu'à l'épreuve vous en rien mander. J'ai écrit même à Brest l'avis de tous ceux du métier, afin qu'au *Soleil Royal* dès le pied de la mer on lui donnât plus de soutien et point de gaillard d'avant ni arrière, ce qui envolume trop le navire. Ils en ont donné à Toulon à ces trois grands sans le communiquer à personne. Dès Paris, j'écrivis qu'on les ôtât à ce vaisseau-ci, mais étant alors trop avancés, il n'y a pas eu moyen de les lever. Si Rodolphe suit mon sentiment, il aura rasé le *Royal Dauphin*, en étant convenu avec lui avant de partir. J'ai grand peur qu'il faudra faire de même à celui-ci, car sa grande hauteur l'encombre tellement qu'il est impossible qu'il puisse porter la voile.

Je me donne l'honneur de vous écrire toutes ces choses qu'on ne peut remarquer qu'à la mer pour en être bien assuré. J'ai mandé les mêmes choses à M. de Terron[1]. Pour les autres navires, ils ont bien navigué jusqu'à présent. Le *Monarque* ne laisse pas que d'aller autant bien qu'il se peut pour sa grandeur. On en fera un bon navire un jour. Pour beau, il l'est parfaitement. Je le fais dorer tous les jours à la mer, en sorte qu'il sera achevé de l'être dans quatre ou cinq [2].

Je viens de rencontrer une barque voyant les terres de la Sapienza, qui sort de Candie. Elle dit que la ville est très pressée par les Turcs, qu'ils ont pris le port Saint-André, y ont mis une batterie, que les Allemands les en ont chas-

1. Colbert de Terron, intendant à la Rochelle.
2. Sur la beauté du *Monarque*, cf. Bussy-Rabutin, *Correspondance*, t. I, p. 170. « Il faut que je vous dise, Monsieur, que l'on ne peut voir un plus beau vaisseau que celui que montera M. l'amiral. Il est percé pour quatre-vingts pièces de canon et est enrichi par sa dorure et ses figures de sculptures de la valeur de cent mille écus. C'est ici sa première sortie. Il a été construit dans le port de Toulon. »

sés, puis que les Turcs y sont revenus, qu'on attend l'armée venant de France avec impatience, que dans Candie il y a force troupes, on dit 15^m hommes (j'en doute), que dès que nous y serons, on fera sauter le bastion pour aller aux ennemis plus facilement. J'espère que nous y arriverons demain ou après, et que nous y ferons quelque grande et prompte action. J'espère infiniment un heureux et prompt succès. M. d'Alméras est mouillé au Cérigo. Le patron de barque dit qu'il attend un ambassadeur turc pour porter en France.

Nous n'avons aucune nouvelle de nos galères. C'est dommage qu'elles ne soient pas avec nous. Mais, Dieu aidant, nous vaincrons toutes difficultés.

Le duc de Beaufort.

X.

COLBERT DE MAULEVRIER A COLBERT.

Candie, 30 juin 1669.

Détails sur la sortie et la bataille où disparut le duc de Beaufort, et l'état de la place dont la capitulation n'est que retardée par l'arrivée des Français. Manque de ressources des Vénitiens. — (Bibl. nat., *Mélanges Colbert*, vol. 153 *bis*, fol. 931.)

A Candie, ce dimanche dernier jour de juin, à cinq heures du soir.

Je vous supplie très humblement de m'excuser si je n'écris pas toute cette lettre de ma main, la foiblesse et la lassitude que je sens ne me le permet pas. La maladie de M. Le Bret[1], qui a la fièvre depuis quatre ou cinq jours, m'a obligé de prendre beaucoup sur moi. J'en serai quitte

---

1. Sur Alexandre Le Bret, ingénieur à Candie, cf. Jal, *op. cit.*, I, p. 578, n. 2.

pour garder la chambre deux ou trois jours seulement. Vous verrez par les relations qu'on envoie à la Cour ce qui s'est passé à l'attaque de la Sablonnière le lendemain de la Saint-Jean.

M. le duc de Navailles en envoie une au roi en son particulier, où il me fait beaucoup plus d'honneur que je ne mérite, n'ayant eu presque point de part à cette action là, mon dit sieur le duc de Navailles m'ayant obligé de rester avec les troupes de la marine pour les commander ce jour là sous Monsieur l'amiral, lesquelles troupes achevant de débarquer si tard et avec tant de confusion que leurs officiers, à qui j'avois donné l'ordre de bataille et fait entendre ce qu'ils avoient à faire, n'eurent pas le temps de rien exécuter de ce que je leur avois dit, de manière qu'on ne put pas éviter le désordre que ces sortes de précipitation causent d'ordinaire.

Notre attaque étoit fort séparée de celle de M. de Navailles, mais nous devions nous joindre après avoir marché quelque temps. La malheureuse destinée de Monsieur l'amiral est la chose du monde la plus déplorable. Le soin qu'il prit de s'échapper de moi et d'éloigner tous les siens d'auprès de sa personne ne se comprendra jamais. Comme je fus obligé d'aller et de venir pendant tout le temps que dura l'attaque pour rassembler ce que je pouvois de ses troupes, il n'y eut personne à qui je ne demandai de ses nouvelles et jamais qui que ce soit ne m'en sut rien dire.

Nous étions convenus lui et moi de sortir par un même endroit du poste où nous avons passé la nuit et ensuite mettre ses troupes en bataille pour aller de là aux ennemis, mais il est vrai que plus d'une demi-heure auparavant qu'il fut temps de sortir, il me quitta et oncques depuis je n'en ai ouï parler. J'ai su depuis qu'il étoit sorti par un endroit tout opposé à celui dont nous étions convenus.

Ce qu'on peut dire en général de cette petite bataille, c'est que l'action est grande et hardie et que M. de Navailles a fait tout devoir de soldat et de capitaine [1], mais son malheur et le nôtre est que les troupes que nous avons l'honneur de commander, tant officiers que soldats, ne valent pas grand chose, et quand le roi lai[sse]roit périr ici ce qui nous en reste, il ne feroit pas grande perte [2]. Je ne doute point que beaucoup de gens n'informent la Cour de l'état de toutes choses, mais le péril auquel nous sommes exposés ici ne me paroit rien à l'égal du risque que nous courrons d'être déshonorés quand nous aurons quelque affaire à soutenir avec ces gens là. Nous ferons pourtant tout notre possible pour leur remettre le cœur plus qu'ils ne sont. Quand cela sera et que nous aurons quelque heureux succès dans nos entreprises, ce sera alors que je prendrai plaisir à vous rendre un compte exact de tout ce qui s'y sera passé de glorieux pour notre nation.

1. Lire le récit détaillé de la bataille dans les *Mémoires ou relation militaire*, par un Capitaine françois, p. 282 et suiv. Voici ce qui a trait à Colbert et à Navailles, p. 290 : « Le sieur Colbert de son côté fit en vain tout ce qu'il put pour rallier les troupes de la marine et les ramener aux ennemis. Voyant donc que tous ses efforts étoient inutiles, il se joignit avec cinquante mousquetaires aux premiers bataillons du duc de Navailles, et firent avec cette poignée de monde des efforts qui surpassèrent tout ce que l'imagination en pourroit concevoir. Ce duc chargea pour la dernière fois à la tête d'un escadron et de ce qu'il put rallier, et manda son corps de réserve que commanda le comte de Choiseul, mais il étoit attaqué par plusieurs bannières qui venoient de toutes parts du camp de S. André et de Candie neuve. Toutefois ce comte avec le sieur Le Bret tournèrent aux ennemis et eurent chacun un cheval de tué sous eux et la plupart des officiers qui les suivirent y demeurèrent ou furent blessés. »

2. Rapprocher ceci des éloges que le même Colbert faisait de ces troupes le 4 juin, lors de leur embarquement (voyez plus haut), et de la lettre n° LXXV où Louis XIV exprime son mécontentement de la conduite de ses troupes.

Nous avons eu des nouvelles des galères[1] ; l'on croit qu'elles arriveront dans deux ou trois jours. Il arriva hier quelques vaisseaux aux Vénitiens qui leur portent quinze ou seize cents hommes de secours dont ils avoient grand besoin. Je suis obligé de rendre témoignage de la bravoure de M. le chevalier de Vendôme qui voulut monter à cheval le jour de l'occasion et avoir paru à l'action[2], et il reçut même un coup dans ses armes, à ce que l'on m'a dit.

Ce mardi, 2° juillet, à quatre heures du soir.

Si l'on considère l'état où étoit cette place quand nous sommes arrivés, les Vénitiens manquant d'hommes et de toutes les choses nécessaires à la défense, ayant véri-

1. Ce jour-là, les galères longeaient les côtes de Messénie.
2. C'était la première bataille à laquelle il assistait. Il fit de nombreuses recherches après la bataille pour avoir des nouvelles de son oncle. « Le même jour et le suivant, Monseigneur le chevalier de Vendôme fit faire toute la perquisition possible pour avoir des nouvelles de Monseigneur son oncle. Il s'adressa d'abord pour cela à M. de Morosini, capitaine-général des Vénitiens, le priant instamment d'en faire une exacte recherche par ses espions ; trois ou quatre jours se sont écoulés à cela sans qu'on ait pu rien apprendre par cette voie. Pour se tirer de peine, on a dû recourir aux ennemis mêmes. On leur a envoyé une chaloupe avec pavillon blanc, commandée par un lieutenant de l'Amiral appelé le chevalier de Flacourt avec ordre de prendre langue sur ce sujet avec adresse et précaution. Il a fait trois voyages toujours sans déclarer le nom de Monseigneur l'amiral et ce qu'il nous a rapporté en dernier lieu a été qu'autant qu'il a pu inférer des réponses et déclarations que les Turcs lui ont faites, touchant les prisonniers, mon dit seigneur ne peut être du nombre. D'où il faut inférer qu'il est demeuré sur le champ de bataille. Ce qui est d'ailleurs très vraisemblable, y ayant toute apparence que son grand courage lui aura plutôt fait prendre le parti de mourir en se défendant vaillamment qu'à se livrer à de vils ennemis comme ceux-là... » *Relation de ce qui s'est passé dans la sortie... du 25 juin 1669*, aux Arch. nat., *Marine*, B³ 4, fol. 222.

fié qu'ils n'avoient pas deux mille hommes, l'on trouvera sans doute que les troupes du roi ne rendent pas un petit service à la Chrétienté d'en retarder la prise de quelques mois comme j'espère qu'elles feront. J'ai été quatre jours languissant et même assez mal, mais, Dieu merci, par le moyen de quelques remèdes me revoilà sur pied et je vais reprendre mon service ordinaire. Comme cela m'occupe beaucoup, cela m'oblige à renoncer aux grandes lettres pour écrire quatre lignes seulement quand je pourrai.

XI.

COLBERT DE MAULEVRIER A COLBERT.

Candie, 4 juillet 1669.

Arrivée des galères. Détails sur une sortie commandée par Colbert. — (Bibl. nat., *Mélanges Colbert*, vol. 153 *bis*, fol. 932.)

A Candie, ce jeudi au soir, 4ᵉ juillet.

Enfin nos galères arrivèrent hier au nombre de 28, savoir les treize du roi notre maître, avec les trois galiotes font seize, cinq du pape font vingt et un, et sept de Malte font les vingt-huit. Hier, pendant que ces galères arrivoient, qui fut sur les 4 ou 5 heures du soir [1], on me donna le commandement d'une sortie qui réussit assez bien. J'avois 500 hommes de pied et 150 chevaux. Je me rendis maître de deux redoutes des ennemis où ils perdirent environ cent hommes des leurs. La sortie dura environ deux heures. M. de Navailles m'envoya commander par deux fois de faire sonner la retraite. Je la fis assurément avec assez d'ordre et M. le capitaine général et M. de Saint-André, qui étoit sur le rempart, ont témoigné

1. A 3 heures, d'après le *Journal* de Duché de Vancy.

en être fort satisfaits. J'en ai été quitte pour un cheval blessé sous moi, un gentilhomme à moi tué et un autre blessé.

Cette petite action qui s'est faite avec assez de succès et même de vigueur, a remis le cœur à tous nos soldats, et ils ont besoin d'un peu de succès pour les mettre en haleine. Je crois que nous ferons encore quelque effort à l'arrivée de nos galères.

Il n'y a plus que moi en état de commander les détachements qui seront faits de nos troupes. M. Le Bret a été blessé aujourd'hui entre M. le duc de Navailles et moi. Sa blessure est au bras. S'il en réchappe, comme il l'espère, il ne peut pas être en état d'agir de toute la campagne. Je suis, Monsieur mon frère, votre très humble et très obéissant serviteur,

COLBERT DE MAULEVRIER.

J'avois oublié quatre galères des Vénitiens qui font en tout trente-deux.

XII.

LE COMTE DE VIVONNE A LOUIS XIV.

Standia, 7 juillet 1669.

Les premiers actes après l'arrivée des galères à Candie. Départ d'Alméras et de son escadre. Le ravitaillement dans les îles de l'Archipel. Vivonne demande au roi le commandement d'une expédition militaire pour l'hiver suivant. — (Arch. nat., *Marine*, B^{4}3, fol. 291.)

Sire,

Si le courrier, que M. de Rospigliosi a fait partir en arrivant ici, fait la diligence qu'il se promettoit, Votre Majesté sera informée avant de recevoir celle-ci de la mort de M. de Beaufort, dont je lui écrivis la funeste nouvelle par ce courrier [1]. Elle en apprendra les particularités par toutes les lettres qu'elle recevra et surtout par celles de M. de Navailles, qui rend compte à Votre Majesté de tout ce qui s'est passé dans la sortie qu'il a faite avec ses troupes de terre et celles des vaisseaux.

C'est pourquoi je ne lui dirai point ce que j'en ai pu apprendre, sans avoir été dans la ville et sans avoir entretenu les généraux, laissant ce soin à ceux qui en sont mieux informés que moi.

Je croyois pouvoir aller dans la place le lendemain de notre arrivée, mais les vents de Nord, qui règnent ordinairement ici, et qui sont traversiers de la côte, ont été si violents, qu'ils nous ont retenu deux jours dans le port. Le calme de la nuit nous permit hier d'aller mouiller à la portée du canon de la ville, mais comme je me disposois le soir d'y entrer avec M. de Ropigliosi, pour conférer avec M. de Navailles et M. de Morosini, ce dernier nous manda que M. de Navailles avoit la fièvre et qu'il étoit dans un redoublement qui ne lui permettoit pas de parler d'affaires. De sorte que nous avons été obligés de revenir en ce port pour mettre les galères en sûreté, en attendant que M. de Navailles soit en état de nous voir et d'exécuter ce que nous résoudrons. Nous ne manquerons pas de lui donner tout le secours qu'il peut attendre de la mer, lorsqu'il le demandera.

J'envoie M. d'Alméras avec son escadre, que M. de Beaufort avoit retenue pour fortifier la sienne dans le dessein qu'il avoit de faire une descente. Il sera porteur de celle-ci comme de toutes les autres qui informeront V. M. de tout ce qui s'est passé ici. Je serai aussi obligé d'envoyer trois vaisseaux à Naxos, ou en quelque autre île de l'Archipel pour faire de l'eau et du bois et pour acheter des rafraîchissements qui manquent aux vaisseaux.

1. Voir p. 53.

Je ne manquerai pas d'exécuter ponctuellement les ordres que V. M. me donne de courir sur les corsaires d'Alger, d'autant plus qu'ils ont encore pris depuis peu une barque françoise. Et j'ose l'assurer que si je suis assez heureux pour en rencontrer quelqu'un en retournant, que cette canaille saura combien il est dangereux de mériter l'indignation d'un aussi grand monarque que V. M.

Je crois que je serai obligé de monter au retour sur les vaisseaux, parce que, toutes les troupes s'y devant rembarquer, il me semble que ma présence y soit plus nécessaire pour y maintenir l'ordre que sur les galères, qui n'auroient qu'à suivre M. de Rospigliosi jusques à Civita Vecchia, et de là se rendre à Marseille.

Je ne doute point que V. M. ne tienne cet hiver quelques vaisseaux armés pour leur faire faire la guerre, et si elle jette les yeux pour cet emploi sur celui de tous ses sujets qui a le plus de passion de la servir continuellement, j'espère avec une confiance bien fondée trouver les ordres de V. M. en arrivant à Toulon pour commander cette escadre.

Je supplie très humblement V. M. d'être persuadée que personne ne la sauroit servir avec plus d'attache et plus d'application que moi, ni borner plus véritablement sa fortune et son ambition au seul bien de lui plaire et de mériter quelque part en son estime. Ce sont choses que les courtisans peuvent dire tous les jours à V. M. aussi bien que moi, mais que pas un ne pense avec tant de sincérité, puisque les seules grâces que je lui demanderai de ma vie seront de me donner les moyens de lui faire connoître la vérité de ces sentiments. Je suis avec respect, sire, de votre Majesté, le très humble, très obéissant et très fidèle serviteur et sujet,

Vivonne.

A Standia, à bord de la Capitane, ce 7ᵉ juillet 1669 [1].

1. Cette lettre est accompagnée d'une autre dépêche pour Colbert sur les mêmes sujets. (Arch. nat., *Marine*, B⁴ 3, fol. 287.)

XIII.

M. DE LIONNE A SAINT-ANDRÉ, AMBASSADEUR A VENISE.

Saint-Germain, 21 août 1669.

Intentions du roi sur le maintien de ses troupes à Candie. — (Arch. des Affaires étrangères, *Venise*, Correspondance, vol. 89, fol. 270.)

Monsieur,

Le roi m'ordonne de faire savoir à V. E. sur le sujet du corps de troupes qu'il a dans la place de Candie, que comme Sa Majesté, en l'envoyant, fit état de le laisser à la défense de la dite place en cas de nécessité jusqu'à l'entrée de l'hiver, Sa Majesté nonobstant le grand échec qu'un malheur imprévu a voulu qu'il ait souffert dans sa première entreprise, préférant néanmoins le bien de la Chrétienté et celui du service et de l'avantage de la Sérénissime République à toute autre considération, persiste encore aujourd'hui dans sa première résolution et ne retirera le dit corps que vers le 20ᵉ ou 25ᵉ de novembre [1]. Dont elle a cru à propos que V. E. informât la République dès à présent tant pour lui faire connoître de plus en plus combien Sa Majesté prend à cœur ses intérêts, qu'afin qu'elle ait plus de temps de pourvoir de bonne heure ou par elle-même ou par les assistances aussi des autres princes et potentats à suppléer et à remplacer en ce temps là par

---

1. Voir plus haut (n° LXXIV) les instructions du roi à Vivonne expédiées à la même date.

d'autres troupes la sortie de la place de ce qui sera alors resté des siennes, selon qu'elle jugera qu'il en seroit besoin, si Dieu n'avoit pas béni leurs travaux par la délivrance des assiégés, comme elle veut encore l'espérer par la bonté divine, et Sa dite Majesté elle-même ne laissera pas de s'appliquer encore en son particulier à tout ce qui pourra être de l'avantage de la Sérénissime République. Cependant je demeure, Monsieur, de V. E. le très humble et très affectionné serviteur,

DE LIONNE.

XIV.

COLBERT DE MAULEVRIER A COLBERT.

Standia, 21 août 1669.

Refus de prendre part à la responsabilité du départ. Détails sur l'embarquement. Apologie de ses actions au cours de la campagne et notamment à la Sablonnière, où son mérite fut supérieur à celui de Dampierre. Nouvelles de sa blessure et de quelques officiers. — (Arch. nat., *Marine*, B⁴ 3, fol. 327.)

A bord de la *Princesse*, au port de Standia, le mercredi 21ᵉ août 1669.

Vous apprendrez par d'autres que par moi, Monsieur mon frère, les raisons qui ont obligé M. le duc de Navailles à rembarquer les troupes. Que l'on doive recevoir de la gloire ou du blâme de cette résolution, je n'y dois avoir aucune part, parce qu'il n'en est rien venu à ma connoissance que lorsqu'elle s'est exécutée.

L'on a commencé le rembarquement cette nuit passée [1] et je crois que dans cinq ou six jours on sera en état de mettre à la voile. L'on rembarque quinze cents blessés ou

---

1. Voir sur le rembarquement le *Journal* de Duché de Vancy

malades¹ et quatre mille hommes se portant bien tous, compris officiers, valets et autres gens suivant l'armée.

Les galères du roi partent en même temps et je m'en vais sur celle du commandeur de Gardanne pour prendre terre à la première ville d'Italie où l'on viendra me recevoir². Je m'y reposerai trois semaines ou un mois et me rendrai de là à Rome. L'on ne sait encore si les galères de Sa S^{té} et celles de la Religion de Malte partiront avec celles du Roi. M. le capitaine général Morosini fera tout ce qu'il pourra pour les en empêcher, mais la peur que notre généralissime Rospigliosi ne manquera pas d'avoir dès qu'il nous aura perdu de vue me fait croire qu'il nous suivra de près³.

Je ne puis m'empêcher de vous dire que dans les relations qu'on envoie à la Cour, l'on passe sous silence beaucoup de choses qui sont assez de conséquence, parce qu'on ne sauroit les faire savoir sans parler de moi, et dans celles qu'on est obligé de mander, l'on m'ôte ce qui m'appartient et que j'ai acheté au prix de mon sang pour le donner à d'autres. Je ne sais si j'en dois attribuer la cause à quelque jalousie secrète de M. le duc de Navailles, ou à l'injustice et insuffisance du gazetier, mais ma consolation est que toute notre armée et les Vénitiens même me rendent plus de justice que cette *Gazette* à l'égard de la sortie de la Sablonnière, où je fus blessé, quoique le succès n'en soit dû qu'à moi seul, n'y ayant des troupes de France ou de celles de la République que moi d'officier général.

1. Le nombre des blessés et malades était donc réellement très considérable contrairement aux évaluations de Gérin (II, p. 348) et de M. Terlinden.

2. Colbert souffrait de la mer. Cf. sur sa santé, n° LXXXVII et LXXXIX. Colbert débarqua à Naples.

3. On sait que Rospigliosi partit en même temps que tous les autres.

L'on ne laisse pas d'en donner la gloire à M. de Dampierre, parce que pendant l'action, il s'est trouvé dans une caponnière, assis sur le cul, sans m'aider en quoi que ce soit. Mais cette gloire qu'on lui a voulu attribuer faussement lui a porté guignon, car il a été emporté d'un coup de canon quinze jours après.

Cette action n'est pas de si peu de conséquence que de l'aveu des Italiens elle n'ait rétabli entièrement cette attaque qui étoit au plus mauvais état du monde auparavant ; et le logement que j'y ai fait faire a tenu les ennemis en échec trois semaines entières et n'a été regagné par eux qu'hier seulement.

Je n'ai jamais su faire trafic ni commerce de mes bonnes ou mauvaises actions, et c'est la seule force de la vérité qui m'oblige de vous mander ces choses. Je puis dire sans ostentation que pendant quarante et un jours que j'ai été dans l'action, je me suis exposé à plus de différents genres de mort que je ne l'ai été ni ne le saurais être de ma vie.

Pendant tout ce temps, je n'ai cherché qu'à me satisfaire moi même, et je vous avoue que ma conscience, bien loin de me reprocher quelque chose là dessus, me donne assurément quelque sorte de fierté qui me fait parler librement, et soyez, s'il vous plaît, très persuadé que je ne m'en fais point acroire et que tant s'en faut que je m'attribue quelque chose qui ne me soit pas dû. J'en retranche beaucoup de plus fortes que ce que j'ai dit, dont des milliers d'hommes rendront témoignage. Cela est si vrai que M. le capitaine général Morosini dit hier à un gentilhomme que je lui envoyois pour lui faire mes compliments et prendre congé de lui, que ne pouvant point me donner des marques suffisantes de la reconnoissance qu'ils ont tous des services que j'ai rendus à la République dans la défense de cette place, il en a écrit au Sénat afin qu'il supplée à son défaut, et à M. l'ambassadeur de France à Venise. Il s'est avisé de cela de son chef et à mon insu sans que jamais j'en aie ouï parler. Je me porte autant bien que ma blessure le peut permettre. Je suis aujourd'hui dans le 22ᵉ et j'ai encore quinze ou dix-huit jours à attendre l'exfoliation de l'os.

J'ai ici des exemples devant les yeux qui m'obligent à prendre garde à ma vaisselle. Le marquis d'Huxelles, qui servoit d'aide de camp sous moi, et La Hoguette, neveu de Monsieur l'archevêque de Paris [1], sont morts tous deux, leurs blessures étant très peu considérables et presque guéries [2]. Six jours de fièvre les ont emportés. Nous avons pensé perdre aussi le pauvre Montbrun, mais j'espère que nous le tirerons d'affaire, se portant beaucoup mieux.

Je suis avec beaucoup de respect, Monsieur mon frère, votre très humble et très obéissant serviteur,

COLBERT DE MAULEVRIER.

XV.

COLBERT A M. D'INFREVILLE.

Paris, 21 septembre 1669.

Précautions à prendre lors du retour de l'armée navale. Enquête sur les vivres qui restent à bord, revue et paiement de la solde des équipages dès leur arrivée. — (Arch. nat., *Marine*, B² 9, fol. 385 v.)

J'ai reçu votre lettre du 10ᵉ de ce mois. Je proposerai au roi à son retour de Chambord de vous faire donner encore le magasin à poudres qui est dans la gorge du bastion des Minimes et vous en envoierai les ordres.

1. Hardouin de Péréfixe de Beaumont (1662-1671).
2. La mort d'Huxelles est mentionnée dans la *Gazette de France*, 1669, p. 925. Le marquis d'Huxelles était frère du comte de Tenare qui, dès le 20 août 1669, à la mort de son frère, prit le titre de marquis d'Huxelles.

Le retour de l'armée vous va donner de l'occupation, mais il faut redoubler votre vigilance et votre application pour en bien sortir, et pour en faire le désarmement en sorte que le tout se passe pour le plus grand avantage du service de Sa Majesté.

Je ne doute point que vous n'ayez déjà fait préparer l'hôpital de Saint-Mandrier et le cap de Cépet pour y recevoir toutes les troupes de terre et les équipages des vaisseaux, en sorte que la quarantaine puisse être courte et que tous les dits équipages ne soient pas longtemps à la solde du roi. A l'égard des troupes de terre elles peuvent sans difficulté y demeurer davantage, d'autant que le roi les paie toujours. Aussitôt que les vaisseaux seront à la grande rade, vous devez prendre vos mesures pour faire une revue exacte de tous les équipages pour les faire payer à la banque, ainsi qu'il est accoutumé.

Il est surtout nécessaire que vous fassiez exactement vérifier combien de vivres il restera aux capitaines lors de leur arrivée, d'autant qu'ils ont dit en Candie qu'ils n'en avoient que jusqu'au dernier octobre, et vous savez qu'ils en ont pris pour sept mois, qui n'ont commencé qu'au 15ᵉ d'avril, et que les capitaines en embarquent toujours plus qu'il ne leur en faut, que leurs équipages rarement sont complets et qu'il en périt toujours soit par la désertion, soit par la mort. En sorte que vraisemblablement ils en avoient pour le moins pour un mois davantage. C'est ce que vous devez vérifier avec application.

Je donnerai ordre au sieur Dalliez de ne vous envoyer que la quantité de chanvre que vous demandez, mais je vous avoue que j'ai bien de la peine à croire que le chanvre de Bourgogne ne résiste point à l'eau, ainsi que vous le dites, vu que la Compagnie des Indes orientales ne s'en sert point d'autre, et que l'on en consomme aussi beaucoup à Rochefort sans que l'on s'en soit jamais plaint. Cela me fait soupçonner que vos maîtres d'équipages ne sont pas portés à faire valoir les marchandises du dedans du Royaume. C'est à quoi, néanmoins, le roi veut que vous vous appliquiez [1]...

XVI.

LE MARQUIS DE MARTEL A COLBERT.

Toulon, 1ᵉʳ octobre 1669.

Rapport très sommaire sur la traversée de retour de Candie à Toulon, la conduite des capitaines, qui se sont souvent écartés de l'escadre avec leurs navires ; la situation désespérée de Candie ; l'armement du *Monarque* et le paiement de la solde des équipages. — (Arch. nat., *Marine*, B⁴ 3, fol. 241.)

Monseigneur,

MM. les généraux ayant arrêté de partir de Candie au commencement de septembre, l'on travailla à l'embarquement le 22ᵉ d'août. Lequel étant achevé au 29, M. le comte de Vivonne m'ordonna de partir au premier temps favorable, qui se présenta le lendemain, que je mis à la voile avec tous les vaisseaux et me dit qu'il partiroit le 1ᵉʳ de septembre avec toutes les galères de Sa Sainteté, du Roi et de Malte.

Après avoir passé la Canée la nuit du 1ᵉʳ septembre et faisant route pour les Cérigues, je fis faire au matin la découverte, et m'étant aperçu que Grancey[2], chez qui M. de Navailles est embarqué, Thurelle[3] et Languillet[4] nous manquoient, cela m'obligea de carguer mes voiles et

---

1. La fin de la lettre n'intéresse plus que des détails d'administration locale. On en trouvera quelques paragraphes publiés par Gérin, *op. cit.*, vol. II, p. 347, n.
2. Sur le *Lys*.
3. Sur le *Fleuron*.
4. Sur le *Dunkerquois*.

de demeurer à l'abri du Cérigo, qui est une peitte île entre Candie et les Cérigues [1] pendant huit heures, jusques à ce que le dernier vaisseau que je visse à la longueur de la vue m'eut approché, qui étoit le *Monarque*, qui me dit n'avoir rien laissé derrière lui. Ce qui m'ayant fait croire que ces Messieurs avoient passé de l'avant parce que les vents avoient été bons, je résolus de continuer ma route pour les rejoindre.

Mais je n'en ai point eu de nouvelles que lorsque je fus arrivé au golfe de Palmi, en l'île de Sardaigne, qui étoit le rendez-vous en cas de séparation [2], où M. de Thurelle m'a rejoint [3] et m'a dit avoir laissé M. de Grancey au golfe de Malte, et n'avoir point eu de nouvelles du *Dunkerquois*.

Mais les beaux temps qu'il a fait me font espérer qu'ils seront tous ici aux premiers jours avec quelques marchands, qui sont dans leur compagnie [4].

Je ne sais ce qui a pu obliger ces navires à me quitter, mais il n'a fait aucun mauvais temps qui nous ait pu séparer et tous les gens de métier en sont étonnés aussi bien que moi. Car on ne peut pas avoir plus ménagé et mieux conduit la navigation que je l'ai fait pour empêcher cet inconvénient, mais c'est manque de garder soigneusement les feux que les pavillons portent la nuit pour le faire suivre.

Je voudrois bien, Monseigneur, vous passer sous silence par le peu d'inclination que j'ai à rendre de méchants

1. « Elle n'est point habitée et n'est remplie que d'ânes sauvages. » (Des Réaux, *op. cit.*, p. 120.)
2. « Le golfe de Palme est très commode pour une armée navale. Elle y peut facilement faire de l'eau et du bois. A son entrée il y a trois rochers appelés à cause de leur grosseur inégale le taureau, la vache et le veau. » (Des Réaux, *op. cit.*, p. 135.)
3. Le 18 septembre au matin.
4. La flotte arriva à Toulon le 28 septembre.

offices, que Messieurs les capitaines se licencient à des libertés dont le service du roi pourroit souffrir, qui sont de quitter le pavillon. Car j'en trouvois plus de la moitié mouillés avant moi en cette rade, dont il y en avoit quelques-uns du jour d'avant. Quand je leur ai parlé, ils se sont excusés sur la nécessité des vivres et des rafraîchissements pour les troupes. Mais il est bon qu'on leur fasse connoître que cela ne se doit que dans les extrêmes nécessités, et qu'en ce cas il faut en avertir un commandant, quand il se peut pour l'ôter d'inquiétude.

Je suis persuadé, Monseigneur, que l'on vous a informé de l'état auquel nous avons laissé la ville de Candie, qui est fort désagréable et hors d'espérance, que sans un coup du ciel, elle puisse éviter d'être prise. Les ennemis du côté de Saint-André ont pris la Pélagie, que l'on avoit toujours conservée, et y ont fait une batterie qui ruine entièrement la dernière retirade, qui étant de terre mal liée, ne se maintiendra pas longtemps.

Le quartier de la Sablonnière est encore plus à craindre, les Turcs s'étant logés dans la courtine et prétendant de se rendre maîtres du port en peu de jours. Ce qui a donné l'épouvante aux assiégés d'une manière que, lorsque nous sommes partis, l'on disoit tout haut que l'on parlementoit et que la place étoit dans la dernière nécessité. Ce qui me le fait croire, c'est que toutes les femmes et les enfants sortoient tous les jours avec les meubles et que M. de Morosini faisoit défiler les siens. Voilà, Monseigneur, la pure vérité et je ne voudrois pas répondre que la place tînt encore un mois. L'on a débarqué les troupes au lieu que l'on leur a destiné pour leur quarantaine selon les ordres du Roi. Il n'y a pas, grâce à Dieu, de maladies dangereuses, et celles qui sont n'augmentent pas. J'ai débarqué la compagnie des mousquetaires de M. de Maulevrier en bonne santé et M. de Montbrun guéri entièrement de sa blessure. Je les ai traités tout de mon mieux et je crois qu'ils n'en sont pas mal contents. Les vaisseaux sont en bon état et le *Monarque* sera un bon navire quand on y aura fait quelques petites choses qui y manquent.

M. d'Infreville me dit hier qu'il croyoit qu'on ne donneroit qu'un mois de désarmement. Je lui dis que j'avois peine à le croire et que ce ne seroit pas le moyen d'entretenir la bonne foi avec les matelots qui est trop bien établie. Cela en a bien fait revenir prendre parti dans l'armée et les rappellera tous les jours, si on les paye comme l'on fait.

Beaucoup de matelots françois ont quitté l'armée de Venise quand ils ont su la manière dont on payoit présentement en France. J'attendrai vos ordres, Monseigneur, pour les exécuter avec le respect et la diligence que je suis obligé, et vous supplie avec tout le respect possible de croire que personne n'est plus que moi, Monseigneur, votre très humble, très obéissant et très obligé serviteur.

P. Martel.

A la rade de Toulon, le 1er septembre (*sic*) 1669.

XVII.

LE MARQUIS DE MARTEL A COLBERT.

Toulon, 5 octobre 1669.

Arrivée à Toulon du duc de Navailles. Nouvelle de la capitulation de Candie. Conditions imposées aux Vénitiens. Campagne navale contre les corsaires, projets pour son organisation. — (Arch. nat., *Marine*, B[4] 3, fol. 245.)

Monseigneur,

Monsieur de Navailles arriva deux heures après que je me fus donné l'honneur de vous écrire par l'extraordinaire d'hier, et ce matin la barque du roi, qui portoit les chevaux de M. de Maulevrier et de M. de Montbrun est aussi arrivée. Le sieur de Cuers, qui la commande, m'a dit qu'il fut obligé de relâcher à Standia par l'accident qui arriva à son beaupré ; lequel rompit la nuit que nous en partîmes, et qu'ayant séjourné là vingt jours sans en pouvoir sortir à cause des vents contraires, il a vu faire les capitulations de Candie et donner les otages de part et d'autre, et que le traité avoit été conclu dès le 5 septembre, [que] les actes d'hostilité [ont] cessé dès ce jour-là et les Turcs campés sur les brèches, que les articles étoient une trêve de cent ans, que les Turcs laissoient La Sude, Spinalonga, Grabigi et une petite place dans la Dalmatie aux Vénitiens, qu'ils leur avoient accordé douze jours de calme pour se retirer et que la plupart des habitants de Candie étoient déjà campés à Standia et que le sieur Morosini se devoit retirer dans deux jours, quand il a mis à la voile, et que leurs galères, galéasses et vaisseaux étoient toutes prêtes à embarquer tout leur monde pour les mener à Venise.

Nous avons aussi appris par lui que les galères du roi, du pape et de Malte étoient parties le lendemain que nous eûmes mis à la voile, 1er de septembre. Ces nouvelles vous vérifient, Monseigneur, ce que j'avois pris la liberté de vous écrire à mon arrivée[1] de l'état auquel nous avions laissé la place et me font croire que le roi ne continuera pas les desseins qu'il avoit pris pour ce lieu-là. C'est pourquoi, si son intention est de faire cet hiver la guerre aux corsaires de Barbarie, il seroit nécessaire de prendre d'autres vaisseaux plus légers et plus propres à cela que ceux qui ont été nommés des cinq derniers, le *Courtisan* et le *Lys* n'étant pas assez avantageux de voile. Je prends la liberté, Monseigneur, de vous faire un petit état de ceux que je juge les plus propres pour cela sans m'ingérer de vous nommer les capitaines, à moins que vous ne me l'ordonniez. Je vous dirai seulement, Monseigneur, qu'il les faut choisir gens du métier et de mérite, et que si vous me faisiez l'honneur de prendre confiance en moi, et me don-

---

1. Voir la lettre précédente.

ner la direction des choses nécessaires pour cette guerre, en laquelle j'ai un peu d'expérience, j'en userois avec toute la prudence et économie qu'il faut pour mettre les choses en état de plaire au roi et de le bien servir, dont j'ai la dernière passion.

Je vous dirai par avance, Monseigneur, que si le roi est en résolution d'entretenir douze vaisseaux armés, qu'on pourra en composer deux escadres qui, se séparant pour chercher les ennemis partout, les harceleront furieusement, et il sera malaisé qu'on ne les joigne quelque part, et en cas qu'on vit lieu d'entreprendre quelque chose dans leurs ports, les deux escadres se rassemblant, je suis persuadé qu'on feroit quelque chose de considérable et qui tourneroit à l'honneur des armes du roi. En attendant les ordres de Sa Majesté là-dessus et les vôtres, je demeure avec toute l'inclination possible, Monseigneur, votre très humble, très obéissant et très obligé serviteur,

P. Martel.

De la rade de Toulon, ce 5 octobre 1669.

XVIII.

LE DUC DE NAVAILLES A LIONNE.

Toulon, 5 octobre 1669.

La cause du départ des troupes françaises. Mort de l'intendant de La Croix. — (Archives des Affaires étrangères, *Venise*, Correspondance, vol. 90, fol. 50.)

Monsieur,

Si le gentilhomme[1] que j'ai envoyé vers Sa Majesté est arrivé à bon port, vous aurez su la résolution que j'ai prise de faire rembarquer ses troupes. Monsieur le comte de Vivonne m'ayant fait savoir l'état des vivres de l'armée

1. Le sieur de Fortanet.

navale, m'a fait connoître que nous n'avions pas de temps à perdre pour nous retirer. J'ai cru avoir plusieurs autres raisons qui me devoient obliger à prendre ce parti-là, d'autant plus que je le pouvois faire en mettant la gloire des armes du roi à couvert, et conservant une partie de ses troupes. Nous n'avons pas sujet de nous louer de la bonne foi ni de la gratitude de Messieurs les Vénitiens.

Je me donne l'honneur d'en écrire le détail à Sa Majesté, duquel je vous rendrois compte si j'étois dans un autre état que je ne suis. J'ai eu tous les officiers majors que j'avois sous moi tués ou blessés, ce qui m'a obligé à prendre des soins qui ont poussé la nature au delà de ce qu'elle pouvoit aller. J'en vois un effet par l'accident qui m'est arrivé d'une fluxion générale qui m'est tombée sur les genoux, les coudes et les pieds, qui m'a rendu paralitique avec des douleurs si extrêmes, qui me durent depuis trente jours, que je serois bien heureux si je n'avois plus de sentiment.

Nous avons fait une perte de M. de La Croix, notre intendant, qui passoit dans le même vaisseau que moi, qui m'a tout à fait accablé [1]. C'étoit une personne qui avoit beaucoup de mérite et un grand attachement à tout ce qui regardoit les fonctions de sa charge et tous ses devoirs. L'état où je suis ne me permet pas de vous en dire davantage, ne doutant point que vous n'ayez la bonté de prendre part à tous mes accidents et que vous ne me fassiez la faveur de me continuer l'honneur de vos bonnes grâces, sur lesquelles je fais un fonds très assuré, puisque vous m'avez fait l'honneur de me les promettre et que personne ne peut être avec plus de passion que moi, Monsieur, votre très humble et très obéissant serviteur,

Le duc de Navailles.

A Toulon, le 5 octobre 1669 [2].

1. Cf. aussi Arch. de la guerre, vol. 238, fol. 97 v° et suiv.
2. Lettres de Navailles, qui venait de débarquer, au roi et à Louvois sur le même sujet : Arch. de la Guerre, vol. 238, fol. 112 et 123.

XIX.

LOUVOIS AU DUC DE NAVAILLES.

Chambord, 11 octobre 1669.

Satisfaction éprouvée par le roi au sujet du retour de ses troupes de Candie. Invitation qu'il adresse à Navailles d'écrire des mémoires pour rendre compte de la campagne. Précautions à prendre pour cela. — (Arch. de la Guerre, vol. 238, fol. 96 v°.)

Monsieur,

M. de Ruvigny m'a rendu la lettre que vous m'avez fait l'honneur de m'écrire le 5e de ce mois avec celle qui y étoit jointe pour le roi[1], par laquelle Sa Majesté a été informée fort au long de ce qui s'est passé en Candie depuis le départ du sieur Fortanet et des motifs que vous avez eu de faire rembarquer ses troupes, dont Sa Majesté a paru très satisfaite. Elle trouve bon que vous donniez au public une relation de tout ce qui s'est fait en Candie, qui justifie le peu qu'il a paru pour la délivrance de la place et la résolution que l'on a prise de les rembarquer. Elle souhaite seulement qu'en rejetant la faute sur les Vénitiens, comme vous ne pouvez pas vous empêcher de le faire, vous épargniez la République tant que faire se pourra, faisant voir que les manquements de leurs paroles sont venus plutôt du peu de moyens qu'ils avoient de les tenir que d'aucune mauvaise volonté. En tout cas il faut que cette relation soit construite de manière qu'il ne semble point qu'elle ait été faite par permission du roi et qu'elle paroisse si promptement que l'on ne croie pas que vous ayez eu le temps d'apprendre ses sentiments sur ce qu'elle contiendra.

1. Cf. la note précédente.

Vous ferez grand plaisir à Sa Majesté de lui dépêcher votre écuyer aussitôt qu'il sera arrivé, pour lui apprendre la capitulation de Candie ou que la nouvelle soit fausse, afin que sur cela Elle puisse prendre ses mesures pour le départ de M. le maréchal de Bellefonds. Elle trouve bon cependant que vous partiez de Toulon aussitôt que votre santé vous le permettra pour vous rendre à Bourbon, si vous avez besoin des eaux, et ensuite près de Sa Majesté.

Je n'ai appris qu'avec un sensible déplaisir la mort de M. de La Croix, qui par le reçu que vous m'avez fait de la manière dont il s'étoit conduit depuis qu'il étoit auprès de vous, m'avoit donné lieu d'espérer qu'il serviroit utilement le roi dans la suite des emplois qu'on lui pourroit confier.

Les officiers de l'état-major de l'armée ne doivent être payés que jusqu'au jour que la quarantaine étant finie, vous leur devrez donner ordre de se séparer et pour quinze jours par delà[1].

1. La fin de la lettre n'a qu'un intérêt administratif très restreint.

II.

JOURNAL
DE LA NAVIGATION DES GALÈRES DE FRANCE

Par J.-B. Duché de Vancy.

« *Journal de la navigation des galères de France, du port de Marseille en Candie, et leur retour, sous l'étendard de la Sainte Eglise, en l'année 1669, commandée par Monseigneur le comte de Vivonne, prince de Tonnay-Charente, général des galères et lieutenant général es mers de Levant.* » — (Bibl. nat., Fr. 6120 ; ms. in-4° de 119 ff.)

Partance de Marseille

15-21 mai.

Le 15e jour de mai, fête de Saint-Honoré, les dites galères au nombre de xiii et de trois galiotes, étant au port de Marseille, de fond de 4 brasses d'eau, en partirent à 6 heures du matin, après avoir fait tirer le coup de partance et salué l'étendard de l'Église chacune de 4 coups de canon.

Le vent qui étoit mistral, autrement dit nord-ouest, tomba tout d'un coup, après le salut du dit étendard et donna lieu auxdites galères étant au large depuis huit jours en attendant bonace, de passer favorablement la chaîne dudit port de Marseille, la Capitane en tirant quatre coups de canon pour répondre au salut de cinq coups de canon dont la citadelle de la dite ville de Marseille l'avoit saluée, et d'aller mouiller aux îles de Marseille, proche le château dit d'If, où il y a fond de huit brasses d'eau. La Capitane, étant à la tête de toutes les dites galères, y arriva plus tôt que les autres et fut contrainte de les y attendre près d'une heure pour leur donner lieu de prendre leur rang pour partir à 8 ou 9 heures du même jour.

Les dites galères mirent à la voile avec un petit vent frais mistral, qui les favorisa jusqu'au Rion (où il y a 4 à 5 brasses d'eau) à douze milles de Marseille. Le calme ayant succédé à ce vent mistral, les galères furent contraintes d'aller à force de rames jusques auprès de la Ciotat, où il y a 15 brasses d'eau et quinze milles du Rion à la Ciotat. Le vent de mi-jour s'étant incontinent élevé, les galères mirent à la voile et, à la faveur de ce vent, arrivèrent à 6 heures du soir à l'embouchure de la grande rade de Toulon, où il y a 20 brasses d'eau et 20 milles de la Ciotat.

Le major des vaisseaux de l'Église étant au port de Toulon vint trouver M. le général des galères de la part de M. le duc de Beaufort, capitaine général des armées navales de l'Église, pour l'avertir que s'il approchoit davantage du port de Toulon avec les galères, il seroit aussi obligé d'arborer le même étendard de l'Église sur ses vaisseaux et qu'ainsi le *Royal Louis*, sur lequel est arboré le pavillon de France, seroit engagé à saluer l'étendard de l'Église, que c'étoit une chose qu'on pouvoit éviter, puisqu'il n'y avoit point d'ordre pour cela ; ainsi qu'il croyoit que M. le général pouvoit aller donner fond aux Vignettes au-dessus de la grosse tour de Toulon.

M. le général ayant fait mettre le caïque à la mer, fut à terre conferrer avec M. le duc de Beaufort, mais le vent s'étant rendu frais, les pilotes n'ayant pas vu de sûreté pour les galères en ce lieu, la firent serper une demi-heure après le soleil couché, et se rendirent aux Vignettes, où il y a quatre brasses d'eau, et ce, à la distance de deux milles du pavillon de France, en sorte qu'on ne le pouvoit voir ni en être vu.

La rade de Toulon est très bonne ; son traversier est de sud-est, quart de l'est ; dans la petite rade on est à couvert de tous les vents. Il y a la Tasse, qui est un banc auprès de la grosse tour, à l'entrée de la petite rade, l'ont emplie (*sic*) en quelques endroits si bien que l'on est en danger de toucher, si l'on ne suit le canal. Pour le prendre il faut laisser les fers derrière et aller droit au clocher.

M. le général ayant pris heure pour le lendemain, afin de conferrer avec MM. de Beaufort et de Navailles sur le fait de la navigation, s'en retourna à deux heures après minuit coucher à la galère Capitane. Après que les résolutions furent prises entre M. le duc de Beaufort, M. le général des galères et M. le duc de Navailles, ce qui fut fait en deux jours de temps, sur le fait de la navigation et du rendez-vous des galères et des vaisseaux, un courrier de Rome arriva à Toulon à M. le duc de Beaufort.

Les dernières résolutions de Sa Sainteté touchant le rendez-vous général des galères et des vaisseaux de l'Église furent qu'au lieu de Corfou, qu'il avoit assigné, il donna les Zanthes, de façon que ces Messieurs furent obligés de retourner au Conseil, de changer leur route et leurs ordres, et comme il fut aussi résolu que les galères attendroient les barques venant de Marseille, portant leurs secondes victuailles, on demeura trois jours aux Vignettes ; mais la nuit du 4ᵉ un grand vent d'isseroc s'étant levé à 3 heures du matin, obligea M. le général de faire serper et de se retirer au port de S. Georges à deux milles des Vignettes (où il y a cinq ou six brasses d'eau) en attendant bonace pour faire la partance.

21 mai.

Le mardi, 21ᵉ du dit mois, à cinq heures du matin, M. le général ayant vu le temps assez calme, fit tirer le coup de partance et après avoir fait serper, il fit faire force de rames et se rendit sur les onze heures avant midi à l'embouchure des îles d'Hyères, quoiqu'il eût le vent d'isseroc en proue. Cette embouchure est distante de quinze milles du port St Pierre, où il y a quinze brasses d'eau. Ayant ensuite fait mettre le trinquet à la voile, il fut mouiller le 21e de mai à Capeau, proche les Salins d'Hyères, distant de cinq milles de l'embouchure des îles, où il y a 7 brasses d'eau, et où les galères peuvent rester à toute sorte de vents. Le vent d'isseroc s'étant rafraîchi sur les deux ou trois heures après midi, il lui fut impossible de passer plus outre.

22-24 mai.

La nuit du 21 au 22 du dit mois, le vent s'étant rafraîchi au grec et levant, on fut obligé de mouiller deux fers ou ancres à chaque galère et l'on fit aiguade avec grand peine ce jour-là, mais le 23 et 24, le vent de grec et levant fut si frais qu'il fut impossible de pouvoir seulement mettre le caïque à la mer. Cette rade de Capeau est à 8 milles de Bregançon, autant de Port-Cros, et à 9 milles de Porquerolles [1].

25 mai.

Le 25e du dit mois de mai, à cinq heures du matin, mon dit sieur le général des galères ayant trouvé le vent amolli fit serper et tirer le coup de partance, et ayant fait mettre la voile au trinquet pour aller se rendre à l'île de Porquerolles, à la plage de la Madone pour faire faire du bois à toutes les galères, afin de ne pas perdre aucun temps pour pouvoir continuer sa route, aussitôt que le vent se rendroit tant soit peu favorable. Il y a au cap de cette île de Porquerolles, qui s'avance vers la tramontane, deux écueils qu'on nomme les Mèdes. Il y a aussi une

---

1. *Port Cairolle,* dans le texte.

seiche, qui est parallèle à ces Mèdes. Comme il fut à quatre milles de Capeau[1], l'antenne de trinquet de la Capitane se cassa, de sorte qu'il fut obligé de mettre la voile appelée le maraboutin au grand mât, et arriva à la dite plage de la Madone sur les huit heures du matin.

Après avoir fait mettre le caïque à la mer, il fut avec les pilotes sonder le dit port, qui se trouva de deux brasses et demie, trois, quatre, cinq et huit brasses d'eau. Toutes les galères ayant jeté leurs fers à la mer, envoyèrent incontinent leur caïque à terre pour faire du bois, mais parce que cette île appartenoit à M. l'abbé de Ste Croix, M. le général fit défense d'en couper, mais bien d'en faire acheter. Comme M. le général achevoit de faire sonder le dit port, il eut avis par le sieur Espanet, capitaine d'une des galiotes[2], que son grand mât étoit rompu, de sorte qu'il fut obligé de lui faire expédier par son secrétaire ses ordres pour retourner à Toulon avec une lettre de faveur à M. d'Infreville, intendant de la marine, pour obtenir de lui qu'il lui donnât un autre mât en la place de celui qui étoit rompu.

M. de Montolieu, capitaine commandant la galère *Saint-Louis*, vint pareillement trouver M. le général étant dans son caïque avec son secrétaire visitant toutes les galères, pour l'avertir que la galère *Saint-Louis* faisoit eau. M. le général s'y étant rendu en diligence, fit venir le comite réal et ayant fait mettre cette galère sur le côté, elle se trouva percée en deux endroits mais, en peu de temps, M. le général, ayant fait travailler les calefats, cette galère fut remise en état de naviguer.

Les vents de grec et levant s'étant rafraîchis sur les dix heures, il fut impossible de partir de ce lieu.

26 mai.

Le lendemain, 26e du dit mois, le second fils du roi de

1. *En note :* Note que chaque brasse a six pieds de roi.
2. Espanet commandait la *Vigilante*.

Danemark[1] accompagné de son gouverneur, de six gentilshommes, de son secrétaire, d'un écuyer et de ses valets de chambre, vint trouver M. le général et arriva à la Capitane à huit heures du matin, parce qu'il avoit couché à bord d'un petit bateau qu'il avoit pris à Toulon pour se rendre en diligence aux galères, tant il avoit d'appréhension qu'elles fussent parties avant qu'il les eût pu voir. M. le général le reçut fort bien et après lui avoir fait voir toute la chiourme et la soldatesque de la Capitane, pendant qu'on lui apprêta le dîner le plus magnifique qu'on peut faire, M. le général fit mettre le caïque à la mer et le mena voir toutes les galères. Après leur retour, ils se mirent à table et on fit saluer ce prince en entrant et sortant de la Capitane toujours de quatre coups de canon. Après le dîner il remonta dans son bateau et s'en retourna à Toulon[2].

27 mai.

Le vent grec et levant étant toujours frais, il fut impossible de serper jusques au 27 du dit mois, qu'on tira le coup de partance à cinq heures du matin ; d'autant que le vent avoit changé et étoit grec et tramontane et partie à la rame, partie à la voile les galères se rendirent à Port-Cros à 8 heures du matin, où il y a fond de deux brasses et demie d'eau. Dans ce port il y a une anse où il peut rester trois galères à toutes sortes de vents à la réserve du mistral. S'il y en a plus, elles n'y peuvent rester que par bonace, ou quand les vents sont isseroc, ponant, labèche, et le mistral, le grec, tramontane, le levant, le mi-jour y sont contraires.

28 mai.

Le 28ᵉ du dit mois de mai, à quatre heures du matin,

1. Georges, fils de Frédéric III. Il épousa en 1683 Anne, qui devint, en 1702, reine d'Angleterre. Il était alors « un jeune homme de seize ans fort bien fait ».
2. A Toulon, il visita le vaisseau amiral. Cf. Bussy, *Correspondance*, I, p. 170.

après avoir fait tirer le coup de partance, [il] fit serper, et tant à rames qu'à voile, il se rendit avec les galères à Agay [1], à trois heures après midi, quoique le vent lui ait été contraire, parce qu'il étoit au levant et isseroc.

Ce port d'Agay est à quarante milles de Port-Cros ; il y a de fond 8 brasses d'eau et il y peut mouiller trente galères ; lesquelles seront en tout temps à couvert de toutes sortes de vents, à la réserve du mi-jour et isseroc, qui sont contraires. Il y a une seiche en ce port, à l'est quart de nord-est du cap Roux à la pointe d'Agay.

Comme le vent du levant se rafraîchit sur les trois heures après midi, M. le général fut obligé de mouiller au dit port d'Agay, et il lui fut impossible d'en pouvoir partir ce jour-là.

29 mai.

Le 29ᵉ du dit mois, M. le général ayant appris que sur les trois heures du matin les barques portant les secondes victuailles des galères étoient passées la nuit environ à quinze milles du dit port d'Agay par mi-jour, il fit tirer le coup de partance et fit serper en même temps pour avancer sa route, mais ayant été au large, il trouva le vent de levant si frais qu'il fut obligé de relâcher au dit port d'Agay et afin de ne pas perdre de temps, il fit tirer un coup de canon pour signal aux dites barques de revirer de bord et de se rendre au dit port d'Agay pour prendre les victuailles nécessaires pour toutes les galères, et afin d'être en état de continuer sa route aussitôt que le temps le lui permettroit.

30 mai.

Le 30ᵉ du dit mois de mai, le vent de levant s'étant rafraîchi, M. le général, ayant ses barques auprès de lui, se servit de l'occasion du mauvais temps pour faire repla-

1. *Nagaye,* dans le texte.

cer sur chaque galère les victuailles qui avoient été consommées depuis la partance de Marseille et commanda à tous les officiers de faire faire l'aiguade et la lessive.

31 mai.

Le 31ᵉ jour du dit mois de mai, le vent s'étant tourné à mi-jour et à labèche environ sur les quatre heures après midi, M. le général pour ne pas perdre un moment de temps, fit serper après avoir fait tirer le coup de partance, et à force de rames, il se rendit à trois milles d'Agay. Le vent s'étant tourné au ponant et labèche, il fit faire voile et ayant avancé environ dix milles, une croupade ou autrement une nue fort épaisse ayant paru, il fit mouiller à l'île Sᵗᵉ Marguerite sous la forteresse, dont le traversier est la quarte du levant vers le grec, et ce environ sur les six heures du soir en attendant la disposition du temps. Le mouillage de ce port est bon à tous vents à la réserve du levant et isseroc, de fond il y a quatre à cinq brasses d'eau et il y peut trente ou quarante galères.

1ᵉʳ Juin.

Le 1ᵉʳ jour de juin, le vent étant à la tramontane, M. le général fit tirer le coup de partance à trois heures après minuit et s'étant mis au large à force de rames, il se rendit avec les galères devant Antibes, à la pointe du jour en continuant sa route, et étant au-devant de Nice, cette place salua la Capitane de cinquante-deux coups de canon en deux saluts différents, auxquels on répondit de huit en deux saluts. Comme le vent étoit au levant, il fit faire force de rames jusques au-devant de Monaco[1], qui salua pareillement la Capitane de treize coups de canon, à qui on répondit de quatre.

Puis le vent s'étant tourné au mi-jour et labèche, il fit mettre les voiles et en continuant sa route le long de la

1. *Mourgues*, dans le texte.

côte, il se rendit à six heures du soir à Alassio[1], dans le pays génois, à nonante milles des îles Ste Marguerite.

Ce bourg d'Alassio salua la Capitane de quinze coups de canon, auxquels on répondit de quatre, puis les consuls de ce lieu étant venus complimenter M. le général sur la Capitane, il les traita fort civilement et leur fit force amitiés et offres de services. Du depuis les îles Ste Marguerite jusques à Alassio, il y a premièrement Antibes, qui appartient au roi et est la dernière ville de Provence ; après, il y a Nice, qui est terre du duc de Savoie ; après il y a Villefranche et St Soupir au dit duc de Savoie, après il y a la ville de Monaco et Menton, puis Vintimille, qui est terre de Génois, ensuite Bordighera, San Remo, Taggia, Riva Ligure[2], San Stefano, Porto Maurizio, Oneglia[3], Diano, Cervo[4], Andora Marina et Laigueglia[5]. En tous ces lieux, il n'y a que Villefranche où les galères peuvent mouiller et demeurer à toutes sortes de vents, parce qu'il y a fond de dix brasses d'eau ; à la baie d'Alassio, il y a fond de douze et quinze brasses d'eau, et il y peut mouiller cinquante galères. Les vents de mi-jour et isseroc y sont contraires.

24 juin.

Le 2e juin, M. le général fit sonner la trompette pour signal de partance à minuit, et ayant fait incontinent serper, il fit faire pour continuer sa route force de rames, mais étant à dix milles d'Alassio environ sur les quatre heures du matin, il y parut une croupade au grec et levant, ce qui l'auroit obligé de relâcher, n'étoit qu'il fit faire la dernière force pour se rendre promptement à Vado[6], à

1. *Araize*, dans le texte.
2. *Labordiguière, Tage, La Rive.*
3. *Auneil.*
4. *Dian, Laserve.*
5. *Laval Dandeville, Aiguille.*
6. *Vay*, dans le texte.

trois milles de Savone, afin de mettre les galères en sûreté, où il arriva sans aucun risque à 9 heures du matin.

Cette rade a de fond dix, douze et quinze brasses d'eau et il y peut demeurer une armée navale sans péril d'aucun vent. Aussitôt qu'il eut mouillé, un alferé, autrement en françois un enseigne de la citadelle de Savone, vint à poupe de la Capitane pour demander à qui appartenoient les galères ; à quoi M. le général auroit fait répondre que c'étoient les galères de France, à présent sous la bannière de l'Eglise, commandées par M. le comte de Vivonne, fils de M. le duc de Mortemart, général des dites galères ; après quoi le dit alferé se seroit retiré. Deux heures après arriva à bord de la Capitane un vieux colonel d'infanterie accompagné de six officiers, qui complimenta M. le général de la part du gouverneur de la citadelle de Savone et lui fit offre de tout ce que le pays pouvoit produire de rafraîchissements avec pouvoir d'envoyer à la ville et par le pays prendre telles victuailles qui seroient nécessaires pour les dites galères (cela soit entendu, en payant). Après que M. le général l'eut remercié et prié de remercier de sa part M. le gouverneur, il changea de ton de voix, comme de façon de parler et lui dit d'un ton grave et fier qu'il s'étonnoit de ce que M. le gouverneur ne l'avoit pas encore salué, qu'il le prioit de lui dire qu'il s'acquittât promptement d'un devoir qu'il ne pouvoit lui dénier, tant à cause de l'étendard qu'il portoit sur les galères que par la considération de sa personne, et s'il ne satisfaisoit bientôt, qu'il s'en feroit faire raison en retenant à quatre à cinq barques qui étoient à cette rade et en prenant toutes celles qu'il rencontreroit, même les vaisseaux et galères appartenant à la République de Gênes.

Ce colonel en le traitant d'Excellence lui repartit que si les galères avoient été en présence de la citadelle, ils auroient déjà satisfait à ce devoir, mais que jamais on n'avoit salué aucune galère qu'en présence ; néanmoins que s'il vouloit absolument, ils le fesoient. M. le général continuant d'une même manière de parler, lui dit de faire en sorte que M. le gouverneur s'acquittât promptement de ce devoir, afin qu'il pût assurer le roi son maître de leur bonne manière d'agir, et qu'il croyoit qu'il ne devoit pas hésiter ni chicaner là-dessus plus qu'étant encore à dix milles de Nice, cette place l'avoit salué de cinquante deux pièces de canon, qu'au reste, il ne pouvoit attendre davantage et que puisqu'il commandoit les galères de France comme galères de l'Eglise, cette campagne, qui étoit une chose qui ne lui arriveroit peut-être jamais plus en sa vie, qu'il entendoit qu'on lui rendît promptement et de bonne grâce tous les honneurs qu'on ne se pouvoit pas défendre de lui rendre.

Ce colonel, s'en étant retourné avec promesse de le faire faire, le gouverneur eut de la peine à s'y résoudre comme à une chose nouvelle, mais, enfin, sur les quatre heures après midi, il le salua de trente-cinq pièces de canon, à quoi on répondit de quatre. On fut obligé de rester dans cette rade tout ce jour-là, tant à cause que le vent étoit contraire qu'afin de donner le temps aux capitaines des galères de prendre des victuailles autant qu'ils pourroient, pour être en état de mieux continuer la route.

4 juin.

Le mardi, 4e jour de juin, le vent, qui étoit isseroc et qui l'avoit retenu dans la rade de Vado, s'étant tourné au mi-jour, il fit sonner la trompette à quatre heures du matin et serper au même instant et partie à rames, partie à la voile, il se rendit à trois heures après midi à Porto Fino à cinquante milles de Vado. Le vent s'étant tourné au levant, il fut obligé de mouiller au dit port, où il y a fond de huit à dix brasses d'eau, et où il peut demeurer vingt galères à tous vents, pourvu qu'elles soient bien rangées.

5-8 juin.

Le mercredi et jeudi et le vendredi ensuivant, le vent au

levant et isseroc fut si frais avec des pluies, grêles et tonnerres, qu'il fut impossible d'en pouvoir partir jusques au samedi 8ᵉ dudit mois, à minuit, que M. le général, après avoir été à la mer, fit sonner la trompette et serper au même instant et, tant à force de rames qu'à l'aide d'un petit vent de mi-jour et isseroc, il se rendit avec les galères à vingt milles du dit Porto Fino, où la pluie et les vents contraires pensèrent le faire retourner en arrière ; mais ayant fait faire une seconde force de rames, il arriva avec les dites galères malgré la pluie et les tempêtes au golfe de la Spezzia[1], au Porto Venere, à quarante milles de Porto Fino. Il y a fond au dit golfe de dix brasses d'eau et il y peut tenir une armée navale à toutes sortes de vents.

9 juin.

Le lendemain, à deux heures après midi, M. le général après avoir été à la mer fit sonner la trompette et serper incontinent après pour continuer sa route et pour tâcher d'aller mouiller à Portoferrajo, qui fut la raison pour laquelle, ayant le vent ponant et labèche tant soit peu favorable, il ne voulut pas même permettre de mouiller le fer pour célébrer la messe dans la galère. Mais quelque force de rames qu'il ait pu faire avec le peu de vent qu'il faisoit, il lui fut impossible de pouvoir passer Livourne et fut obligé de mouiller à la rade de la dite ville parce que le temps se gâta entièrement.

Cette rade a de fond, à l'endroit où mouillent les galères, cinq brasses d'eau et on n'y peut demeurer que par les vents de grégal, levant, tramontane et mistral ; les traversiers sont mi-jour, isseroc, et labèche. On ne mouille à cette rade que lorsqu'on veut être en état de partir au premier vent favorable. En cas qu'on soit contrarié, les galères peuvent entrer dedans le port pour être en sûreté. Il y a de Porto Venere à Livourne soixante milles.

1. *L'Especy* dans le texte.

La Capitane fut d'abord saluée de six coups de canon par la grosse tour, à quoi on répondit de quatre ; puis ensuite [de] toute l'artillerie des galères, des vaisseaux et de la forteresse la personne de M. le général fut saluée. Lequel leur fit réponse de quatre coups par chacune galère.

M. le général étant monté dans sa felouque pour aller visiter ses galères et voir si elles étoient bien rangées et en bon mouillage, comme il s'approcha un peu du môle et du port de Livourne, il fut connu, quoiqu'il ait affecté de ne l'être pas, et c'est ce qui obligea celui qui commande à la grosse tour, qui est à l'entrée du port, de le faire saluer de rechef de trente pièces de canon. M. le général étant de retour à la Capitane, le gouverneur de Livourne vint lui rendre visite et M. le général l'ayant bien reçu et reconduit dans son caïque, il fit équiper sa felouque pour lui et ses gentilshommes et son caïque pour ses gens de livrée, afin d'aller à Livourne, à dessein de voir M. le gouverneur, ayant envoyé en avance l'aide-major avec ses gens de livrée, pour voir si le gouverneur étoit chez lui, afin de lui rendre visite.

Comme M. le général fut au milieu de la ville, l'aide-major le vint avertir que le gouverneur n'étoit pas chez lui. M. le général le renvoya seul pour dire à ses gens qu'il étoit descendu à terre pour le voir et s'étant fait suivre par ses gens de livrée, il fit le tour de la place accompagné de tous les officiers des galères, des officiers réformés, des volontaires, de ses gentilshommes et gens de livrée, et s'en retourna à la Capitane, où peu de temps après arriva une felouque de la part du gouverneur, chargée de présents utiles et, en terme de marine, de rafraîchissements très convenables.

10-11 juin.

Le 10ᵉ jour du dit mois de juin, sur les deux heures après midi, M. le général après avoir reconnu la disposition assez bonne, il fit sonner la trompette et serper au même instant. Et comme il eut fait environ dix milles à force de rames, le vent, qui étoit isseroc, se tourna au ponant, qui lui donna lieu de faire voile, et ce vent s'étant rafraîchi de plus en plus, les galères avancèrent ce jour de cent dix milles jusques à Cività Vecchia.

M. le général, ayant pris l'avis des pilotes, continua sa route toute la nuit en bonace à la faveur de la clarté de la lune, mais le lendemain 11e, environ sur les neuf heures du matin, le vent se tourna à isseroc par proue, de sorte qu'il fallut faire reprendre la rame à la chiourme ; mais le vent s'étant fortifié en proue, et la chiourme étant hors d'état de pouvoir plus travailler, on délibéra si on retourneroit à San Stefano, à quarante milles en arrière, mais aussitôt qu'il fut résolu d'y retourner, le vent se tourna à mi-jour et labèche, on remit les petites voiles ; mais une heure après, étant à huit milles de Cività Vecchia, la chiourme ne pouvoit plus travailler ; on remit les voiles pour retourner à San Stefano, mais le vent se trouva aussi fort derrière que devant, la mer en furie et les éclairs et l'orage menaçoient les galères de leur perte, mais enfin le vent se tourna au grec et tramontane en poupe, et ayant mis les voiles, porta les galères en une heure et demie dans le port de Cività Vecchia, où la grosse tour de cette place salua d'abord la Capitane de sept coups de canon et, après que toutes les galères y eurent répondu de quatre, la ville fit un salut royal pour le roi, un pour M. le général, et y ayant répondu, ils resaluèrent une quatrième fois.

11-13 juin.

On demeura quatre jours à Cività Vecchia, pendant lesquels Sa Sainteté envoya ordre à M. de Guastaldi, commissaire général de la marine, de témoigner à M. le général la joie de l'arrivée des galères de France en ce port, parce que les Espagnols avoient publié hautement qu'elles étoient destinées pour d'autres choses que pour le secours de Candie. Sa Sainteté fit donner un régal très considérable à M. le général de toutes sortes de rafraîchissements, où il y avoit même du vin et du poisson pour la chiourme. La ville de Cività Vecchia et le gouverneur firent aussi donner chacun en son particulier des régals à mon dit seigneur le général, qui leur fit aussi des présents de montres d'or filigranné, et plus de quatre vingts pistoles en plusieurs fois.

Le secrétaire du Sénat de la République de Venise vint exprès de Rome à Cività Vecchia [avec une lettre] de la part de l'ambassadeur de la République à M. le général, laquelle il lui rendit à poupe de la Capitane, en l'assurant de la part du dit ambassadeur et de la dite République de tous services et assistances quelconques. M. le général ayant fait réponse à la dite lettre, l'envoya par le sieur Duché de Vancy, son secrétaire, au dit secrétaire du Sénat de la dite République, étant au palais du gouverneur de Cività Vecchia, en l'attendant pour s'en retourner à Rome.

Pendant ce séjour, mon dit sieur le général a traité le gouverneur et M. de Guastaldi, chacun en leur particulier et séparément, et on a bu à la santé de Sa Sainteté au bruit des canonnades, des pierriers et tambours de toutes les galères et de toute l'artillerie de Cività Vecchia, tout en un même instant. On a bu la santé du roi avec la même cérémonie et celle de M. le bailli de Rospigliosi, généralissime de l'armée des Chrétiens contre les Turcs de Candie, de même manière.

Toutes les fois que M. le général a mis pied à terre pour entrer dans Cività Vecchia, il a toujours été salué de vingt et trente pièces de canon.

14 juin.

Le 14ᵉ jour de juin, à 10 heures du soir, M. le général ayant vu quelque apparence d'avoir le vent favorable, quoique la mer fut calme, fit tirer le coup de partance et serper au même instant.

En sortant de ce port, toute l'artillerie de Cività Vecchia le salua et, étant au large, il fit lever la rame pour attendre que les autres galères l'eussent joint; il étoit minuit avant que toutes fussent en leurs postes pour pouvoir continuer la route. On mit pour cet effet le trinquet à la voile et, tant à l'aide du vent que de la rame, on se trouva le lendemain matin à vingt-cinq milles de Cività Vecchia. Le vent s'étant tourné à l'isseroc en prouc, on délibéra sur les onze heures si on revireroit le bord pour s'en retourner à Cività Vecchia, attendu qu'on étoit dans les plages romaines, où il y avoit tout à craindre, et il fut résolu qu'on attendroit pour cela jusques à midi; et le vent n'ayant pas changé, on revira effectivement le bord; mais environ deux heures après midi, le vent se tourna à mi-jour et labèche, ce qui obligea les pilotes d'en avertir M. le général, qui fit incontinent revirer en avant pour continuer sa route, et les galères avancèrent ce jour-là de près de cinquante milles. Le vent étant toujours à mi-jour et labèche, on laissa les voiles tendues toute la nuit et, tant à rames qu'à voiles, on avança toujours en avant de près de trente milles.

15 juin.

Le lendemain matin XV, le vent s'étant tourné au ponant, on mit les voiles et arriva-t-on à l'île de Ponza[1] à midi, mais parce que les vents étoient favorables, M. le général ne voulut pas s'y arrêter pour faire du bois; il continua sa route et se mit en canal à la volte de l'île de Lipari, et les galères avancèrent ce jour-là au delà de l'île de Ponza de soixante milles; et, quoique le vent s'amollit sur le soir, M. le général ne laissa pas de faire force de rames toute la nuit, de sorte qu'on avança de près de quarante milles.

17 juin.

Le 17, depuis le matin jusqu'au soir, on n'avança que d'environ soixante milles, d'autant qu'il y avoit très peu de vent. Sur le soir, on aperçut les îles et les feux de

---

1. *Ponse*, dans le texte.

Stromboli. Ce sont des montagnes, qui brûlent incessamment, comme aussi la fumée de l'île de Brocand, qui est de Sicile et appartient au roi d'Espagne. Comme il étoit calme, on vogua à quartier toute la nuit.

18 juin.

Et le lendemain matin 18, on se trouva encore éloigné de vingt milles de la rade de Lipari. Le vent s'étant tourné au grec et levant, quoique médiocre, on ne laissa pas d'avancer tout doucement. M. le général ayant envoyé le major des galères[1] dans sa felouque en avance à Lipari pour apprendre des nouvelles de la route de M. de Rospigliosi, il sut à son retour qu'il étoit avec les galères de Malte à Messine ; mais les galères étant assez proches de Lipari, et les pilotes lui ayant conseillé de ne pas s'engager la nuit dans l'embouchure du phare de Messine à cause de la rapidité impétueuse du courant, il fit donner fond à la rade de Lipari à quatre heures après midi ; et afin de savoir de quelle manière il en devoit user avec M. de Rospigliosi en arrivant à Messine et comment on le traiteroit, il renvoya M. le major des galères dans son brigantin en avance à Messine avec ordre de savoir toutes ces choses de M. de Rospigliosi, et de retourner incessamment, quoiqu'il y ait cinquante milles de cette rade de Lipari à Messine, afin de le pouvoir informer dans la route, et avant que des galères arrivassent à Messine, de ce qu'il auroit à faire. A cette rade de Lipari, il y a fond de quinze et vingt brasses d'eau, et il y peut tenir une armée navale à couvert de tous vents, à la réserve du levant et isseroc, et du mi-jour et isseroc. De Cività Vecchia[2] à ladite île de Lipari, il y a deux cent nonante milles de chemin.

La tour de la place de Lipari salua la Capitane de sept

1. Le chevalier de Mirabeau. Cf. p. 76, n. 3.
2. *En note* : Nota que de ces trois vents, il ne s'en forme qu'un qui fait le traversier.

coups de canon, à quoi on répondit de quatre. Le gouverneur ayant envoyé offrir à M. le général des rafraichissements pour les galères, il l'en fit remercier, attendu que les galères avoient suffisamment de victuailles. M. le général ayant demandé à cet envoyé s'il pouvoit aller avec quelques officiers en felouque voir l'embrasement de la montagne de Brocand, cet envoyé lui répondit qu'il ne pouvoit résoudre cela tout seul, et qu'il en alloit parler au gouverneur, qui d'ailleurs n'accorda la permission à aucune personne des galères de mettre pied à terre.

Environ deux heures après, le même envoyé du gouverneur de Lipari retourna à la Capitane pour dire à M. le général qu'il pouvoit aller en sa felouque voir l'embrasement de Brocand et en même temps lui fit présent d'un petit barillet de vin et de quelques raisins secs, que M. le général accepta plutôt par politique qu'autrement et fit donner quelques pistoles aux matelots de la felouque de cet envoyé pour boire à sa santé.

19-22 juin.

Le 19e jour du dit mois, à une heure du matin, M. le général, ayant fait sonner la trompette, fit serper au même instant, et à force de rames et de voiles il se rendit avec toutes les galères à onze heures du matin à l'embouchure du phare de Messine, à cinquante milles de Lipari, où les pilotes du pays préposés pour passer les galères, les vaisseaux et autres bâtiments de mer le vinrent joindre pour lui offrir leur service ; ce qu'il accepta, non pas qu'il en eut besoin, puisque les pilotes des galères sont très habiles gens, mais afin d'avoir occasion de leur donner libéralement les présents qu'on leur fait en ces rencontres. Étant environ à mi-canal du phare de Messine, M. le général les renvoya après leur avoir fait donner satisfaction, et étant environ à cinq milles de Messine, le major, qui y étoit allé en avance, vint joindre la Capitane et avertir en même temps M. le général que M. de Rospigliosi étoit parti de ce port deux jours auparavant avec ses galères et celles de Malte pour Corfou. M. le général, étant dans l'impatience de joindre les galères du pape, résolut de passer outre de Messine sans y donner fond, et se mit au canal à cette fin. Mais la plupart des capitaines des galères l'étant venus avertir qu'ils n'avoient plus d'eau, et que la chiourme souffroit beaucoup, il prit conseil, et il fut résolu de passer outre Messine, afin de faire aiguade en Calabre au devant de Messine ; mais les vents s'étant amollis il lui fut impossible de passer plus avant, ce qui l'obligea de mouiller le fer au-dessous de Messine, pour y faire aiguade, où le chevalier[1] ...... vint le trouver, et après lui avoir confirmé ce que M. le major lui avoit assuré du départ de M. de Rospigliosi, lui rendit une lettre de sa part.

Ce chevalier, accompagné de quatre autres chevaliers des meilleures maisons de Sicile, assura d'ailleurs M. le général de la manière que la ville et le château de Messine en avoient usé envers M. de Rospigliosi, en arrivant et en sortant du port de cette ville avec l'étendard de la Chrétienté, et comme M. de Rospigliosi leur avoit rendu le salut. Après que M. le général en fut informé par le consul français et autres marchands de Marseille, se voyant nécessité de passer une partie de la nuit dans ce port et voyant qu'on le vouloit traiter avec l'étendard de l'Église comme on avoit fait [pour] M. de Rospigliosi avec l'étendard de la Chrétienté et qu'on ne vouloit pas exiger de lui plus que de M. de Rospigliosi, il prit l'avis des capitaines des galères de France et promit aux députés de la ville et du château de Messine d'en user comme M. de Rospigliosi avoit fait, quand on lui rendroit le même salut qu'à lui.

Le député s'en étant retourné à la ville pour disposer toutes choses à cette fin, M. le général fit donner fond au-dessous de Messine et, afin de ne pas perdre un moment de temps, il commanda l'aiguade par toutes ses galères.

1. Le nom est laissé en blanc dans le texte.

A six heures du soir, M. le général ayant fait serper fit son entrée avec toutes ses galères en ordre dans le port de Messine, et fut d'abord salué par le château (où il y a une garnison pour le roi d'Espagne) de douze coups de canon, ensuite de quoi la forteresse de la ville tira, et les autres forts, où il y a garnison espagnole, en nombre de trois et ceux de la ville, en nombre de quinze ou seize, tirèrent tout confusément, et le château, qui avoit commencé le salut par douze coups, le finit par seize autres coups. Le salut royal fut tant de la part du château et autres places gardées par le roi d'Espagne, que de la part de la ville et de ses forts, de plus de cent cinquante coups de canon, après quoi toutes les galères firent deux saluts consécutivement chacune de quatre coups de canon [1]. Le premier salut des galères fut pour le roi d'Espagne, et le second pour la ville. Les galères ayant achevé l'aiguade, M. le général employa trois heures de nuit, en attendant que la lune fut levée, à traiter magnifiquement les dits quatre chevaliers, qui lui avoient porté la lettre de M. de Rospigliosi, et qui lui avoient fait les compliments de la part du gouverneur du château et les présents et les offres de service de la part de la ville. Il y a fond en ce port de cinq à six brasses d'eau et il y peut demeurer une armée navale à couvert de toutes sortes de vents.

Incontinent après le souper, M. le général ayant été averti que la lune commençoit à éclairer la nuit, il fit sonner de la trompette pour [donner] signal aux galères de serper. MM. les chevaliers de Messine prirent congé de lui; et d'abord il se mit au large avec le Capitane, et le château et la ville lui rendirent le même salut que le soir auparavant. Et M. le général avec toutes ses galères les remercia de la même manière. Toutes les galères étant en leur poste, il continua sa route en côtoyant la Calabre, et envi-

1. *En note* : La ville de Messine voulut être saluée comme nos roi et ne lui céda que la primauté.

ron sur les onze heures du matin (parce qu'il étoit la fête de Dieu), M. le général fit donner fond pour dire la messe. Après quoi, il fit serper pour continuer sa route, comme il fit tout le jour le long de la côte de Calabre et, le soir, étant au cap de Spartivento, terre de Calabre, il se mit en canal à la volte de Corfou et où il navigua jour et nuit à force de rames et de voiles, le vendredi 21 et le samedi 22.

23 juin.

Le dimanche 23, à onze heures du matin, étant arrivé à l'île de Maslera[1], qui est au ponant de Corfou, à dix milles de terre ferme de l'Albanie (qui est grecque), M. le général fit donner fond pour dire la messe pendant qu'il envoya le major en avance à la ville de Corfou pour apprendre des nouvelles de M. de Rospigliosi. Après la messe il fit serper et, en côtoyant l'Albanie et l'île de Corfou, il se rendit devant la ville de Corfou à huit heures du soir, où il apprit du major, qui le vint joindre, que M. de Rospigliosi en étoit parti le même jour à sept heures du matin avec ses galères et celles de Malte pour aller en avance au Zante.

Voulant passer outre, les pilotes l'avertirent qu'il lui étoit impossible, parce qu'il y avoit plusieurs seiches dans le canal qu'on ne pouvoit pas éviter la nuit; plusieurs capitaines étant venus ensuite remontrer à M. le général la nécessité qu'ils avoient de faire aiguade, cela l'obligea d'envoyer le major à M. le gouverneur pour le prier de permettre l'aiguade aux galères ; mais le secrétaire du provéditeur de Corfou étant venu trouver M. le général pour l'assurer de ses services, M. le général lui demanda s'il y avoit lieu de pouvoir faire de l'eau pour les galères à la ville. Ce secrétaire répondit qu'il seroit fort malaisé, parce que les forteresses étoient fermées. Néanmoins,

1. *Marlière*, dans le texte. Maslera ou Errikusa.

M. le général l'ayant prié d'en donner au moins cent barils à deux des galères qui en avoient le plus de besoin, ce secrétaire les mena à la ville avec lui et M. le général ayant appris qu'ils avoient été satisfaits, fit sonner la trompette à deux heures du matin et serper au même instant pour suivre sa route droit au Zante. En ce port de Corfou il y a fond de huit brasses d'eau, et il y peut tenir une armée navale à couvert de tous vents.

24 juin.

Le lundi 24, on navigua tant à rames qu'à voile le long de la côte d'Albanie, et les galères avancèrent ce jour-là jusqu'à Santa Maura[1], qui est une île appartenant au Grand Seigneur à soixante-dix milles de Corfou. La nuit suivante, on entra dans le canal de Biscaone qui est entre les îles de la petite et grande Céphalonie[2], lesquelles sont peuplées de Grecs sous la domination des Vénitiens ; il y a de Corfou à la Céphalonie cent milles.

25 juin.

Le mardi 25, on donna fond à midi à la rade de la grande Céphalonie, pour y faire aiguade de l'eau, qu'on prit dans de petits creusets qu'on fit au bord de la mer, parce qu'on en avoit extrêmement besoin, et afin de faire prendre un repos de cinq heures à la chiourme, qui étoit extrêmement fatiguée à cause du grand travail causé par les vents contraires. On partit de ce lieu sur les six et sept heures du soir à la faveur d'un vent de ponant assez frais, qui escorta les galères jusqu'à dix heures, qu'il y eut un grand calme ; néanmoins, ayant toujours navigué jusques à minuit, une felouque vint joindre la Capitane dans laquelle

1. *Sainte-More* : l'île de Leucade. Santa-Maura est une ville située au nord de l'île.
2. *En note* : C'étoit autrefois Samos. Le canal de Biscaone est aujourd'hui celui d'Ithaque.

étoit M. le bailli de Caderousse. Lequel, étant monté sur la Capitane, assura M. le général de la part de M. le bailli de Rospigliosi, général de la Chrétienté, que les galères du pape, celles de Malte et quatre de Venise, l'attendoient à Zante.

M. le général eut bien de la joie d'apprendre cette nouvelle et fit donner fond, afin d'attendre le jour pour se mettre en état de saluer l'étendard de la Chrétienté, arboré sur la Réale du Saint Père ; mais incontinent après, une galère du pape vint en présence et salua la Capitane de France, où est arboré l'étendard de l'Église, de trois saluts de canon et de mousqueterie ; à quoi on répondit de quatre coups de canon. De la grande Céphalonie à Zante, il y a trente milles [1].

27 juin.

Le 27, à onze heures du soir, M. le bailli de Rospigliosi ayant fait tirer le coup de partance, toutes les galères serpèrent et chacune en leur poste naviguèrent (*sic*) le long de la côte de la Morée en présence de la ville d'Arcadie. On passa aussi devant la ville de Navarin appartenant au Grand Seigneur et ayant navigué toute la nuit du 28.

29 juin.

On arriva le 29, fête de saint Pierre et saint Paul, à la rade de Portovecchio, à dix heures du matin, où l'on donna fond pour faire dire la messe. Il y a à cette rade six ou sept brasses d'eau, mais c'est un endroit découvert, où il n'y a aucune sûreté à cause des grands vents qui y règnent presque de tout temps. Il y a de là au Zante cent soixante

---

1. *En note :* Il est expliqué dans les lettres du roi à Mgr Colbert du [*un blanc*] les difficultés qu'il y eut entre M. de Rospigliosi et M. le général touchant les saluts et de la manière que les saluts se rendirent de part et d'autre en se joignant au Zante. (Cf. n° XXXVII.)

milles. Le pays est habité par des Grecs qu'on appelle des Magnottes. C'étoit autrefois l'ancienne Lacédémone. Ces habitants sont chrétiens et n'ont aucun supérieur. Ils n'ont aucune forteresse et cependant ils se défendent chacun en leur canton, combattent en confusion et suivent celui qu'ils croient avoir le plus d'esprit.

Il y en eut un, qui se dit leur chef, qui vint faire offre de services et de victuailles à M. le général et dîna avec un capitaine et le comite réal sans cérémonie. Il dit qu'il commande trente-cinq mille hommes de guerre, qui ne sont assujettis à qui que ce soit qu'à lui. Ils haïssent surtout la domination des Turcs et leur font toujours la guerre, mais quoique chrétiens, ce sont gens traîtres et qui aiment extrêmement les habits des Français et des autres nations. C'est pourquoi, quoiqu'ils aient des bestiaux et des volailles en quantité, et des cailles en quantité qui se retirent de là l'hiver, on ne se hasarde pas d'aller en leurs habitations pour acheter quelque chose ; de sorte qu'ils viennent eux-mêmes apporter leurs denrées au bord de la mer pour les vendre aux officiers des galères.

30 juin.

Le 30 juin, à deux heures après midi, M. de Rospigliosi ayant fait sonner de la trompette et serper au même temps, toutes les galères serpèrent aussi et on navigua à la rame et à la voile le long des côtes de Maïne[1], qui est un pays habité de Magnottes ; et comme il étoit dimanche et qu'il falloit faire du bois, on donna fond à la Colochit, à onze heures du matin. Et il y a en cette rade dix ou douze brasses d'eau et il y peut demeurer une armée navale, les vents traversiers sont mi-jour et siroc. De là il y a quarante milles à Portovecchio.

1ᵉʳ juillet.

Le 1ᵉʳ jour de juillet à minuit, M. de Rospigliosi ayant

1. *Brademaine*, dans le texte.

fait sonner la trompette, toutes les galères serpèrent et naviguèrent le long des côtes des Magnottes jusqu'à l'île du Cérigo, qui appartient aux Vénitiens, et de là entrèrent dans le canal qui est entre les îles du Cérigo et le cap Saint-Ange, qui est terre ferme, et appartient au Grand Seigneur. Ce canal a environ quinze milles de largeur de terre ferme, du cap Saint-Ange à l'île du Cérigo ; et ayant navigué à rames et à voiles jusqu'à neuf heures du matin, on donna fond à la rade de Saint-Nicolas en l'île du Cérigo pour faire de l'eau et prendre langue, où pourroient être les galères du Grand Seigneur. Il y a en cette rade six à sept brasses d'eau, et il y peut tenir en été deux armées navales ; il y a de Colochit à ladite rade de Saint-Nicolas aux îles de Cérigo quarante milles.

Séjour a Candie

2-3 juillet.

Le 2ᵉ jour on côtoya les côtes de l'île de Candie, et à deux heures après midi, étant à vingt-cinq ou trente milles de la Canée, comme on découvrit seize galères, qui sortoient du port de cette ville et se mettoient au large, on fit le signal de chasse à toutes les galères et on la donna effectivement pendant deux heures, mais les galères turquesques ayant aperçu celles de la Chrétienté se retirèrent dans le dit port de la Canée.

Les galères de la Chrétienté, dans le désespoir de les pouvoir joindre, continuèrent leur route pour secourir Candie, que l'on savoit être extrêmement pressée ; de sorte qu'on naviga jusqu'au lendemain du 3ᵉ du dit mois, environ trois heures après midi, que les galères arrivèrent devant Candie, et comme les vaisseaux de l'Église commandés par M. le duc de Beaufort étoient à la rade de cette ville, l'Amiral et tous les autres vaisseaux saluèrent de trois saluts royaux l'étendard de la Chrétienté. A quoi toutes les galères ayant répondu de même, elles furent mouiller à Standia, qui est une île déserte, où il y a quatre ou cinq ports, à dix milles de la ville de Candie[1].

Comme les barques, les galères, les galéasses et même quelques vaisseaux vénitiens étoient dans ces ports, ils saluèrent l'étendard de la Chrétienté et ensuite celui de l'Église porté par la Capitane de France. A quoi l'un et l'autre répondirent. En ce port de Standia, où on a mouillé, il y a fond de quinze brasses d'eau. De Saint-Nicolas de Cérigo à Candie il y a cent quarante milles.

Comme on apprit là que M. de Beaufort (qui avoit ordre du roi et du Saint Père d'attendre les galères de la Chrétienté à Cérigo pour prendre avec M. le bailli de Rospigliosi et M. de Navailles les résolutions pour le secours de Candie) étoit passé ou tué, et que trois jours après qu'il fut arrivé, que M. le duc de Navailles, qui devoit commander les troupes à terre, après avoir été à la ville, avoit résolu avec M. le duc de Beaufort de mettre non seulement les troupes destinées pour la terre dans la ville, mais même un détachement des troupes des vaisseaux, et conjointement de combattre les Turcs par une sortie du côté du camp de la Sablonnière, qui est en entrant dans la ville à la gauche, et que dans cette attaque, M. de Beaufort avoit été tué avec plus de soixante-dix officiers et plus de deux cents blessés, sans les soldats morts ou blessés.

6-7 juillet.

M. le général ayant informé M. le bailli de Rospigliosi de cette nouvelle, qui lui avoit été donnée par le major des vaisseaux[2], ils délibérèrent entre eux de ce qu'il y avoit à faire, et après avoir su l'état de la place, et celui du camp

---

1. *Mémoires ou relation militaire...* par un capitaine françois, p. 299 : « Ce même jour partit de ce port un bâtiment anglois, qui, à ce qu'on assure, avoit vendu aux Turcs grand nombre de bombes et de grenades. »

2. Le marquis de Belle-Isle Erard.

APPENDICES. 241

des ennemis, il fut résolu que les galères s'avanceroient à trois milles du camp ennemi, du côté de Saint-André, comme elles firent le 6⁰ du dit mois environ, à six heures du matin, et on donna fond proche des vaisseaux, où il y a vingt-cinq brasses d'eau, en attendant les avis du capitaine général de Candie, de M. de Navailles, y étant resté avec les troupes de France depuis le combat, et les résolutions de M. le général, en qualité de général des armées navales de la Chrétienté (il a pris cette qualité depuis la mort de M. de Beaufort, conforme aux ordres du roi de commander ses galères et les vaisseaux, en cas de mort ou de maladie de M. l'amiral) et celles de M. le bailli de Rospigliosi, généralissime de la Chrétienté, pour assaillir les Turcs par mer avec trente-deux galères, quatre galéasses et seize vaisseaux, et par terre avec [*une ligne en blanc*], mais comme le vent du nord, qui est traversier de cette rade, se rafraîchit et qu'on aperçut que les Turcs élevoient des batteries de canon le long des bords de la mer, après avoir reçu une lettre du capitaine général de Candie, M. de Morosini, et son avis sur ce qu'il y auroit à faire, qui étoit que les galères avec les troupes, qui devoient se débarquer pour entrer dans la ville cette nuit-là, se retirassent pour tromper les ennemis, qui tireroient infailliblement plus qu'à l'ordinaire, et afin que M. le général et M. le bailli de Rospigliosi, qui devoient passer cette nuit-là à la ville, n'en fussent pas incommodés, il fut arrêté qu'on serperoit comme on fit le lendemain 7ᵉ, à 2 heures du matin, et on se retira à Standia sans que les ennemis s'en soient aperçus [1].

1. Les *Mémoires ou relation…* disent au contraire (p. 300) : « Le 6, ces galères sortirent du port et furent mouiller à la Fosse proche les vaisseaux de l'armée de France, et quelques-unes s'étant voulu approcher un peu trop près de l'attaque de la Sablonnière, les Turcs leur envoyèrent quelques volées de canon, qui les obligèrent de se mettre au large. »

8 juillet.

Le 8 du dit mois, on apprit que M. de Navailles étoit toujours fort mal, et qu'on lui devoit même faire une baraque à Standia pour l'y transporter, afin qu'étant hors du mauvais air de la ville, il put guérir plus facilement. Le vent du nord fut si frais ce jour-là, qu'à peine put-on mettre le caïque à la mer.

9 juillet.

Le 9e jour du dit mois, encore que le vent du nord fut extraordinairement frais, M. le général voulut aller lui-même avec M. Jacquier en un des ports de cette île, afin de faire creuser des puits pour en pouvoir tirer de l'eau pour la commodité de l'armée. En quoi il réussit de manière que chacun en put tirer en cinq ou six endroits pour la nécessité.

10 juillet.

Le 10e, le vent s'étant un peu moli sur le soir, et M. de Morosini ayant averti M. le général et M. le bailli de Rospigliosi qu'ils pouvoient faire débarquer les régiments d'Espagny (à présent de Bandeville), La Fère et Château-Tierry, et les faire transporter dans des barques à la ville, M. le général donna les ordres pour cet effet et cela fut exécuté cette nuit allant au 11e, en sorte qu'on ne perdit que trois soldats, qui furent tués d'un coup de canon au passage et en débarquant [1].

11 juillet.

Le 11e, le vent continua au frais et MM. de Rospigliosi et le comte de Vivonne se disposèrent à partir, comme ils firent, le soir pour entrer dans la ville de Candie, où ils arrivèrent à 11 heures du soir, non pas sans un grand dan-

1. *Les Mémoires ou relation...*, p. 301 : « Les troupes des galères, qui débarquèrent le 8 juillet, furent employées comme les autres à la défense des postes attaqués. »

ger, car le vent du nord se rafraîchit, comme ils furent à la mer et M. de Rospigliosi fut fort malade de la mer. Et les Turcs tirèrent une si grande quantité de canons dans l'entrée du port que les boulets leur siffloient souvent aux oreilles et leur jetoient de l'eau en passant près de leur felouque, outre qu'un brigantin turc les poursuivit jusques au port.

12 juillet.
Le 12º, M. le général et M. de Rospigliosi restèrent dans la ville, et comme M. de Rospigliosi se trouva incommodé, M. le général fut avec M. le capitaine général Morosini visiter tous les boyaux, et étant au quartier du bataillon de Malte, une bombe fut jetée aux pieds de M. le général, qui en crevant l'auroit maltraité sans la vigilance d'un de ces Messieurs les chevaliers de Malte, qui, voyant M. le général en péril, l'empoigna et le renversa par terre, cependant que la bombe fit son effet et qu'elle porta par en haut ses éclats de côté et d'autres. M. le général ne s'étonna pas de cette aventure ; il continua à visiter les postes les plus avancés et fut jusque sur un petit fossé sous lequel les Turcs travailloient, et comme un officier turc, qui commandoit à ces travailleurs, se fut élevé de terre et qu'il eut reconnu que c'étoient des généraux qui n'étoient là que pour reconnoître les postes, il fit défense à ses gens de tirer sur eux, disant que c'étoit une lâcheté de tuer des gens qui n'avoient pas les armes à la main et principalement des généraux, à moins qu'on ne les joigne dans le combat.

Après que M. le général eut visité tous les postes, les retranchements et les travaux, il fut joindre M. de Rospigliosi, et avec MM. les généraux de terre, ils tinrent conseil de ce qu'il y avoit à faire pour l'avantage de la place, et il y fut résolu que si la mer étoit calme, les vaisseaux, galéasses et galères iroient canonner les batteries des Turcs, étant le long de la mer du côté du bastion Saint-André, cependant que dans la ville on se préparoit à faire une grande sortie pour regagner au moins quelques pas de terrain et en attendant, qu'on feroit de fois à autre de petites sorties de la ville pour incommoder les ennemis.

13-17 juillet.

La nuit du 12 au 13, M. le général et M. de Rospigliosi repassèrent de la ville sur leurs galères avec encore plus de danger qu'en y entrant, parce qu'ils furent fort canonnés par les Turcs dans leur chaloupe ; et le 14, ces MM. les généraux de mer firent chacun un projet ou ordre de bataille pour canonner, suivant la résolution prise au Conseil, les batteries des Turcs de la marine. M. le général ayant communiqué le sien à M. de Rospigliosi, au lieu de l'approuver, il l'envoya à MM. les généraux de terre pour le faire changer, comme ils firent.

M. le général étoit du sentiment de poster la plus forte escadre des galères auprès des galéasses au milieu des vaisseaux et vis-à-vis les batteries des Turcs du bastion de Saint-André, et d'entremêler les autres galères entre les vaisseaux, et sur leurs ailes à la droite et à la gauche ; mais MM. les généraux de terre rangèrent tous les vaisseaux du roi et les galéasses au poste que devoit occuper la plus forte escadre des galères avec les galéasses et mirent toutes les galères à l'aile droite et vis-à-vis de rien.

M. le général ne pouvant souffrir qu'on lui fît ce tort, s'en plaignit à M. de Rospigliosi, qui ne voulut pas changer de sentiment non plus que le général des galères de Malte. Ce que voyant M. le général, il pria M. le généralissime Rospigliosi de souffrir qu'il mêlât les galères du roi parmi les vaisseaux de Sa Majesté pour les pouvoir secourir en cas de besoin, les renvoquer en leur trait, et afin de pouvoir faire feu avec eux. M. de Rospigliosi s'accorda à cette dernière proposition, et M. le général en ayant écrit le soir du 14 au 15 à MM. de Navailles et de Colbert de Vandière, le 17, il eut leur agrément, et le 16, M. de Martel, vice-amiral, lui témoigna par une lettre qu'il s'étonnoit fort de ce que MM. les généraux de terre ou de mer avoient voulu éloigner les galères de France des vaisseaux, que son sentiment et celui de tous les officiers de la marine étoit celui de M. le comte de Vivonne et qu'il croyoit que MM. des galères y souscriroient, comme ils firent tous le même jour, de manière que M. le général dressa des ordres le 17 pour placer ses galères auprès des vaisseaux de France et pour les remorquer, ainsi qu'il s'en suit[1]...

18 juillet.

Le 18, il distribua tous ses ordres à MM. des vaisseaux et des galères, et à 6 heures du matin, ayant monté dans sa felouque pour aller des galères aux vaisseaux, c'est-à-dire de Standia à la Fosse, où il y a sept ou huit milles de trait, afin de pouvoir s'approcher plus près qu'il pourroit des bordages de la mer et du camp et des batteries des Turcs pour en remarquer le fort et le faible, il trouva le vent si frais qu'il fut contraint de retourner, et étant sur la Capitane, il apprit d'un gentilhomme, qu'il avoit envoyé en Candie, que les Turcs avoient avancé sur le terrain de la ville en vingt endroits depuis deux jours, d'une manière que M. de Navailles se trouvoit restreint à ne plus faire faire de sorties, mais de faire travailler à des retirades partout, ayant pour cet effet envoyé demander vingt hommes par galère, qu'on lui accorda[2].

19 juillet.

Le 19e, M. de Navailles écrivit deux lettres à M. le général, par la première desquelles il le supplioit de lui faire donner un vaisseau pour envoyer en la plus prochaine île de l'Archipel acheter des rafraîchissements, qui lui faisoient un très grand besoin, et par la seconde il le prioit de lui mander combien d'hommes il lui pourroit encore donner

1. C'est rigoureusement l'ordre indiqué dans la lettre n° LV, p. 83-85.
2. Cf. la lettre n° XLV, p. 63.

par galère et par vaisseau, en cas qu'il trouvât les moyens de pouvoir faire quelque chose de considérable contre les Turcs[1]...

Celui qui apporta ces lettres de mon dit sieur de Navailles, et qui rapporta la réponse de M. le général, l'assura que la ville de Candie étoit fort pressée, que les Turcs avoient fait la nuit passée deux attaques du côté de Saint-André et de la Sablonnière, l'épée blanche à la main, et qu'il y avoit eu bien du monde de tué de part et d'autre; que, d'ailleurs, les vivres manquoient à la ville, et que M. de Navailles étoit toujours indisposé. M. le général voulut aller l'après-dîner aux vaisseaux pour conférer avec les officiers, mais le vent du nord, qui dure depuis un mois, étoit si frais qu'à peine pouvoit-on tenir le caïque à la mer. Cependant, il donna ordre de débarrasser les galères et de les tenir prêtes pour partir au premier calme pour l'expédition résolue.

20 juillet.

Le 20e, le vent du nord se rafraîchit encore de plus en plus, de sorte qu'il n'y eut pas moyen de mettre le caïque à la mer. Un volontaire de dessus la Capitane étant allé depuis trois jours à la ville avec les troupes détachées des galères pour travailler à la seconde retirade du bastion de Saint-André, ayant passé cette nuit-là de Candie dans une des galiotes de Venise, qui vont se poster tous les soirs à l'embouchure du port, arriva au matin aux galères, qui informa Monsieur le général de l'état de la place, et l'assura que la seconde retirade, où les soldats aux Gardes du roi travailloient avec les soldats de la marine, étoit fort avancée, que les ennemis, qui étoient maîtres de la première, étoient néanmoins fort proches des François, et qu'en fouil-

1. Duché de Vancy rapporte ici un passage de la réponse de Vivonne à Navailles, transcrite plus haut (n° XLVIII). Il est inutile de le répéter ici.

lant la terre ils en jetoient par dessus eux, qu'ils leur
jetoient aussi une grande quantité de bombes et de grenades, et qu'il y avoit eu quatre soldats des galères tués et
un officier de blessé en un jour ; qu'on avoit fait une sortie
de soixante hommes tant François qu'Italiens, qui avoient
obligé quelques Turcs à sortir de leurs boyaux. Lesquels ils
avoient fait mine de charger, et s'étoient retirés peu à peu
afin qu'il en sortit un plus grand nombre, et que lorsque
les François avoient été en sûreté, des mousquetaires du
roi, qui étoient postés avantageusement, avoient tiré si à propos sur les Turcs, qu'ils en avoient tué près de trois cents.
Après quoi les autres se seroient retirés.

21 juillet.

Le 21e, le major de Candie apporta une lettre à M. le
général de la part du capitaine-général Morosini, contenant ses plaintes de ce que quelques soldats des galères
avoient dérobé un pierrier en Candie ; à laquelle M. le
général fit réponse sur le champ qu'il feroit faire toute la
perquisition possible pour faire retrouver le pierrier, dont
on accusoit ses soldats de l'avoir pris, pour lui renvoyer,
l'assurant au surplus qu'il lui feroit donner satisfaction, s'ils
se trouvoient convaincus de ce crime. Ce major m'assura
que la seconde retirade du bastion Saint-André où travailloient les François sera achevée à la fin de ce mois, qu'ils
en faisoient encore faire deux autres en deux autres
endroits, qui leur pourroient donner moyen, avec du
monde, de soutenir ce siège encore plus de cinq mois, que
l'on avoit fait encore une sortie de cent hommes ce jour-
là, qui avoient tué quelque soixante Turcs, et qu'ensuite
ces Infidèles avoient fait mine en quatre endroits de donner
un assaut, mais qu'on les avoit chargés si à propos qu'ils
avoient été contraints de se retirer en leurs boyaux, car
tous ceux qui sont à la portée du canon, sont comme des
renards et avancent par des boyaux au pied des murailles,
creusant et avançant toujours sans qu'on les voie, et de ces

boyaux, ils jettent les bombes et les grenades dans le retranchement de nos gens avec la main même. Ils ont de certains crocs avec lesquels étant montés la nuit sur le retranchement de nos soldats, ils les tirent à eux sans qu'ils s'en aperçoivent et qu'ils s'en puissent même défendre.

Le même jour sur le soir, trois François étant dans un vaisseau génois mouillé en ce port de Standia, ayant appris que M. le général avoit ordre du roi de reprendre tous les François qu'il trouveroit sur des vaisseaux marchands étrangers et de les renvoyer en France, vinrent sur la Capitane dire qu'ils vouloient bien s'en retourner en France, mais qu'ils supplioient M. le général d'employer son autorité pour les faire payer et pour leur faire rendre leurs hardes par le Capitaine génois, avec qui ils étoient.

M. le général y ayant renvoyé le major des galères[1], ce capitaine génois maltraita le dit sieur major de paroles et se mit en état de le tuer. De quoi M. le général étant averti, il en donna avis à M. de Rospigliosi et le pria qu'en qualité de généralissime, il ait à lui faire raison de cet attentat. Le nocher et le capitaine de ce vaisseau furent aussitôt mis à la chaîne et trois jours après relâchés, après avoir demandé pardon de son insolence.

22 juillet.

Le 22ᵉ du dit mois, le major de Candie vint à bord de la Capitane apporter une lettre à M. le général de la part de M. le capitaine général Morosini, qui demandoit raison de la friponerie de quelques soldats françois, ce qui lui fut octroyé. Ce major assura que les François avoient si bien réussi au travail de deux retirades du côté du bastion de Saint-André, que l'on espéroit que celles-là et celles qu'on achève du côté de la Sablonnière mettroient dans quinze jours la ville en état de se défendre encore huit mois ; que l'on disputoit à présent le terrain pouce par pouce et

1. Le chevalier de Mirabeau.

que les ennemis n'osoient paroître dehors de leurs boyaux, qu'on les tuoit aussitôt.

Ce même jour, le vent s'étant un peu moli, on se disposa à aller avec les galères joindre les vaisseaux pour canonner les retranchements des Turcs, la nuit en suivant, si le temps le permet.

23 juillet.
Le 23, M. de la Croix, intendant de l'armée de France en Candie, vint à bord de la Capitane et témoigna à M. le général que MM. les généraux de terre souhaitoient fort que la mer se calmât entièrement et qu'il pût avec M. de Rospigliosi, les vaisseaux et les galères du roi exécuter ce qu'ils avoient résolu au Conseil, pour leur donner lieu de faire une sortie considérable, afin d'incommoder les ennemis de plus en plus. Il dit aussi à M. le général que M. de Rospigliosi étoit de sentiment d'envoyer encore mille hommes des galères en Candie, afin de faire une sortie plus considérable pour tâcher de faire lever le siège aux ennemis. C'est ce qui obligea M. le général de faire aussitôt une revue sur les vaisseaux et sur les galères, où il trouva tant de soldats morts, blessés, convalescents ou malades qu'il ne put pas détacher un seul homme sans désarmer quelques-uns des bâtiments du roi. Il fut en donner avis à M. de Rospigliosi et le supplia de l'excuser, s'il ne faisoit pas le détachement qu'il lui demandoit, puisque le lendemain les vaisseaux et les galères devoient aller à une action aussi considérable que celle de la canonnade, qui selon l'effet qu'elle produiroit, pourroit donner lieu à faire débarquer des troupes pour aider à ceux qui feroient des sorties de la ville de pousser les ennemis.

Le vent étant tout à fait moli sur le soir, M. de Rospigliosi convint avec M. le général de faire serper et d'aller avec les galères de ce port de Saint-Nicolas joindre les galéasses en celui de Saint-Georges dans cette même île de Standia. Ils prirent aussitôt les étendards, savoir M. de Rospigliosi celui de la Chrétienté, et M. le général celui de la Sainte Église. Ils partirent à cinq heures du soir et arrivèrent à huit au dit port de Saint-Georges.

24 juillet.

Les six galéasses de Venise s'étant mises au large pour faire place à la Réale du pape, à la Capitane de France et à la Patronne de Malte, on demeura là quelque temps sans mouiller le fer, et les ordres ayant été donnés à chacun de se rendre en son poste, chaque galère s'avança proche du vaisseau qu'elle devoit remorquer, et les vaisseaux ayant levé l'ancre, donnèrent le cap de remorque à chaque galère et s'allèrent poster environ à 6 heures du matin sous douze ou quinze batteries des Turcs, à demie portée de mousquet de terre sans tirer un seul coup de canon, encore que les batteries des Turcs les incommodassent beaucoup [1]...

1. Suit le récit de la bataille navale et de ses conséquences presque en tous points semblable à celui de la lettre n° LV. Il est inutile de le répéter ici (ff. 44-52 du ms.). *Mémoires ou relation...*, p. 304 : « Pendant ce grand tonnerre de canons, ceux de la place firent bannière du côté de Dermata pour faire connoître à l'armée que le canon de leurs vaisseaux les incommodoit. En effet, les galères du pape, celles de Malte, qui étoient du côté du Ponant, tiroient dans les travaux ennemis comme en queue et les boulets donnoient dans la place, qui y tuèrent quelque monde. D'un autre côté, pendant le feu, quelques galiotes vénitiennes mirent leur éperon en terre et furent, à la faveur de notre artillerie, piller à l'entrée du camp les pavillons que les Turcs avoient abandonnés, où ils trouvèrent quantité de robes turquesques et quelque bétail. Mais environ 500 de ces Infidèles, qui vinrent qui de çà qui de là déterminément à la charge, les obligèrent de se retirer dans leurs galères avec ce qu'ils avoient pu prendre.

« Cette disgrâce de la Thérèse, l'artillerie des galères du pape et de Malte, le canon, les bombes et même la mousquetterie des ennemis causèrent la perte de 1300 hommes des nôtres, et celle de ces Infidèles fut beaucoup moindre. »

Ce même jour, M. le général me remit entre les mains les lettres qu'il avoit reçues de M. de Navailles, de M. Colbert de Maulevrier, de M. le capitaine général Morosini et de M. de la Croix, intendant de l'armée de France, du 24 de ce mois, deux heures après que l'armée navale se fut retirée de la canonnade du camp des Turcs. Ces lettres ne lui ont été écrites à autre fin que le congratuler de l'honneur qu'il s'est acquis en cette occasion à l'armée navale du roi et à toute celle de la chrétienté[1]...

28-29 juillet.

Le 28 et le 29 du dit mois, on fit travailler à raccommoder la Capitane et les autres galères, qui avoient été blessées à la canonnade, et M. le général, qui étoit blessé de quatre ou cinq contusions, ne laissa pas d'agir et d'aller aux vaisseaux visiter ceux qui avoient reçu quelques coups dans l'eau, afin de les faire raccommoder.

Le 29, M. le général écrivit une lettre au Capitaine général pour lui faire connoître qu'un des vaisseaux du roi avoit très grand besoin d'un mât de beaupré, le sien ayant été brisé le jour de la canonnade ; qu'il prioit Son Excellence d'envoyer un ordre au commandant des galéasses de lui en faire délivrer un, et par là même il lui demandoit la grâce d'une personne, qui lui étoit recommandée fort particulièrement.

30 juillet.

Le 30ᵉ juillet, M. de Rospigliosi fit témoigner à M. le général que le Capitaine général lui avoit écrit qu'il croyoit qu'il étoit absolument nécessaire que MM. les généraux de mer allassent à la ville pour tenir un conseil avec MM. les généraux de terre afin de pourvoir aux urgentes nécessités

1. Ces lettres figurent aux nᵒˢ LI, LII et LIII. Duché de Vancy rapporte dans son *Journal* leur contenu qu'il est inutile de rapporter à nouveau.

de la place, qui étoit certainement pressée par les Turcs, et ceux qui parlèrent à M. le général de la part de M. de Rospigliosi lui témoignèrent même que MM. les Vénitiens étoient d'avis que l'armée navale retournât canonner le camp des Turcs du côté de la Sablonnière, et que des vaisseaux et des galères de France on fournisse des hommes pour aider à faire une sortie considérable pour éloigner au moins les ennemis de ce côté de la place où il n'y a pas de terrain pour pouvoir faire aucune retirade, et mettre par ce moyen la ville de Candie en état de résister encore longtemps à la fureur de ces Infidèles.

M. le général, ayant trouvé cette proposition déraisonable [1], crut être obligé d'en dire son sentiment à M. de Rospigliosi, à qui il fit voir l'état des malades, des blessés, des morts et des convalescents des troupes et des équipages des vaisseaux et des galères de France, et lui fit même connoître que les vaisseaux ni les galères n'étoient pas encore racommodés de la première canonnade. Il dit à M. de Rospigliosi qu'il vouloit bien avoir l'honneur de l'accompagner à ce Conseil que désiroient MM. les Vénitiens, pour leur faire connoître que de son côté il avoit fait et vouloit bien faire tout ce qui lui seroit possible, et qui dépendroit de lui pour le salut de Candie, mais que par avance il croyoit être obligé de lui dire que les vaisseaux et les galères du roi n'étoient pas en état de retourner une seconde fois canonner le camp des Turcs, et qu'aussi bien cela seroit inutile à MM. les Vénitiens, puisqu'il y avoit apparence qu'ils ne profiteroient non plus de cette occasion pour faire une sortie générale que de la première, où ils avoient négligé le salut de la place.

M. de Rospigliosi lui répartit qu'il avoit ordre du pape de faire toutes les choses possibles pour le salut de cette place, que ce n'étoient pas tant les Vénitiens, qui proposoient cette canonnade et qui demandoient ce Conseil, que

1. Voir p. 92 et la lettre LIX.

lui, qui avoit pensé que puisqu'on n'avoit pas fait de sortie au jour de la canonnade (quoiqu'il y ait eu occasion favorable pour le faire), il falloit tenir un Conseil, et voir si, en canonnant du côté de la Sablonnière, on ne pourroit pas faciliter une sortie générale pour sauver la place, que la chose venant de lui, il supplioit très humblement M. le général de vouloir assister à ce Conseil et qu'il lui en seroit fort obligé.

M. le général lui témoigna qu'il n'auroit jamais plus de grande joie, que lorsqu'il pourroit lui témoigner l'envie qu'il avoit de faire quelque chose de grand, qui put contribuer à sa gloire, et qu'il étoit prêt de le suivre où il lui plairoit. S'étant alors séparés à dessein d'aller le soir en ville, M. le général monta en sa felouque et fit voir aux vaisseaux ce qui s'y passoit, mais il fut contraint de retourner sur la Capitane, parce qu'il se trouva saisi d'une douleur de poitrine si violente qu'il fut nécessité de se mettre au lit et de faire avertir M. de Rospigliosi de l'état où il se trouvoit, qui l'envoya visiter et lui fit dire que, puisqu'il ne pouvoit aller à la ville, il étoit de sentiment qu'ils y envoyassent chacun un homme de créance pour écouter les propositions que les Vénitiens auroient à leur faire pour le salut de la place, afin de prendre leurs mesures ensemble pour voir si on pourroit faire ce qu'ils demanderoient, ou autrement les en avertir afin qu'ils prissent d'autres mesures.

M. le général jeta les yeux sur M. le commandeur de la Bretèche, pour l'envoyer à la ville, qu'il chargea d'une lettre à M. de Navailles, par laquelle il lui marquoit[1]...

La réponse de M. de Navailles à cette lettre fut que ses intentions étoient celles de M. le général, qu'il ne croyoit pas que les Vénitiens osassent proposer une seconde canonnade, mais que s'ils en faisoient la proposition, il savoit comme il se devoit comporter en ce rencontre. Il deman-

1. Voir les lettres n⁰ˢ LIX et LX.

doit en même temps deux grâces à M. le général. La première étoit de voir ce qu'il lui pourroit faire avoir de grenades des vaisseaux et galères en remboursant les capitaines, parce qu'il ne lui en restoit plus que cinq mille. La deuxième étoit de lui envoyer trois cents hommes de ces deux corps pour relever ceux qui travailloient à la retirade, et que les mêmes barques qui apporteroient ces trois cents hommes rembarqueroient les autres, qui étoient fort fatigués.

Ce même jour, on fit une sortie de la ville du côté de la Sablonnière, où M. de Colbert fut blessé et M. de la Croix et M. de Navailles en écrivirent à M. le général. M. de Navailles lui marquoit par la lettre qu'il lui écrivoit [1]...

31 juillet.

Le dernier du mois de juillet, M. de la Croix vint à bord de la Capitane voir M. le général, afin de l'informer de ce que l'armée de terre en Candie avoit fait le jour précédent en la sortie dont j'ai parlé ci-dessus. Et en s'en retournant, M. le général le pria de vouloir bien l'informer de tout le détail de tout ce qui se passeroit à la ville.

1ᵉʳ août.

Ce qu'il ne manqua pas de faire, premier jour d'août, qu'il lui écrivit que les troupes détachées avoient fait un petit logement à la Sablonnière, qui défendoit celui qu'on avoit fait au paravant, et que ce qu'on avoit fait étoit fort à propos, vu que les ennemis avoient commencé deux

---

1. Voir la lettre n° LVIII. L'envoi du janissaire turc dépêché par Navailles à Vivonne, pour servir sur les galères et annoncé dans cette lettre, est mentionné par les *Mémoires ou relation militaire*, p. 307, qui précisent : un janissaire « de considération ». Il y est aussi relaté qu'à cette sortie cinquante Français y succombèrent et plus de deux cents Turcs.

mines sous la courtine ; il lui mandoit aussi que deux gens, qui s'étoient venus rendre, les avoient assuré que le Capitaine Bacha, qui commandoit l'attaque de la Sablonnière, se voyant éloigné de son projet, étoit allé trouver le grand Vizir à Saint-André avec une partie de ses troupes et qu'il y avoit apparence de quelque nouvelle aubade en ce quartier. Il lui demandoit en même temps une copie de l'ordre de bataille de la canonnade pour l'envoyer à M. le marquis de Louvois et, en l'assurant des services de M. de Navailles, il le prioit de sa part de lui envoyer six charpentiers des vaisseaux.

2 août.

Le 2ᵉ jour d'août, M. de Navailles envoya un gentilhomme à lui, nommé M. Vincent, à M. de Rospigliosi et, sous prétexte de lui rendre compte et à M. le général des effets de leur sortie, il témoigna à M. de Rospigliosi, sans en rien dire à M. le général, que M. de Navailles auroit bien désiré conférer avec lui sur le vaisseau de M. de Martel, qui étoit alors à la Fosse entre Candie et Standia, pour aviser aux moyens de faire quelque chose de grand pour le salut de Candie.

M. le général l'ayant su adroitement, crut être obligé de mander à M. de Navailles que, s'il avoit su qu'il eût demandé à M. de Rospigliosi une conférence, il auroit empêché M. de Saint-Vincent de lui rendre la lettre, étant persuadé qu'on ne devoit attendre une autre réponse que celle qu'il avoit faite. Il le prioit en même temps de prendre garde aux surprises et qu'on avoit dessein de lui faire signer quelque chose pour le charger de tout l'événement de Candie, qu'il lui demandoit pardon s'il lui en parloit si librement, mais qu'il croyoit obligé, comme prenant beaucoup de part à ses intérêts, de l'avertir de se méfier des gens dont le but n'étoit que de le surprendre, et il lui envoya en même temps les trois cents hommes, qu'il lui avoit demandés.

3 août.

Le 3ᵉ jour, M. le général s'appliqua à donner les ordres sur l'Amiral et sur les autres vaisseaux pour les faire recalfater, tenir lestés et en état de naviguer.

4 août.

Le 4ᵉ, le duc de Navailles lui écrivit de Candie qu'il le remercioit des bons avis qu'il lui donnoit par sa lettre et qu'il en profiteroit [1]...

5 août.

Le 5ᵉ, M. le général donna les ordres au major des vaisseaux de faire une revue de ce qui restoit de vivres à chacun d'iceux et de la quantité des personnes qui y restoient ; il envoya quérir le contrôleur général des galères pour savoir aussi de lui combien il y avoit encore de vivres pour les soldats et pour la chiourme. Ces ordres ayant été donnés le matin, M. le général fut l'après-dîner aux vaisseaux pour s'informer des capitaines, chacun en particulier, de ce qu'ils avoient de vivres. Il fut même chez M. Jacquier, munitionnaire général de l'armée, pour savoir aussi de lui combien il avoit de vivres pour l'armée de terre et combien il pouvoit en avoir encore pour leur retour.

Chacun de ces Messieurs lui demandèrent du temps pour travailler à leurs états et la journée se passa dans cet exercice.

6 août.

Le 6ᵉ, M. le major des vaisseaux apporta son état des victuailles, qui restoient à chacun des dits vaisseaux pour leur retour en France, et M. le général en ayant fait faire un des victuailles des galères, il les porta à M. de Rospigliosi pour lui faire voir comme le roi avoit réglé le temps

1. Pour la suite, voir la lettre nº LXI.

que son armée navale devoit demeurer à la mer, et le pria de trouver bon qu'il fît assembler les pilotes des vaisseaux et des galères en France. M. de Rospigliosi témoigna à M. le général qu'il pouvoit faire ce qu'il lui plaisoit, mais que, pour lui, il n'étoit pas de sentiment à s'en retourner à Rome que par l'ordre de MM. les Vénitiens.

M. le général lui repartit qu'il n'auroit jamais plus de joie que lorsqu'il pourroit, sans contrevenir à la volonté du roi son maître, rendre de bons offices à MM. de Venise en secourant Candie, mais qu'il ne pouvoit pas outrepasser les ordres du roi, ni risquer une armée navale à manquer de vivres à la mer pour demeurer simplement à Standia, où l'on ne rendoit aucun secours à cette ville, mais bien la plus grande partie des troupes et des équipages des bâtiments de marine dépérissoient par la grande quantité de maladies, qu'il vaudroit mieux chercher les ennemis où l'on savoit qu'ils étoient.

M. de Rospigliosi n'ayant pas témoigné toper à cette proposition, M. le général se retira et, étant à bord de la Capitane, il donna les ordres nécessaires pour assembler les capitaines des vaisseaux au lendemain matin, afin de prendre leur avis sur ce qu'il y avoit à faire pour le retour de l'armée navale en France et l'après-dîner les capitaines des galères à même fin, et au lendemain, 7 du dit mois, les pilotes des vaisseaux et des galères pour prendre leurs avis sur le même sujet.

7 août.

Les 6ᵉ et 7ᵉ, ayant entendu les dits capitaines de vaisseaux et des galères et les pilotes de l'un et de l'autre des dits corps chacun séparément, et tous étant convenus qu'il falloit deux mois pour le retour à compter du jour que l'on mettroit à la voile, il envoya le 8ᵉ les dits états à M. de Navailles et lui manda le sentiment des uns et des autres verbalement. Sur quoi M. de Navailles fit réponse le 9ᵉ du dit mois... ¹.

Le même jour, M. le général fut [visiter les] vaisseaux comme les précédents, afin de faire hâter les calefats et charpentiers de tenir les vaisseaux en bon état, et ils se trouvèrent lestés ce jour-là pour mettre à la voile, afin de rembarquer les troupes quand on voudroit.

M. le général ayant su qu'il y avoit quelques soldats qui s'étoient retirés de Candie sous prétexte d'indisposition et qui s'étoient réfugiés en des bâtiments français, fit prier M. de La Croix de leur envoyer le prévôt de l'armée de terre pour chercher ces gens là et les reconduire en Candie. A quoi M. de La Croix fit réponse le 11ᵉ du dit mois... ².

12 août.

Le 12ᵉ, le capitaine général écrivit à M. de Rospigliosi que M. le général lui avoit fait proposer d'envoyer ses galéasses et ses galères avec celles de France sous la Canée pour battre le secours des Turcs, qui devoient passer de la Morée à la Canée pour aller au siège de Candie, mais qu'il n'avoit pas jugé à propos de le faire sans lui en donner avis ³.

M. de Rospigliosi ayant lu cette lettre ne manqua pas de l'envoyer à M. le général, qui fut fort surpris de ce que M. de La Croix s'étoit ingéré de faire sous son nom une proposition au capitaine général, de laquelle il ne lui avoit jamais parlé, mais bien de demander simplement à M. de Navailles s'il ne seroit pas plus avantageux au salut de Candie que les galères allassent à cette expédition que de

1. Voir la lettre n° LXIII.
2. Voir la lettre n° LXIV.
3. Ce jour-là, « le général Bataglia dînant avec trois gentilshommes, une bombe qui tomba dans la salle où ils mangeoient en tua deux, et lui en fut blessé en trois endroits » (*Mémoires ou relation militaire*, p. 309).

demeurer à Standia; et en cas qu'il en agréât la proposition, il l'auroit faite à M. de Rospigliosi.

M. le général ne manqua pas, aussitôt après avoir lu cette lettre, d'aller trouver M. de Rospigliosi et de le prier de croire qu'il n'avoit jamais eu la pensée de faire cette proposition à M. le capitaine général, et après lui avoir dit les choses comme elles sont ci-dessus décrites, ils se séparèrent avec la même civilité qu'à leur ordinaire.

13 août.

Le 13º, M. le général écrivit à M. de Navailles qu'il avoit été en quelque embarras avec M. de Rospigliosi sur ce que M. de La Croix, n'ayant pas compris que M. le général l'avoit prié simplement de lui dire s'il seroit d'avis qu'il proposât de passer le temps qui restoit à demeurer en ce pays à chercher les galères des Turcs, qui devoient leur apporter un nouveau secours, en avoit au lieu de cela fait la proposition au capitaine général de la part de M. le général.

Il lui mandoit ensuite que le capitaine général n'avoit pas manqué d'en écrire à M. de Rospigliosi, qui, en qualité de généralissime, s'étoit scandalisé de ce qu'une proposition de cette nature eût été faite sans sa participation, mais que, Dieu merci, les choses s'étoient accommodées.

Il lui marquoit dans la même lettre l'assemblée qu'il avoit faite des capitaines et des pilotes des vaisseaux et des galères de chaque corps en particulier, que tous les pilotes étoient convenus qu'on ne pouvoit, sans hasarder l'armée de Sa Majesté, partir pour retourner en France avec moins de deux mois de victuailles, et que les vaisseaux n'en avoient que jusques à fin d'octobre, que sans compter les deux mois pour le retour, il faudroit quelques jours pour le rembarquement des troupes et peut-être quelques autres pour attendre un temps propre à la partance, qu'il le prioit de déterminer précisément le jour du dit rembarquement, et de prendre les mesures nécessaires sur le contenu de sa lettre, qu'il le prioit de lui mander au vrai ce qui restoit de troupes d'officiers, de soldats et valets blessés ou malades, afin d'en faire par avance la distribution sur les vaisseaux, qu'il pouvoit juger de la passion qu'il avoit pour le salut de Candie par ce qu'il faisoit sur les galères, qui étoient réduites à quarante sept jours de vivres, que le capitaine général lui avoit promis mille quintaux de biscuit et mille après l'arrivée des vaisseaux qui étoient à Zante, mais que cela ne pourroit quasi que remplacer ce qui leur en manquoit pour les soixante jours nécessaires pour le retour, qu'il le supplioit de considérer qu'il ne falloit pas prolonger le temps des armements et des vaisseaux et des galères, et que les états de Sa Majesté sur ce sujet étoient les meilleurs avis à suivre, et qu'enfin il ne doutoit point qu'il ne prît là dessus les mesures qu'il falloit prendre pour la conservation de l'armée.

Le même jour, M. le général fit réponse à un billet qu'il avoit reçu la veille de la part de M. de La Croix... [1]. M. le général employa le reste de cette journée à visiter les vaisseaux et les galères afin de les faire espalmer et tenir lestées.

14 août.

Le 14e, une partie des galères mirent à la bande et commencèrent à espalmer, et M. le général (ayant reçu de M. de La Croix un billet par lequel il le prioit de commander à la barque du roi, qui avoit apporté les palissades, de venir au port de Candie pour charger toutes les munitions d'artillerie superflues afin de se débarrasser de bonne heure de ce qui étoit inutile) donna les ordres à la barque, qu'il lui demandoit, de se rendre dès le soir à la ville pour faire ce qui lui seroit ordonné.

1. Voir la lettre n° LXVI.

15 août.

Le 15ᵉ, M. le général reçut une lettre de M. de La Croix pour réponse à la sienne du 13ᵉ de ce mois [1]...

M. le général envoya l'après dînée le sieur du Coquiel, contrôleur général des galères, avec la lettre du capitaine général trouver le commandant des galéasses, qui lui fit délivrer le biscuit que le capitaine général lui ordonnoit de lui donner en payant ; et, en suite de ce, M. le général écrivit à M. de Navailles qu'il avoit appris par la lettre, que M. de La Croix lui avoit écrite de sa part, ce qu'il avoit toujours appréhendé pour lui, ne croyant pas qu'il pût résister à tant de peine, qu'il souhaitoit que son indisposition n'eût point de suites, afin de lui laisser la liberté d'agir dans le rembarquement des troupes auquel il apprenoit par la lettre de M. de LaCroix qu'il étoit résolu pour le 20 ou 22 de ce mois.

M. le général écrivit ensuite à M. de Navailles que bien qu'il l'eut fait prier par celle de M. de La Croix d'assister à un conseil, que demandoit M. le capitaine général, si M. de Rospigliosi y alloit, il le prioit de l'en excuser, que sa charge étant tout à fait renfermée dans les choses de la mer, il ne se devoit pas trouver en un lieu où il n'y avoit rien à délibérer touchant la marine, que M. de Rospigliosi avoit bien d'autres intérêts que ceux de Sa Majesté, qui étoient les siens, et que M. de Rospigliosi n'adhérant à ce conseil que pour obliger les Vénitiens d'écrire à Sa Sainteté qu'il n'avoit rien oublié pour la défense de la place, il seroit en ce rencontre esclave de leurs sentiments [2]...

16 août.

Le 16ᵉ, M. de Navailles écrivit deux lettres à M. le général [3]... M. le général fut trouver M. de Rospigliosi, après

1. Voir la lettre n° LXIX.
2. Pour la suite de la lettre, cf. n° LXX, note 1.
3. Voir les n°ˢ LXX et LXXI.

avoir lu cette dernière lettre pour l'informer de l'état où se trouvoit M. de Navailles, et pour l'obliger à se déclarer sur le fait de la partance. Mais il[1] n'en fit rien ; au contraire, il lui témoigna qu'il vouloit demeurer à Standia tant qu'il pourroit, au moins jusqu'au 15 ou 20 septembre.

M. le général, le voyant toujours dans les mêmes sentiments, prit congé de lui sans lui faire aucune réponse à ce qu'il lui venoit de dire, et s'en alla aux vaisseaux pour donner les ordres que tout y fut prêt pour le rembarquement des troupes aussitôt que M. de Navailles le demanderoit. Et, comme l'escadre du vice-amiral étoit depuis douze jours à la Fosse, et qu'il demandoit à être relevé, il donna les ordres à M. de Thurelle de l'aller relever avec cinq autres vaisseaux et ensuite il s'en retourna coucher à bord de la Capitane.

17 août.

Le 17, M. de Navailles et M. de La Croix envoyèrent chacun une lettre à Standia de Candie à M. le général. Celle de M. de Navailles l'assuroit[2]... Celle de M. de La Croix portoit que M. de Navailles, lui et MM. de l'armée de terre avoient besoin de son secours pour diligenter le rembarquement des troupes. Par cette même lettre, M. de La Croix prioit M. le général de leur envoyer des tartanes pour embarquer les bagages le lendemain au soir et de faire remettre, lorsqu'on commenceroit le rembarquement, quelque officier qui eût commandement sur toutes les chaloupes et barques longues pour éviter un désordre pareil à celui qui arriva dans l'embarquement des blessés, et qu'il attendoit tout de son application ordinaire au service et, dans son apostille, il lui marquoit qu'il lui envoyoit la disposition du rembarquement de la manière dont M. de Navailles l'avoit réglé.

1. M. de Rospigliosi.
2. Voir la lettre n° LXXII.

M. le général, ayant lu ces lettres, fut aux vaisseaux donner les ordres aux tartanes de se rendre le soir au port de Candie, et ensemble il fit réponse aux lettres de M. de Navailles qu'il y avoit remarqué qu'il ne trouvoit pas mauvaise la liberté qu'il avoit prise de lui dire ses petits sentiments, qu'ils pouvoient bien n'être pas bons, mais qu'ils étoient très sincères [1]. Il lui témoignoit ses regrets sur la perte de M. de Dampierre[2]...

18 août.
Le 18ᵉ, M. le général ayant été prié par un billet de M. de La Croix de lui envoyer une barque pour le sieur Boisrenaux, commissaire de l'artillerie, pour faire rembarquer les munitions de l'artillerie et les officiers malades d'icelle, il lui accorda, et fut incontinent aux vaisseaux où il fit faire un état des barques longues et chaloupes, qu'il vouloit donner à chacun des vaisseaux, qui se rendroient à la Fosse de jour en jour pour le rembarquement des troupes, jusques à ce que tout fût rembarqué.

MM. les officiers des vaisseaux furent d'avis, pour faire faire le rembarquement des troupes le plus promptement et le plus commodément possible, que l'on partageroit les vaisseaux par escadres, lesquels iroient de jour en jour à la Fosse faire leur chargement des troupes, qu'ils devoient porter par le moyen des barques longues, chaloupes et même à l'aide des caïques des galères, qui se rendroient à l'entrée de la nuit au port de Candie, afin de se charger à la ville et porter leurs charges aux vaisseaux, qui leur étoient désignés par les ordres que M. le général avoit donnés à chacun d'eux, ayant pour les faire exécuter et pour faire faire diligence, afin qu'ils fissent chaque nuit voyage chacun du port de Candie à la Fosse distant d'environ deux milles, fait mettre un lieutenant de vaisseau sur

1. Pour la suite, voir la lettre n° LXX, note 1.
2. Voir la lettre n° LXXI, note 1.

chaque chaloupe, qui devoit conduire avec les barques longues et chaloupes les troupes sur chaque vaisseau.

Et à l'égard des caïques des galères, il donna la charge à l'aide major des galères de les accommoder et de leur faire faire toute la diligence possible pour faire chaque nuit le plus de voyages qu'ils pourroient du port de Candie aux vaisseaux.

Cet état ayant été distribué à chaque capitaine de vaisseau avec celui du nombre des troupes ou des régiments ou compagnies, qu'ils devoient rembarquer et reporter en France, et ces ordres ayant été pareillement distribués aux barques longues, chaloupes et aux officiers, qui les devoient conduire, M. le général s'en retourna à bord de la Capitane fort lassé et même si incommodé qu'il fut obligé de prendre le même jour quelques remèdes et le lendemain une médecine.

19 août.

Le 19ᵉ, quoique M. le général eut pris médecine, il ne laissa d'aller l'après dînée aux vaisseaux, afin de faire exécuter les ordres qu'il avoit donnés le jour précédent, aussitôt que M. de Navailles le désireroit, et comme il sut que M. le chevalier Tilladet, qui étoit parti avec les paquets pour le Roi, il y avoit trois ou quatre jours avec un vaisseau et quelques barques de l'armée, étoit retourné, M. le général envoya savoir de lui ce qui l'avoit obligé à revirer le bord. M. de Tilladet lui manda qu'étant arrivé à Cérigo, il avoit appris qu'il y avoit des vaisseaux tripolitains[1] à quelques milles de là, et qu'il n'avoit pas voulu se hasarder avec un vaisseau, d'autant plus qu'il avoit eu des ordres de ce faire.

M. le général, ayant su cette réponse, fut trouver le capitaine de ce navire et lui dit qu'il falloit qu'il ne sût pas son métier, puisqu'il étoit retourné de Cérigo à Standia ;

---

1. *Tripolains*, dans le texte.

d'autant qu'étant à Cérigo, il n'y avoit plus aucun risque d'être attaqué des Turcs allant en avant droit en France, mais que tout le danger étoit de passer de Cérigo à Standia. Ce capitaine de ce navire s'excusa et dit à M. le général qu'il n'avoit pas été le maître, mais M. de Tilladet. Cette conduite donna quelque peine à M. le général et l'obligea à retirer ses paquets d'entre les mains du dit sieur de Tilladet pour les envoyer par quelques barques, qu'il feroit partir exprès, mais MM. de Navailles et de La Croix écrivirent le lendemain matin 20ᵉ à M. le général. M. de Navailles lui marquoit qu'il avoit jugé à propos, aussi bien que M. de La Croix, d'informer le Roi du dessein de rembarquer les troupes [1]...

M. le général fut incontinent aux vaisseaux, après avoir lu ces deux lettres et après avoir remis ses paquets pour le Roi et pour M. Colbert entre les mains d'un enseigne de la *Thérèse*, qui s'en retournoit en France par le vaisseau que M. de Navailles demandoit, et que M. le général congédia à cet effet, et donna les ordres au major des vaisseaux de faire partir le soir toutes les chaloupes, barques longues et barques des marchands, et de se rendre au port de Candie afin de rembarquer les troupes suivant les ordres par écrit qu'il leur avoit donnés auparavant, et de reporter les dites troupes aux vaisseaux du roi, qui étoient à la Fosse de Candie, et à moitié chemin entre Candie et Standia. Et après avoir chargé les vaisseaux, si faire se pouvoit cette nuit là, retourner s'en recharger à la ville pour revenir d'icelle avec les vaisseaux de la Fosse à Standia, avant le point du jour, pour les décharger sur l'Amiral, le Vice-Amiral et quelques autres vaisseaux, que M. le général ne trouva pas à propos d'envoyer à la Fosse.

Il ordonna aussi à la seconde escadre, qui devoit aller à la Fosse avec ses barques longues et felouques, de partir le lendemain de grand matin pour aller à la Fosse reprendre

1. Voir la lettre n° LXXIII.

le poste de la première escadre, afin que, toutes ces choses se faisant dans l'obscurité de la nuit, les Turcs ne pussent pas s'apercevoir du rembarquement des troupes françaises. On jugea plus à propos d'en user ainsi que d'envoyer tout d'un coup tous les vaisseaux et toutes les barques à la Fosse, pour ne pas donner lieu aux Turcs de soupçonner le rembarquement des troupes et de faire incessamment tirer la nuit dans le port, où ils auroient tué ou blessé les principaux officiers et une grande quantité des troupes, outre que, si on avoit envoyé toutes les felouques et barques longues à la fois, elles n'auroient pas pu rester dans le port, et quand on n'en auroit envoyé qu'une partie, le rembarquement n'auroit pas été plus tôt fait, et l'on auroit couru tout le risque de ce que je viens de dire, au lieu que de la manière que le rembarquement avoit été résolu et qu'il a été exécuté, il n'y est arrivé aucun accident.

Car pendant trois nuits que l'on a travaillé à rembarquer les troupes, il n'y a eu que cinq hommes de peu de considération tués, encore fut-ce par la faute des patrons de barques et d'autres bâtiments, qui étoient en trop grand nombre ce soir là dans le port de Candie, qui s'entrequerelloient les uns les autres pour se faire faire passage, et leurs cris ayant éveillé les Turcs, ils tirèrent quelques coups de canon sur eux, jusques à ce que les officiers français, qui étoient sur ces bâtiments, y eussent fait faire silence.

21-22 août.

La première nuit du 21 au 22, M. de Navailles et M. de La Croix se rembarquèrent avec une partie des gardes des mousquetaires du régiment de Château-Thierry et autres troupes ; et comme M. de Navailles monta sur le *Bourbon* de la Fosse de Candie jusques à Standia, le 22 après dînée, M. le général lui fut rendre visite, et sur le soir ils furent ensemble à la mer dans la felouque de M. le général, qui le mit ensuite sur le *Lys* commandé par M. le marquis de Grancey, sur lequel il vouloit passer en France.

23-27 août.

Le 23 au 24, les troupes étant rembarquées à la réserve de cinquante hommes de gardes, quelques mousquetaires, les régiments de La Fère, de Bandeville, M. de Choiseul et quelques autres troupes qu'on laissa pour l'arrière garde, le 25[1] au 26 on fit rembarquer les bagages de l'armée. Le 27, tout étant rembarqué, à la réserve des susdites troupes, les Turcs attaquèrent la ville[2]...

PARTANCE POUR LE RETOUR DE STANDIA EN FRANCE.

31 août.

Le samedi, dernier août 1669, à 8 heures du soir, M. de Rospigliosi, généralissime de l'armée des Chrétiens en Candie, fit serper de Standia, et incontinent toutes les autres galères en trois escadres, savoir celle de Sa Sainteté, celle de France et celle de Malte, passèrent à la faveur de l'obscurité de la nuit devant la ville de Candie sans être vues du camp des Turcs, étant une précaution assez nécessaire pour empêcher que ces Infidèles ne s'en puissent prévaloir envers ceux qui restoient dans Candie, après avoir vu défiler le matin la plupart des vaisseaux.

1-6 septembre.

Et de Standia les galères prirent leur route droit aux îles de l'Archipel et, comme il étoit calme, elles firent force de rames jusques à minuit, et, étant environ à 25 milles de Standia et à 45 milles de Santorin[3], le vent s'étant fait frais au ponant, les galères ayant le vent en proue et le temps étant fort gâté, elles souffrirent beaucoup et firent grande

---

1. Le 25, pour honorer la Saint-Louis, toutes les galères de l'armée « mirent leurs pavezades et banderolles et tirèrent plusieurs coups de canon » (*Ibidem*, p. 312).
2. Pour la suite, voir la lettre n° LXXVIII, p. 140. Sur l'attaque des Turcs, voir *Mémoires ou relation militaire*, p. 311.
3. *Sant Erini*, dans le texte.

force de voile pour arriver à l'île de Santorin environ à 3 heures après midi, distante de Standia de cent dix milles.

Comme le gros mât de la Capitane avait déjà été fort ébranlé le jour de la canonnade, la force de voile que l'on fit l'ébranla encore davantage, et l'on fut obligé étant à Santorin de l'étançonner.

Il n'y a point de port en cette île, mais bien une rade au midi d'icelle, où on est à couvert des vents de grec et tramontane, ponant et maître, et où il y a fond de 45, 6 et tant de brasses d'eau que l'on veut.

Cette île est assez fertile en bons raisins, en orge, concombres qui, étant grosses, se forment en fort bons melons, en cailles et tourterelles aux mois de septembre et d'octobre, et en poisson depuis le mois de décembre jusqu'en avril. Elle contient environ cinq lieues de tour. Ses habitants sont Grecs, qui ont deux évêques, un latin, et un à la croyance grecque. Il y a une mission de Pères Jésuites et un couvent de religieuses de l'ordre de Saint-Dominique. Les habitants... ne trafiquent que de toiles de coton et, comme ils ne sont pas riches, tout le monde travaille.

Il y avoit autrefois un Duc qui les commandoit. En ce temps là il y avoit de très belles villes, qui avoient même des galères, et les habitants vivoient comme des saints du temps de sainte Irène, qui est leur patronne. Mais l'hérésie des Grecs ayant infecté le pays, il y est venu du depuis quantité de tremblements de terre et des feux souterrains, qui jetèrent tant de pierre ponce et de terre brûlée dans cette île que la plupart est inculte. Néanmoins il y a des vignes en plusieurs endroits, qui portent de très bons raisins, desquels les François feroient de meilleur vin qu'eux. L'origine de cette île, suivant le sentiment des auteurs anciens et modernes, vient des terres qui ont été poussées par des feux souterrains jusques à la hauteur où elle est. D'où vient qu'elle étoit autrefois nommée l'île du Diable comme étant, disoient-ils, sortie des Enfers. Et pour prouver cette origine, il y a encore des vieillards qui assurent avoir vu de leurs yeux des terres s'élever du bas fonds de la mer et s'adjoindre à la dite île, lesquelles l'ont augmentée beaucoup.

Au commencement de mars de l'an 1650, il y eut des tremblements de terre en cette île, et des secousses si grandes que quelques maisons s'entrouvrirent, et des pierres d'une prodigieuse grosseur se détachèrent et roulèrent avec impétuosité à la mer. Ces tremblements furent suivis d'une grande sécheresse, et les vents sembloient être renfermés en telle sorte que n'y ayant que des moulins à vent en cette île [1], les habitants pensèrent mourir de faim, mais le 14ᵉ septembre ensuivant ces tremblements de terre augmentèrent si horriblement, qu'ils ébranlèrent tout l'archipel par des meuglements souterrains si effroyables que les plus hardis en demeuroient confus. Cela continua jusques au 27, que les maisons parurent comme des berceaux ou comme des roseaux agités de vent. Il sortit ensuite du fond de la mer à trois diverses reprises des flammes à la hauteur de dix ou douze coudées. Et ces flammes étoient comme enveloppées d'épaisses nuées, qui sortoient de ce gouffre et s'élevoient par la force de la chaleur en haut, et puis, battues de leurs contraires, retomboient en bas avec une puanteur si grande qu'on croyoit qu'elle étoit sortie des Enfers. Ces feux, ces flammes et ces tremblements augmentèrent d'heure à autre jusques au 29ᵉ septembre, qui fut peut-être le plus terrible, qui se lisent dans les histoires, d'autant que la mer meugloit; la terre trembloit et l'air paroissoit tout en feu. On voyoit des serpents, des lances, des épées et des torches ardentes en l'air, voltigeantes, et ce combat et ces tremblements furent si grands qu'à cent lieues loin ils se firent entendre. La mer, qui bouilloit comme un pot pendant

---

1. Sur l'éruption de 1650 à Santorin, cf. F. Fouqué, *Santorin et ses éruptions* (Paris, 1879, in-folio, p. 12 et suiv.).

trois mois, déborda en plusieurs îles assez éloignées, et couvrit la surface de l'eau de pierres ponces pour le moins trois ou quatre cents lieues loin. Ces vapeurs ensoufrées crevèrent les yeux et firent mourir quantité de personnes.

Et pour conclusion, tout étant dissipé, on envoya sonder à l'endroit d'où l'on avoit vu sortir ces flammes, et l'on y trouva une grande élévation de terre, comme une autre île joignant celle de Santorin, dont le fond n'étoit alors que quatre à cinq brasses d'eau, et aujourd'hui cette terre ou cette île naissante commence à paroître de telle sorte qu'elle donna lieu de croire ce que disent les anciens de cette île, qu'elle est sortie de cette manière à plusieurs fois des bas fonds de la mer.

6-10 septembre.

Les galères ont été contraintes de demeurer en cette rade depuis le 1er septembre jusques au 6e, qui étoit le vendredi au soir, qu'elles firent une partance de la rade de cette île, pour joindre celle de Nion, mais parce que cette partance se fit à six heures du soir et que le vent étoit à la tramontane en proue des dites galères, elles furent obligées environ à 11 heures du soir à relâcher pour retourner à la dite rade de Santorin, d'où elles étoient parties; et ce qui les obligea à ce faire en partie fut parce que trois des galères de France passèrent sur un banc de sable, étant à huit milles de la dite rade, et à six milles de terre. Lequel banc n'avoit pas été connu d'aucune personne jusques alors, les pilotes ayant assuré, aussi bien que les Grecs de la dite rade, qu'il n'y avoit que très peu de jours que des navires de soixante tonneaux avoient passé par cet endroit sans s'en être aperçu; et parce que le vent avoit extrêmement tourmenté les dites galères en cette petite route, la Capitane de France, qui avoit été extrêmement blessée le jour de la canonnade, trouva à dire de son mat de trinquet, qui, en cassant, fit un grand effort et ébranla beaucoup la dite galère.

M. le général, étant arrivé à la dite rade, envoya à prier M. de Rospigliosi, quand il sut qu'il n'y avoit pas de mât de trinquet dans les galères de France, de l'en vouloir accommoder d'un, ce qu'il fit faire incontinent, et même MM. de Malte en envoyèrent offrir, de sorte qu'aussitôt que le jour parut, on travailla à ôter qui étoit rompu et à en remettre un autre. Et M. le général fut deux ou trois fois visiter les galères, qui avoient passé sur ce banc de sable, pour voir s'il n'y avoit rien à refaire, et après avoir fait faire la dernière diligence pour remettre les galères en état de partir, il fit achever toutes choses, en sorte que M. de Rospigliosi ayant fait tirer le coup de partance, et les galères étant prêtes à partir, à midi il s'éleva un vent au maître et tramontane si frais qu'on fut obligé de rester en cette rade jusqu'au 10e de septembre, quoique avec beaucoup de chagrin, tant à cause que la saison s'avançoit, que parce que l'on manquoit des choses nécessaires, y ayant beaucoup de malades sur les galères.

10 septembre.
Le 10e du dit mois, à 11 heures du soir, le vent s'étant un peu moli, les galères serpèrent et à force de rames elles avancèrent jusques à vingt milles ou environ par tramontane, et ayant ensuite fait voile, on avança par maître droit à Milo où l'on arriva environ à cinq heures de l'après-midi.

11 septembre.
On mouilla du côté du midi de la dite île, à un endroit distant de Milo par terre de cinq milles et de Santorin de soixante milles. Il y a fond de six brasses d'eau, mais il n'y a pas de bonne eau, et on ne peut y faire du bois. On fut obligé de remorquer quelques galères de France, à cause de la grande quantité de malades qu'il y a sur trois ou quatre, et par ce que l'antenne de maître de la *Saint-Louis* se cassa et celle de la *Renommée*.

La dite île de Milo est la première île de l'Archipel, qui a de tour environ quatre vingts milles. Elle est habitée par des Grecs et il y a un couvent de Capucins. Ils trafiquent avec les Corsaires du Levant et paient tribut au grand Seigneur et aux Vénitiens. Ils sont gouvernés par des consuls, qu'ils appellent primats, et s'élisent tous les ans du même lieu.

12 septembre.

Le 12ᵉ du dit mois, à une heure après minuit, on leva l'ancre et toutes les galères se mirent dans la route de Cérigo. On fit bien d'abord quinze milles à force de rames, et ensuite on mit à la voile, et le vent de grec et tramontane se trouva propre pour faire faire aux galères, quoiqu'avec une grosse mer, huit à dix milles par heure, en sorte que l'on fut mouiller à la rade de l'île de Cérigo, appelée Saint-Nicolas, à une heure après midi, où l'on trouva une partie des Corsaires de Levant et quelques barques françoises, qui assurèrent que les vaisseaux avoient passé depuis cinq jours en ce lieu. Dont M. le général eut bien de la joie. Il y a d'où l'on partit de Milo à cette rade cent milles. A cette rade, il y a fond de six à sept brasses d'eau et bon mouillage à couvert des vents de grec, tramontane, mistral et ponant.

En cette île, on peut faire du bois et de l'eau dans les puits qu'on fait dans le sable au bord de la mer, mais on n'y peut pas faire de la viande. Elle est habitée par des Grecs et gouvernée par les Vénitiens.

Cette île est très proche de la Morée, et c'est le passage de la Morée à la Canée. On apprit là que les galères turques y étoient passées pour aller à la Canée le jour d'auparavant, et comme elles avoient eu le vent propice, on jugea qu'elles étoient arrivées à la Canée, et qu'il étoit inutile d'aller après. Mais comme la saison étoit avancée et que dans les galères il y a beaucoup de malades, on jugea plus à propos de continuer la route.

13 septembre.

Le 13° du dit mois, à deux heures du matin, les galères serpèrent du dit port et avancèrent environ dix milles à force de rames et, le vent étant bon, on mit à la voile dans la route de Porto Kalion [1], aux Magnottes, où l'on arriva à deux heures après midi. Ce port est propre à tenir quarante galères commodément, où il y a fond de vingt brasses d'eau et où les galères sont à couvert de tout vent.

Il y a une très bonne fontaine dans le milieu de la montagne, à côté dextre en entrant du côté nord. On ne peut y faire du bois mais bien de la viande de toute sorte, que les Grecs Magnottes, qui ont leurs villages au-dessus des montagnes, apportent en très grande quantité et à très bon marché. Il y a de la rade de Saint-Nicolas de Cérigo jusqu'au dit port cinquante mille.

Le même jour 13°, à dix heures du soir, M. de Rospigliosi envoya prier M. le général de trouver bon que toutes les galères se missent dans la route de la Sapienza, et fit serper incontinent. On avança à force de rames dans cette route jusqu'à la Sapienza, qui est distante de Porto Kalion de soixante cinq milles, où on arriva à 4 heures après midi, et comme le calme continuoit, M. le bailli de Rospigliosi envoya prier M. le général de trouver bon que les galères s'avançassent jusques à cinq milles au-dessus du cap de la Sapienza pour voir si on pourroit prendre le vent pour gagner Prodono, qui est distant du cap de la Sapienza de trente milles.

Les galères, s'étant avancées jusques à cet endroit, trouvèrent très peu de vent, et ils furent obligés de faire reprendre la rame à la chiourme, qui vogua à quartier toute la nuit parce que les vents s'étant mis à la terre, M. de Rospigliosi passa outre de Prodono. L'on mit ensuite à la voile et le vent s'étant rafraîchi au grec et levant, on continua la route droit à Zante. Entre Porto Kalion et Prodono on passe

1. Près de l'extrémité de la Morée.

par devant la Morée, où l'on voit les villes de Coron, Modon, Navarin le Neuf et Navarin le Vieux, qui appartiennent au Grand Seigneur.

15-19 septembre.

Le 15°, les galères arrivèrent à Zante sur les 5 heures du soir et mouillèrent à la rade de ce bourg, assez à propos puisqu'une heure après l'air s'obscurcit de nuages. Le vent de grec et tramontane souffla avec impétuosité et l'orage fut si grand qu'on fut obligé de mouiller tous les ancres et fers de la galère. Les mêmes vents continuèrent le 15 et le 16, en sorte qu'on ne put pas serper jusques au 19°, environ à 2 heures du matin, qu'il y avoit calme, et les galères prirent la route de Céphalonie, et à force de rames elles arrivèrent à trois heures de l'après-midi à cinquante milles de Zante, et elles mouillèrent en la dite île pour faire du bois et y demeurer jusques au 20°, qu'elles en partirent à deux heures du matin, et se mirent en canal droit à Corfou.

Dans la rade de Zante, il y a bon mouillage de huit à dix brasses d'eau, et il y peut tenir une puissance navale. Il y a du port de Saint-Nicolas de Cérigo à cette rade de Zante deux cent dix milles.

Zante est un gros bourg situé le long de la mer, habité par des Grecs et commandé par des Vénitiens. Les habitants trafiquent tous en Levant et les paysans de la campagne nourrissent force vaches, moutons, poules, poulets d'Inde et pigeons, pour les vendre aux galères, vaisseaux ou barques, qui mouillent en cette rade, où l'on trouve toujours des rafraîchissements et de bonne eau. Il y a au-dessus de ce bourg une forteresse sur une montagne extrêmement élevée, laquelle est assez régulière et d'un assez difficile accès. Comme elle est fort vaste, il y a dans icelle plus de cent cinquante maisons habitées de même que celles du bourg d'en bas, et il y peut tenir dans icelle plus de trois milles hommes, de sorte que, pour l'assiéger, il faudroit une très puissante armée; et à moins que d'être maître de la mer, cette place tiendroit du temps avant que de se rendre ou de pouvoir être forcée. Il y a des Grecs du rite latin dans cette île, et d'autres du rite grec, un évêque romain et un établi de la part du patriarche de Constantinople. Cette place est vis-à-vis de la Morée et environ à quinze milles d'icelle, qui est terre ferme.

A cet endroit de Céphalonie, on fit du bois. Il y a bon mouillage de fond de quinze brasses, où l'on est à couvert des vents de ponant, mistral et labèche. Il y a du bois de Cornabec en cet endroit, qui est très beau, fort dur, fort pesant et très propre à faire des cabinets et autres ouvrages de menuiserie, qui seroient très rares et d'un grand prix, puisqu'il n'y a point de bois qui ait de plus belles ondes et qui soit mieux marqué que celui-là.

20 septembre.

Le 20e, à deux heures après minuit, les galères serpèrent de Céphalonie pour se mettre en canal droit à Corfou, distant de ce mouillage de cent cinq milles, et à force de rames on avança jusqu'à trente milles; et le vent de ponant et maître s'étant tant soit peu fait frais, on mit les voiles de la maître et du trinquet, et on fit voguer à quartier jusques à l'île d'Antipaxos, où on arriva à huit heures du soir et où on mouilla le fer. Il y a en cet endroit vingt brasses d'eau et on y est à couvert des vents de ponant et maître, de labèche et de mi-jour. On ne peut en cet endroit faire ni eau, ni bois, ni viande. Il y a de là au dernier mouillage soixante-dix milles.

21 septembre.

Le 21e du dit mois, les galères serpèrent d'Antipaxos à quatre heures après minuit pour aller droit à Corfou distant de cet endroit de trente six milles, et y arrivèrent à deux heures après midi en voguant tantôt à force de rames et tantôt à quartier. Elles mouillèrent sous la vieille forteresse, où il y a six brasses d'eau.

La ville et les châteaux de Corfou saluèrent d'un salut royal de cinquante trois pièces de canon et de trois décharges de mousquetterie. Ensuite de ce, la dite ville et les châteaux recommençèrent un pareil salut pour les galères de France, qui y répondirent de leur canon, puis les galères de Malte saluèrent la dite ville et ses châteaux, et cette dite ville et ses châteaux resaluèrent les dites galères de Malte d'un pareil salut que les deux premiers.

Les vents étant contraires pour se mettre en canal de Messine, M. le général donna les ordres dès le soir, afin de ne pas perdre de temps, d'espalmer trois tables des galères le lendemain pour tout le jour, et de tenir les galères lestes pour partir le jour ensuivant si le temps le pouvoit permettre.

22-23 septembre.

Le 22e du dit mois, toutes les galères de France espalmèrent. Le gouverneur de Corfou vint rendre visite à M. le général et M. de Rospigliosi ayant envoyé convier mon dit sieur le général à dîner, il y fut et firent assembler les pilotes des galères devant eux pour voir ce qu'il y avoit à faire pour la partance de ce port, afin d'aller à Messine. Il y fut résolu qu'on partiroit le lendemain si le vent étoit bon et qu'on s'arrêteroit à la Madone de Gazopoli, pour faire du bois et pour voir si le temps se feroit bon, pour faire un canal de 310 milles, qu'il y a du dit Gazopoli à Messine. Mais le temps s'étant gâté sur le soir, on demeura encore le 23 tout entier au port de Corfou, pendant lequel temps les galères firent de l'eau et de la viande. M. le général fut rendre visite au gouverneur de cette place et ayant été averti que l'archevêque du lieu devoit aller sur la Capitane pour le voir, il s'y rendit et, peu de temps après, le dit archevêque y arriva où il fut très bien reçu.

Cette place est très régulière et bien fortifiée, particulièrement du côté de la mer. Il y a un grand château au milieu duquel il y a deux forts, bâtis sur des rochers fort escarpés. Devant ce château, il y a une grande place d'armes, et la ville ensuite, qui est grande comme Saint-Denis en France, au bout de laquelle il y a encore un fort château.

Les habitants de ce lieu, comme de toute l'île, sont Grecs, partie du rite latin, partie de celui de grec, et sont gouvernés par les Vénitiens. Cette île produit de l'huile d'olive en quantité, de très bons fruits, du vin et du grain et quantité de volaille.

24 septembre.

Le 24e du dit mois, les galères serpèrent du dit port de Corfou à cinq heures du matin et la ville et les châteaux firent le même salut qu'ils avoient fait lorsque les galères arrivèrent en ce port, à la réserve qu'ils saluèrent en partant celles de Malte les premières, et tant à rames qu'à la voile, elles avancèrent jusques à la Madone de Gazopoli, où elles mouillèrent à dix heures du matin pour faire du bois, en attendant la disposition du vent. En ce lieu, il y a une baie où il peut tenir quatre ou cinq galères et les autres allèrent mouiller à la rade de la côte, où il y a fond de quinze brasses d'eau. On peut en ce lieu faire de l'eau aussi bien que du bois. Il y a une petite maison où habitent des prêtres grecs, qui y vivent très religieusement. Il y a de là à Corfou 20 milles.

Le même jour 24, à midi, le vent s'étant fait frais au grec et levant, M. de Rospigliosi fit tirer le coup de partance et serper au même instant. Toutes les galères s'étant mises au large avancèrent à force de rames jusqu'à dix milles de la Madone de Gazopoli, à dessein de gagner jusqu'à l'île de Maslera, qui est distante du dit Gazopoli de vingt-cinq milles, mais les vents de proue s'étant faits frais, et ayant connu qu'on ne pourroit pas gagner la dite île avant la nuit, M. de Rospigliosi fit tirer un coup de canon et toutes les galères retournèrent au dit Gazopoli, et y arrivèrent à cinq heures du soir.

25-26 septembre.

Le 25, quoique les vents fussent au grec et levant depuis minuit et assez frais, M. de Rospigliosi ne voulut pas faire serper parce qu'il étoit le premier jour de la lune, et qu'il y paroissoit quelques nuages en l'air, étant d'avis de demeurer en ce lieu jusques à ce que la lune eut fait le temps propre pour passer le long de la côte de Calabre, où il n'y a pas de port jusques à Messine.

Les galères de Malte prirent de là occasion d'aller faire du bois, et celles de France et du pape demeurèrent au dit Gazopoli.

La nuit du 25 au 26, le vent se rafraîchit à labèche d'une telle sorte que l'on fut non seulement obligé de demeurer au dit Gazopoli, mais même de faire mettre plusieurs cables attachés à la terre et aux galères. Et ce vent continua tout le 26 avec des pluies continuelles et une grosse mer, qui ne permettoit pas seulement de mettre le caïque à la mer.

27-29 septembre.

Les 27 et 28, les mêmes vents continuèrent, non pas avec la même force, mais étant toujours contraires à la partance. Mais le dimanche 29°, jour de Saint-Michel, au matin, le vent étant à la maître et tramontane, et l'air fort serein, particulièrement le long de la côte d'Albanie, M. de Rospigliosi fit tirer le coup de partance, dire la messe, donna le loisir aux galères de la faire dire, et fit serper sur les huit heures du matin. Toutes les galères en ayant fait de même, elles se mirent en la route de Messine, côtoyant l'Albanie, et de là à l'île de Maslera ; et l'on passa entre la dite île et celle de Fano, qui sont à trente milles de Gazopoli. Ensuite, on passa le golfe de Venise avec un vent de tramontane qui rompoit un autre vent et une grosse mer en proue venant du dit golfe, et quoiqu'il y eut grosse mer, on arriva au cap de Sainte-Marie à dix heures du soir, où les galères saluèrent en passant la Madone du dit cap de

Sainte-Marie. De l'île de Fano à ce cap, il y a cinquante-cinq milles.

Le dit cap Sainte-Marie fait la pointe de la Pouille, et l'embouchure du côté gauche du dit golfe de Venise, et de là les galères continuèrent leur route toute la nuit du 29 au 30 septembre, et traversant le golfe de Tarente, tirant droit au cap Colonne. Du dit cap Sainte-Marie au dit cap Colonne il y a quatre vingt dix milles.

30 septembre.
Comme on arriva vis-à-vis du dit cap Colonne, le dit jour 30e, environ cinq heures du soir, M. de Rospigliosi envoya demander à M. le général s'il vouloit passer outre et suivre la route de Messine. A quoi M. le général ayant répondu qu'étant avec lui pour lui obéir, il feroit ce qu'il lui plairoit. M. de Rospigliosi fit mettre toutes les voiles à sa galère et incontinent toutes les autres galères firent la même manœuvre ; et on navigua toute la nuit, allant du 30e septembre au premier octobre avec tout le bonheur qui se peut imaginer, car les croupades ayant été fort fréquentes et la mer fort grosse, si on n'avoit eu le vent en poupe, on auroit eu peine à se tirer d'affaire. Quelques galères en furent quittes pour mettre le tréou[1] et tirer de longue.

1er octobre.
Néanmoins, par une protection toute divine, elles arrivèrent devant Messine le lendemain 1er octobre, à 9 heures du matin sans aucune infortune pour donner le loisir à M. de Rospigliosi d'obtenir l'entrée de Messine. Les galères mouillèrent à la rade de Bandnielli en Calabre, près de la ville de Reggio. Cette ville, qui est au roi d'Espagne, salua de trois saluts royaux premièrement l'étendard de la Chrétienté, secondement celui de l'Église et en troisième

---

1. Voile de fortune de galère, carrée et non triangulaire, relativement petite. On l'employait pour fuir devant la tempête avec moins de risques qu'avec les grandes voiles.

lieu celui de Malte. A quoi M. de Rospigliosi fit répondre par sa galère de huit coups de canon en deux fois. M. le général en fit de même et le général des galères de Malte ensuite.

M. de Rospigliosi ayant obtenu la patente de l'entrée à Messine, sur les deux heures après midi, il fit serper et alla mouiller vis-à-vis des Minimes, au-dessus de Messine, avec ses galères et une partie de celles de France.

2-7 octobre.

Et le lendemain, 2ᵉ du dit mois d'octobre, M. le général avec le surplus de ses galères et celles de Malte alla aussi mouiller auprès de l'étendard de la Chrétienté au dit port de Messine.

M. de Rospigliosi et M. le général convinrent d'en user de cette manière, à cause que la ville et le château de Messine ne voulurent pas s'accorder avec eux pour les saluts. Ils vouloient saluer simplement toutes les galères ensemble et les obliger à resaluer toutes sans saluer aucun étendard en particulier, et particulièrement celui de l'Église que porte la Capitane de France [1], qu'ils avoient auparavant salué en allant en Candie comme ils avoient fait M. de Rospigliosi avec l'étendard de la Chrétienté. De sorte que M. de Rospigliosi refusa leur salut, et comme les vents étoient ponant et maître, et contraires pour se mettre en un canal de trois cents milles qu'il y a de Messine à Nisida, et que d'ailleurs les galères de France avoient besoin de vivres, on demeura d'accord dans le Conseil de leur faire faire du pain frais pour les malades et de prendre du biscuit pour quinze ou vingt jours avec du fromage, du vin, de la [*illisible*] et des viandes fraîches ; et d'autant qu'on manquoit d'argent pour faire ces achats, M. le général prit du Provéditeur de Malte sept mille écus sur son billet, et qu'il mit entre les mains de M. le chevalier de Janson, qui avoit

---

1. Voir à ce sujet la lettre de Vivonne, n° LXXXIX.

été chargé par feu M. de Coquiel de ce qui lui restoit d'argent pour les galères, afin d'en faire la distribution par ses ordres, et furent ensemble avec l'écrivain de la Capitane faire marché du pain, du vin, du fromage, des moutons et des bœufs qu'ils donnèrent au dit écrivain, pour délivrer aux autres écrivains des dites galères, suivant l'état de distribution qui en fut fait, et le 3e, 4e, 5e, 6e et 7e occupé à faire ces achats et à faire charger ces vivres sur les galères, pendant que la chiourme convalescente reprenoit un peu de force par le moyen du repos des bonnes eaux, et de la viande fraîche, et qu'on s'appliquoit à mieux traiter les malades avec de bons médicaments qu'on acheta aussi à cette fin.

8 octobre.
Le 8e du dit mois, on se disposa à la partance pour le soir, mais comme il étoit le lendemain la quinte de la lune, les pilotes furent d'avis de voir l'effet qu'elle feroit dans une rade assurée comme celle de cette ville.

9 octobre.
Le 9e, à midi, M. de Rospigliosi fit tirer le coup de partance et serper à trois heures après midi en calme. Après avoir passé à dix milles au delà du phare de Messine, on délibéra si on retourneroit passer la nuit à l'embouchure du phare, parce que le temps étoit fort brouillé, quoiqu'il y eut du calme, mais il fut arrêté qu'on passeroit outre et qu'on suivroit la route de Naples passant à droite à Lipari, où étant, on pourroit mouiller en cas de temps contraire ou passer outre, et y relâcher en cas qu'on y fut obligé. Et afin de ne pas fatiguer la chiourme, qu'on la feroit voguer à quartier.

10 octobre.
Ce qui se fit toute la nuit du 9e au 10e, qu'on se trouva à sept heures du matin à l'île de Stromboli, à côté de Lipari, distante de cinquante milles de Messine, et comme

le calme continua, on continua aussi à faire voguer à quartier tout ce jour 10ᵉ et la nuit du 11 jusques au 12 à cinq heures du soir qu'on arriva à Nisida, où l'on donna fond, savoir la Réale de la Chrétienté et celle de la Sainte Église, et la Patronne de la chrétienté et celle de la Sainte Église entre le lazaret et l'île de Nisida, où il peut tenir quatre galères et où il y a fond de sept brasses d'eau, à couvert de tous vents, et non pas davantage particulièrement auprès de l'île de Nisida, parce qu'il y a des seiches. Et les autres galères allèrent mouiller à Baia, qui est distant de cette île de cinq ou six milles, où il y a bon mouillage pour quinze galères.

13-14 octobre.

Le 13 et le 14, on resta en ce lieu, attendant le temps propre pour la partance de Cività Vecchia, et pour donner lieu à M. de Rospigliosi de faire quelques affaires à Naples, qui est distant de Cività d'environ sept milles par mer, et quatre milles par terre. Durant ce jour M. le vice-roi de Naples envoya complimenter M. le général et lui envoya ensuite un présent de toutes sortes de rafraîchissements considérables[1]. MM. le prince de Sainte-Bonne, le plus qualifié de ce royaume, les duc de Maguelone et de [*en blanc*] et le marquis de Piscare vinrent à bord de la Capitane faire offre de leurs services à mon dit sieur le général et tous les plus grands de Naples, même les secrétaires d'état du vice-roi vinrent inconnus à bord de la Capitane pour voir mon dit sieur le général dont ils louoient fort la bravoure et la conduite.

15 octobre.

Le 15 octobre, M. de Rospigliosi fit serper à deux heures après minuit, comme firent toutes les galères, et se mirent à la route de Gaète avec les vents de grec et

---

1. Voir sur ce sujet la lettre de Vivonne à Colbert (n° LXXXIX).

levant assez frais, qui les favorisèrent en telle sorte que sans faire aucune force de rames elles y arrivèrent, les cinq galères du pape avec l'étendard de la Chrétienté environ à deux heures après midi, et celles de France avec l'étendard de l'Église sur les trois heures, les choses ayant été ainsi résolues entre les généraux à cause des saluts qui se firent séparément. La ville de Gaëte salua d'abord la Capitane de France portant l'étendard de l'Église de 25 à 30 coups de canon. A quoi la Capitane seule ayant répondu de deux boîtes, deux pierriers, et quatre coups de canon, la forteresse royale de la dite ville de Gaëte salua aussi la dite Capitane de huit boîtes et de cinq coups de canon, qu'elle remercia par deux pierriers et de quatre coups de canon, De Nisida à Gaëte il y a cinquante cinq milles.

16 octobre.
Le temps s'étant gâté sur le soir, toute la nuit du 15 au 16 il y eut de grandes bourrasques à la mer, et la pluie tomba avec abondance même tout le jour 16, en sorte qu'on ne put pas partir pour faire le canal de Gaëte à Cività Vecchia, qui est de cent trente milles le long des plages romaines.

Aussitôt que les galères de France eurent mouillé dans le port du dit Gaëte, où il y a fond de six brasses d'eau, et où il peut tenir vingt galères avec tout le temps grande rade pour les navires, bonne pour tout temps à 12 brasses, le gouverneur de cette place envoya complimenter M. le général et l'avertir qu'il se préparoit à lui rendre visite, comme il fit incontinent après, et aussitôt après le gouverneur de la forteresse.

17 octobre.
Le lendemain 17, la mer étant extrêmement agitée, on résolut de voir faire le dernier quartier de la lune, qui étoit le dit jour à cinq heures du soir, et comme M. le général étoit pressé depuis le commencement de la campagne, et singulièrement depuis le retour de Standia de promettre à

M. de Rospigliosi d'aller à Rome, M. le général ayant su que le Saint Père avoit demandé la permission au Roi pour lui d'aller avec M. de Rospigliosi au retour de la campagne à Rome, afin qu'il le pût embrasser, et ayant vu trois ou quatre lettres du Cardinal Patron à M. de Rospigliosi, son frère, par lesquelles il lui témoignoit que Sa Sainteté désiroit qu'il s'employât entièrement à engager M. le général à faire ce voyage de Rome, et M. de Guastaldi, secrétaire d'état du Saint Père [1], lui ayant même par une lettre de sa main fait offre de son logis, il crut être obligé de promettre à M. de Rospigliosi de faire ce voyage avec lui, pour rendre ses très humbles respects à Sa Sainteté, puisqu'il avoit été par lui honoré de l'étendard de l'Église et même d'un bref pour commander les armées de la Chrétienté en l'absence de M. de Beaufort et de M. de Rospigliosi son neveu.

Après qu'il eût donné sa parole, il fut question de délibérer du lieu où il débarqueroit pour cet effet. M. de Rospigliosi le pria de mettre pied à terre à Nettuno, afin de passer par Castel Gandolfo pour s'y reposer un jour, afin de donner le temps à Sa Sainteté de se préparer à le recevoir. MM. les capitaines des galères le supplièrent au contraire de ne point quitter les galères du Roi qu'elles ne fussent dans le port de Cività Vecchia, de sorte qu'il fallut pour satisfaire l'un et les autres trouver un expédient. M. le général en fit ouverture d'un qui fut aprouvé de tous, que M. de Rospigliosi pourroit débarquer à Nettuno, qui est à soixante dix milles de Cività Vecchia, et que cependant lui avec ses galères tireroit de longue jusqu'à Fiumicino [2], à trente cinq milles de Nettuno et à trente cinq milles de Cività Vecchia; que là il se débarqueroit avec tous ceux, qui le devoient accompagner à Rome, et verroit d'une élévation prochaine la manœuvre que feroient ses

---

1. Il était aussi commissaire-général de la marine.
2. *Furnichon* dans le texte.

galères jusques à... milles de Cività Vecchia ; qu'alors ses galères étant en sûreté, il s'embarqueroit dans une felouque avec sa suite et reprendroit la route de Nettuno, si le temps lui permettoit, où les carrosses l'attendant il pourroit arriver à cinq ou six heures à Castel Gandolfo après M. de Rospigliosi ; que s'il y arrivoit bourrasque à ses galères et qu'elles fussent obligées de retourner en arrière, qu'elles le reprendroient en passant, ou si elles arrivoient heureusement à Cività Vecchia, qu'il pourroit être après sans inquiétude et, après avoir reçu la bénédiction de Sa Sainteté, qu'il se trouveroit à Cività Vecchia trois jours après pour suivre la route de France, si le temps le permettoit.

18 octobre.
Le temps s'étant rafraîchi sur le soir, et les galères ayant les vents en proue, M. le général fut obligé de faire donner fond entre Fiumicino et Nettuno environ à trois heures de nuit et, peu de temps après, il fut obligé de faire lever l'ancre pour retourner à Nettuno parce que les vents de proue se rafraîchissoient, qu'il n'y avoit point de sûreté en ce lieu pour ses galères. Étant toutes arrivées à Nettuno, et le vent de proue s'étant tourné en poupe environ trois heures après qu'elles eurent mouillé le fer, M. le général fit serper et se mit en la route de Cività Vecchia, où il arriva avec ses galères sur les cinq à six heures du soir, assez heureusement pour éviter la plus furieuse bourrasque de vent et de pluie qu'on ait vue de longtemps.

Comme il étoit près de huit heures avant que toutes les galères eussent mouillé le fer, la ville et la forteresse de Cività Vecchia [1] différèrent à saluer les galères jusques au lendemain à la pointe du jour ; auquel salut toutes les galères répondirent de la même manière qu'elles avoient fait le mois de juin en arrivant en ce port, et allant en Candie avec l'étendard de la Sainte Église.

1. *En note* : A Cività Vecchia, il y a fond de trois brasses d'eau, et de là à Porto-Ferrajo il y a cent vingt milles.

19-20 octobre.

Sur les six à sept heures du matin, le gouverneur de la ville étant venu rendre visite à M. le général, il le pria d'accepter deux calèches et dix ou douze chevaux pour faire le voyage de Rome, où il savoit que Sa Sainteté l'attendoit avec impatience. M. le général voyant le temps gâté, et les galères ayant des affaires au moins pour quatre jours en ce port pour prendre du pain, du vin, et deux arbres de maitre à deux galères, se résolut de monter en l'une des calèches, qui lui étoient préparées, après avoir donné les ordres nécessaires pour faire toutes les choses qu'il y avoit à faire, le plus promptement qu'il se pourroit. Les sieurs de Maubousquet et Duché de Vancy, son secrétaire, montèrent dans l'autre calèche, et ses valets de chambre, deux cuisiniers, son maître d'hôtel et deux gentilshommes à lui, montèrent à cheval et le suivirent avec M. de Carducci[1], capitaine de la Patronne du pape, qui avoit reçu l'ordre de M. le bailli de Rospigliosi d'escorter M. le général jusqu'à Castel Gandolfo.

Comme il se trouva sur le soir à trois lieues de Rome, M. de Guastaldi, commissaire général des états du Pape et président de la police de Rome, vint le joindre avec deux carrosses à six chevaux, et lui fit compliment de la part de Sa Sainteté. M. le général ayant été prié par M. de Guastaldi de monter en l'un de ses carrosses, il quitta sa calèche, et le dessein qu'il avoit d'aller à Castel Gandolfo joindre M. le bailli de Rospigliosi pour suivre celui de M. de Guastaldi, qui lui dit que Sa Sainteté désiroit de le voir à Rome avant qu'il allât joindre M. son neveu à Castel Gandolfo.

M. de Guastaldi, ayant [fait] descendre mon dit sieur le général en son hôtel, contraignit aussi toute sa suite à y loger, où il se trouva un souper magnifiquement préparé, et une demi heure après Sa Sainteté envoya savoir si mon

---

1. M. *de Cartouche*, dans le texte.

dit sieur le général étoit arrivé, et qu'il désiroit lui parler en particulier. Comme il étoit 9 à 10 heures du soir, mon dit sieur le général pria l'envoyé de faire agréer à Sa Sainteté qu'il pût avoir l'honneur de voir Sa Béatitude le lendemain matin.

21-22 octobre.

Le lendemain, dès les sept heures du matin, M. l'abbé de Bourlémont, agent des affaires du Roi, vint voir M. le général et tous les gentilshommes françois qui étoient à Rome. La reine de Suède lui envoya faire compliment et, sur les dix heures, Sa Sainteté envoya dire à M. le général qu'elle lui donneroit audience sur les onze heures du matin. M. de Guastaldi lui ayant fait préparer des carrosses, il alla à Monte Cavallo avec un cortège de douze ou quinze carrosses et se trouva accompagné de trente ou quarante gentilshommes françois qui étoient à Rome.

Il entra seul dans le cabinet de Sa Sainteté et demeura avec Sa Béatitude près d'une heure[1]. Après quoi on fit ouvrir les portes et tous ceux qui l'accompagnoient entrèrent, où ils trouvèrent le Pape assis dans sa chaire, et M. le général debout à son côté droit. Après qu'ils eurent baisé la croix, qui est dessus la mule de velours cramoisi, que chausse le pied droit de Sa Sainteté, et que Sa Béatitude leur eut donné des médailles et des indulgences, ils se retirèrent à la suite de M. le général qui, étant toujours accompagné de M. de Guastaldi, fut conduit en l'appartement du Cardinal Patron avec lequel il demeura encore seul près de trois quarts d'heure, et le dit sieur cardinal le reconduisit jusqu'à la porte de sa chambre. M. le général étant de retour chez M. de Guastaldi, comme il alloit se mettre à table, arrivèrent un camérier d'honneur du Pape et un gentilhomme du Cardinal Patron, qui lui présentèrent les présents de Sa Sainteté et de cette Éminence.

1. Sur leur entretien, cf. n° LXXXIX.

Mon dit seigneur le général, les ayant acceptés, fit distribuer par son secrétaire d'autres présents et force pistoles à tous ceux de la maison du Pape et du dit cardinal.

M. le général fut l'après dînée à Saint-Pierre au Vatican et en quelques autres endroits de Rome, et le lendemain matin [1], il fut avec M. de Guastaldi à Castel Gandolfo pour prendre congé de M. le bailli de Rospigliosi, qui retint mon dit sieur le général tout le jour et l'engagea à coucher là, et à voir le lendemain Frascati, qui est une maison de plaisirs appartenant au Saint Siège.

23 octobre.

Mon dit sieur le général étant retourné à Rome le lendemain, Sa Sainteté envoya le soir lui témoigner qu'il désiroit de le voir avant qu'il s'en retournât à Cività Vecchia sur ses galères. Le lendemain matin, mon dit sieur le général, accompagné de M. de Guastaldi et du cortège de la noblesse françoise, fut à Monte Cavallo où Sa Sainteté le reçut comme la première fois, et il demeura avec Sa Béatitude encore trois quarts d'heure. Sa Sainteté ayant fait ouvrir la porte de son cabinet, les François, qui ne lui avoient pas baisé la mule, y entrèrent, à qui il distribua des médailles et des indulgences, mon dit sieur le général présent. Après quoi il prit congé de Sa Sainteté et fut incontinent en faire de même à M. le Cardinal Patron qui le reconduisit comme la première fois. Après quoi M. le général fut dîner chez M. de Guastaldi et l'après dîner il fut voir quelques raretés à Rome, et le soir il rendit visite à la reine de Suède.

Ayant été régalé de la musique romaine et des violons chez M. de Guastaldi avant et après le souper, il donna les ordres à son secrétaire pour faire partir le lendemain tout son train, et dès la pointe du jour il monta en carrosse avec M. de Guastaldi et quelques officiers des galères, et

1. Le 22 octobre.

ses gentilshommes dans un autre, et prit la route de Cività Vecchia.

M. de Guastaldi, ayant fait préparer à dîner dans une maison qui est à mi chemin, le régala très bien, prit ensuite congé de lui et lui donna deux autres carrosses à six chevaux pour le conduire à Cività Vecchia, et le dit sieur de Guastaldi s'en retourna à Rome avec les deux autres qu'il avoit amenés jusque là. M. le général étant arrivé le soir sur ses galères, il donna les ordres pour partir le lendemain matin, mais la pluie et le mauvais temps, qui avoient duré depuis qu'on étoit arrivé en ce port, continuant encore, on attendit au lendemain 24ᵉ du mois que la mer étant calme et le vent au grégal, M. le général fit serper et on fut mouiller à Porto Ferrajo, qui est un port fort bon dans l'île d'Elbe, où il y a fond de sept brasses d'eau, et où il y a une forteresse qui salua l'étendard d'un salut royal, et il y a une darse pour vingt galères en tout temps.

2-4 novembre.

Le 2ᵉ novembre, on partit de Porto Ferrajo, le vent contraire y ayant assiégé les galères tous les jours d'auparavant, et l'on fut donner fond à Livourne, où l'on arriva le soir et où l'on séjourna le lendemain [1].

La nuit du 4ᵉ, on serpa et fut mouiller le fer à Porto Venere.

5 novembre.

La nuit du 5ᵉ on en partit, et de là on fut donner fond à Portofino.

6-20 novembre.

La nuit du 6ᵉ nous serpâmes et nous fûmes mouiller en Vado [2], proche Savone.

---

1. Le grand duc de Toscane n'interdit donc pas l'entrée du port aux galères de France (Cf. la lettre n° XC).
2. *Vay* dans le texte.

De Vado à Villefranche.

De Villefranche à Agay [1], qui est une métairie appartenant à une dame de qualité d'Aix, devant laquelle il y a une baie, où il y a fond de dix brasses d'eau.

D'Aguay à Capeau.

De Capeau à la Ciotat.

Et le 20e, on arriva à Marseille, le vent étant fort frais de proue.

Fait par le sieur de Vancy, secrétaire de Monseigneur le général.

---

1. *Naguay* dans le texte.

ADDITION ET CORRECTIONS

Page 17, note, *lire* : Reynarde, *au lieu de* : Regnarde.

Page 62, *lire* : pierriers, *au lieu de* : perriers.

Page 93, note 1, *lire* : Mancini, *au lieu de* : Mancin.

Page 129, note 1, *lire* : le Journal, *au lieu de* : n° CIII, Journal.

Page 158, note 1, *lire* : p. 129, n. 1, *au lieu de* : p. 129, n. 4.

Page 238. Sur le Bras du Magne ou du Maina, en Morée, cf. Ch. de la Roncière, *Histoire de la Marine française*, t. IV, p. 413.

Page 244, ligne 33, *lire* : Colbert de Vendières, *au lieu de* : Colbert de Vandière.

TABLE ALPHABÉTIQUE

A

Agay (Var), 221-222, 290.
Ajaccio, 31.
Alassio (Ligurie), 222, 223.
Albanie (l'), 235, 278.
Alger (les corsaires d'), 12, 15, 34, 39, 43 n., 155, 179, 198.
— (le dey d'), 23 n., 25, 38.
Allemands (les), 90, 190.
Alméras (Guillaume d'), chef d'escadre, 56 et n., 132, 152, 158, 161, 191, 197.
Amazone (l'), galère, 77.
Amiral (l'), vaisseau. Voyez : Monarque (le).
Ancône, 185.
Andora Marina (Ligurie), 223.
Angleterre (la reine d'), 139 et n.
Anglure (l'abbé d'). Voyez : Bourlémont (de).
Antibes, 222.
Antigny (M. d'), grand page de Vivonne, 77.
Antipaxos (l'île d'), 275.
Arcadie (l'), 237.
Armes de France (les), vaisseau marchand, 67 n.
Arnoul (Nicolas), intendant des galères, 25, 42, 95 et n., 131, 153, 165, 170 n., 171 n., 182.
Arnoul (Pierre), 170 et n., 171 n.
Augusta (Sicile), 32.
Azzolino (cardinal, secrétaire d'État), 45, 127 n.

B

Baia (Campanie), 282.
Bandeville (Louis Sevin, marquis de), 139 et n., 140, 147.
Bandeville (chevalier de), 139 n.
Bandeville (le régiment de), 139 et n., 242, 267.
Barbarie (la), 51, 52, 53, 153, 209.
Bataglia (général), 140.
Bâtie (M. de Marnais de la), 26.
Beaucaire (foire de), 43 n.
Beaufort (duc de), 4, 5, 8, 9, 10, 11, 12, 14 n., 15, 17, 18, 19, 21, 24, 25, 26 n., 27, 29, 31, 33, 34, 35, 38 n., 39, 40, 41, 48, 50, 51 n., 53, 56, 65, 107 n., 130, 133, 134, 135, 161, 177, 180, 184, 186, 187, 192, 194, 197, 216-217, 240, 284.
Beaujeu (le chevalier de), 161.
Beaumont (le chevalier de), commandant de l'Ecureuil, 40 n., 158.
Bébir (pacha), 157 n.
Belle (la), galère, 42.
Bellefonds (maréchal de), 158 et n., 213.
Belle-Isle Erard (marquis de), commandant du Toulon, major des vaisseaux, 40 n., 53, 80, 85, 155, 240.
Béthomas (Eléonor de Beaulieu, chevalier de), 86.
Biscaone (canal de) ou canal d'Ithaque, 236.
Blot (de Chauvigny), capitaine de vaisseau, 81 et n.
Bœuf (le), vaisseau, 40.
Bordeaux, 43 n.
Bordighera (Ligurie), 223.
Bouillé (commandeur de), commandant du Provençal, 40 n., 81, 84, 158.
Bouillon (chevalier de), commandant du Bourbon, 40 n., 80 et n., 84, 156 et n.
Bourbon (le), vaisseau, 40 n., 80, 84, 266.

TABLE ALPHABÉTIQUE

Bourlémont (l'abbé d'Anglure de), 59 n., 135 et n., 167, 172, 287.
Braize (le), vaisseau, 42, 85 n.
Breman (de), commandant du Bœuf, 40 n.
Bret (Alexandre Le), lieutenant-général, 99, 191, 193 n., 196.
Bretèche (Charles de Savonnière, commandeur de la), 37 n., 86, 99, 100, 102, 103 n., 104, 253.
Breteuil (Antoine Le Tonnelier, chevalier de), commandant de la Force, 37 n., 84 et n.
Brocand (île de), 231, 232.
Brodart (Jean-Baptiste), 131 et n.
Brossardière (Jacques de Laye du Plessis, sieur de la), 17 n., 37 n., 85, 162 et n.
Bueil (Maurice Grimaldi, comte de), 16 et n., 37 n.

C

Caderousse (le bailli de), 237.
Cagliari, 188.
Cajac (Marc de Canin de), 158 et n.
Calabre (la), 32, 233, 234, 235, 278, 279.
Canée (la), en Crète, 142, 145, 205, 239, 258, 272.
Capeau (Var), 218, 219, 290.
Capitaine général (le), voyez : Rospigliosi (bailli de).
Capitane (galère), 3 n., 16, 17, 20, 21, 24 n., 37, 51 n., 73, 76, 84, 85, 86, 89, 165, 198, 215, 216, 217, 220, 222-224, 228, 250, 257, 262, 264, 268, 270, 276, 280, 282.
Carducci (M. de), capitaine de la Patronne du pape, 286.
Cassagnet (Gabriel de), voyez : Tilladet (chevalier de).
Castel Gandolfo, 151, 165, 168, 284, 285, 286, 288.
Catelan (Louis, marquis de), 54 et n.
Cauvisson (M. de), 54.
Centurion (marquis de), capitaine général des galères, 131 n., 160 et n.
Cépet (cap), 204.
Céphalonie (îles de), 236, 237, 274, 275.
Cérigo (île de), 34, 35, 36, 45, 46, 47, 48, 142, 143, 189, 191, 205, 206, 239, 264, 265, 272.
Cervo (Ligurie), 223.
Chabert, sous-lieutenant de la Capitane, 76, 89.
Chaboureau, capitaine de vaisseau, 41 n.
Chambord (château de), 139, 203.
Champagne-Brûlot (M. de), 158.
Charles, capitaine du brigantin, 89.
Chastellux (commandeur de), 23.
Château-Thierry (régiment de), 33, 37 n., 242, 266.
Chauvigny Blot (de), voyez : Blot (de).
Choiseul (Claude, comte de), 140 et n., 147 n., 193 n., 267.
Christine, reine de Suède, 287, 288.
Ciotat (la), 216, 290.
Cività Vecchia, 31, 32, 33, 35, 44 et n., 45, 49, 131, 143, 155, 163, 164, 165, 167, 168 n., 170, 198, 228, 229, 230, 231, 282, 284, 285, 289.
Clément IX, pape, 8, 13, 17 et n., 19, 24 n., 26, 27, 28, 33, 35, 43, 131, 136, 151, 164, 165, 172, 284, 286-288.
Clermont-Tonnerre (François de), 84 n.
Clermont-Tonnerre (Louis-Alexandre de), commandant de la Victoire, 37 n., 84 et n.
Clerville (Nicolas, chevalier de), 161 et n.
Cogolin (de), commandant de la Sirène, 40 n., 81 et n., 158.
Colbert, 1, 2, 3, 4, 6, 8, 13, 24 n., 30, 40, 41, 50 n., 72 n., 74 n., 82, 122, 159 et n., 163, 170, 178, 181, 237, 265.

Colbert de Seignelay (J.-B.), voyez : Seignelay.
Colbert de Maulevrier (Édouard-François), 65, 75, 90, 97, 98, 99, 100, 101 n., 162, 166, 172, 182, 184, 185, 186, 191, 195, 200, 207, 208, 244, 251, 254.
Colbert de Vendières, voyez le précédent.
Colbert du Terron (Charles), 160 et n., 190.
Colonna (le cap), 279.
Comte (le), vaisseau, 80, 84.
Concorde (la), vaisseau, 40 n.
Contay d'Humières (François de Crevant, baron de), capitaine de vaisseau, 81 et n., 83.
Contre-amiral (le), vaisseau. Voyez : Princesse (la).
Coquiel (du), contrôleur des galères, 165, 171, 261, 281.
Corfou (île de), 16, 17, 18, 19, 34, 35, 41, 49, 163, 233, 235, 274, 275-277.
Coron (la ville de), 52, 274.
Corse (cap), 31.
Cosme II de Médicis, 167 n.
Cotoner (Nicolas), grand maître de Malte, 153 et n., 154, 156 n.
Cotoner (Raphaël), grand maître de Malte, 153 n.
Cou (de), capitaine, 97 n.
Couronne (la), galère, 37 n., 78, 84, 85 n.
Courtisan (le), vaisseau vice-amiral, 40 n., 79, 83, 84, 85, 88, 89, 158, 182, 185, 209.
Créquy (François de Bonne de), 1 et n.
Croissant (le), vaisseau, 41 n., 81.
Croix (de la), intendant à Candie, 55, 83, 89 et n., 91, 99, 109, 110, 115, 119, 127, 129, 160, 211, 213, 249, 251, 254, 258-263, 265, 266.
Croix de Malte (la), galère, 37 n., 77, 86.
Cuers (le sieur de), 208.

D

Dalliez, fournisseur des galères, 204.
Dampierre (Cugnac, comte de), 124, 125, 202.
Dauphin Royal (le), vaisseau, 160.
Dauphine (la), galère, 37 n., 77, 85.
Diano (Ligurie), 223.
Duché de Vancy (Jean-Baptiste), secrétaire de Vivonne, 33, 77, 83, 137, 215, 229, 286, 290.
Dunkerquois (le), vaisseau, 41 n., 81, 155, 205 n., 206.

E

Ecureuil (l'), vaisseau, 40 n.
Elbe (île d'), 31, 289.
Eole (l'), vaisseau, 81 n.
Espagne (galères d'), 36, 82.
Espagne (roi d'), 164, 231, 234.
Espagnols (les), 228.
Espagny (régiment d'), 33, 37 n., 242.
Espanet (sieur d'), capitaine de la Vigilante, 16 n. 2, 37 n., 219.
Espinchal (Jean d'), voyez : Ternes (marquis de).
Estrades (le comte d'), maréchal de France, 39 et n.
Etoile (l'), vaisseau, 81, 83, 155.
Etourdi (l'), galère, 85 n.

F

Fabert (Louis, marquis de), 54 n.
Fare (la), Bouches-du-Rhône, 106.
Favorite (la), galère, 42.
Fayette (de la), commandant du Monarque, 40 n.
Fénis de la Prade (de), enseigne, 81.
Ferdinand II de Médicis, grand-duc de Toscane, 167 et n., 168, 169, 289.
Fère (régiment de la), 33, 37, 139, 242, 267.
Fiumicino (Italie), 284, 285.
Flacourt (le chevalier de), lieutenant de vaisseau, 194 n.
Fleur de Lys (la), galère, 37 n., 78, 86.

Fleuron (le), vaisseau, 40 n., 80 et n., 158, 205.
Florence, 168.
Folleville de Pile (de), commandant de la Renommée, 3 n., 4 n., 23, 24, 37 n., 83.
Forbin de Gardanne (Louis). Voyez : Gardanne (le commandeur de).
Forbin-Maynier (Henri de). Voyez : Oppède (baron d').
Force (la), galère, 37 n., 78, 83.
Foresta (le chevalier de), capitaine de la Légère, 17 n., 37 n.
Fortanet (M. de), capitaine au régiment de la Motte, 128, 129, 158 n., 210 n., 212.
Fortune (la), galère, 4 n., 17 n., 37 n., 78, 84 n., 86.
Fosse de Candie (la), 51, 99, 123, 127, 241, 245, 262, 263, 265, 266.
Foucault (Nicolas-Joseph de), gouverneur du chevalier de Vendôme, 160.
France (la), galère, 78, 86.
Frascati (Italie), 288.
Frédéric III, roi de Danemark, 220.
Frontenac (Louis de Buade-Palluau, comte de), 149 et n.

G

Gabaret (Jean), commandant de la Princesse, 30, 41 n., 79, 86.
Gaète (Italie), 32, 167, 283.
Gaillard (le chevalier), volontaire, 77, 89.
Galante (la), galère, 43 n.
Galbo (le), lieutenant-général, 157 n.
Gardanne (Louis de Forbin, commandeur de), 37 n., 84 et n., 95 n., 162, 201.
Gazopoli (Albanie), 276, 277, 278.
Générale (la), galère, 37 n.
Généralissime (le), voyez : Morosini (François).
Gênes, 160 n., 224.
Georges, prince de Danemark, 220 et n.

Gozzo (île), près de Malte, 156.
Grancey (marquis de), commandant du Lys, 41 n., 80 et n., 158, 205, 206, 266.
Grand Vizir (le), 157 n.
Grande (la), galère, 42.
Guastaldi (M. de), secrétaire d'état du Saint-Siège, 165, 228, 229, 284, 286-289.
Guette (de la), intendant à Toulon, 95 n.

H

Hectot (d'), commandant de la Thérèse, 40 n., 85, 102 n., 107.
Hillière (chevalier de la), commandant de la Royale, 41 n., 80 et n., 158.
Hoguette (N. Fortin de La), neveu de l'archevêque de Paris, mort à Candie, 203.
Huxelles (marquis d'), voyez : Uxelles.
Hyères (îles d'), 31, 171, 218.

I

If (le château d'), 216.
Ile de France (l'), vaisseau, 160.
Ilhière (la), voyez : Hillière.
Infreville (d'), voyez : Saint-Aubin d'Infreville.
Infreville (Leroux d'), intendant à Toulon, 94 n., 95 et n., 152, 153, 182, 185 n., 203, 208, 219.
Ischia (île d'), 32.
Italie (côtes d'), 45.

J

Jacquier, munitionnaire des armées, 57 et n., 90 et n., 91, 117 n., 121, 242, 256.
Janson (chevalier Albert de Forbin), 4 n., 17 n., 37 n., 87 et n., 95 n., 280.
Jonzac (Alexis de Sainte-Maure, marquis de), 91 et n.
Juan (le golfe), 31, 93, 95, 107.

K

Kerjean (Le Barbier de), commandant du Comte, 80, 84.

TABLE ALPHABÉTIQUE

L

Lafond (de), commissaire général des galères, 169.
Laigueglia (Ligurie), 223.
Lalandi (colonel), 157 n.
Languedoc (côtes de), 6, 39.
Languillet (M. de), commandant du Dunkerquois, 41 n., 205.
Larissa (Grèce), 161.
Laye (Jacques de) du Plessis, sieur de la Brossardière. Voyez : Brossardière (de la).
Légère (la), galiote, 17 n., 79.
Leroux d'Infreville. Voyez : Infreville (Leroux d').
Leucade (île de), 236.
Linières (François des Essarts, marquis de), 54 n.
Lion couronné (le), vaisseau, 85 n.
Lionne (Hugues de), 17, 40, 59 n., 98 n., 104 n., 127 n., 167, 199, 210.
Lipari (île et ville de), 32, 230, 231, 232, 281, 282.
Livourne, 31, 167, 168, 169, 171 n., 226, 227, 289.
Lomelino, vice-légat, 25, 28.
Louvois, 94 n., 117, 134 n., 212, 255.
Lucas (Pierre de), voyez : Villeneuve (de).
Lys (le), vaisseau, 41 n., 80, 155, 156 n., 158, 205, 209, 266.

M

Madame (la), galère, 85 n.
Magnottes (les), 238, 239, 273.
Maguelone (le duc de), à Naples, 282.
Maïna (côtes de), en Morée, 238, 290.
Malte (île de), 17, 18, 19, 35, 49, 132, 153 n., 156, 158.
Malte (galères de), 5 n., 7, 87, 154, 171, 195, 201, 205, 209, 231, 233, 235, 250, 267, 276, 277, 280.
Malte (Ordre et Grand-Maître de), 153, 154, 156.

Manse (Antoine de), chef d'escadre, 3 n., 4 n., 23, 24, 37, 59, 76, 77, 85, 89, 143.
Marseille, 7, 15, 33, 42, 43, 94, 136, 166, 172, 178, 215, 216, 233, 290.
Martel (marquis de), commandant du Soleil d'Afrique, puis du Courtisan, vaisseau vice-amiral, 18 et n., 40 n., 53, 68, 79, 82, 83 et n., 88, 97, 101, 105, 133, 134, 146, 147 n., 156 n., 158, 161, 205, 208, 244, 255.
Martinengo (le chevalier de), 61 et n.
Mascardière, enseigne, 80.
Maslera (l'île de), 277, 278.
Maubousquet (de), volontaire, 77, 89, 286.
Médicis. Voyez : Cosme II, Ferdinand II.
Menton, 223.
Mercœur (le), vaisseau, 30 n.
Méricourt (de), lieutenant, 80.
Messénie (la), 194 n.
Messine, 18, 19, 21, 35, 36, 49, 153, 163, 164, 167, 231, 232, 233, 234, 276, 278-282.
Milazzo, en Sicile, 32.
Milo (île de), 143, 148, 271, 272.
Minimes (bastion des), 203.
Mirabeau (le chevalier François de Riquetti de), major des galères, 76 et n., 89, 231, 248.
Mirandole (Alexandre II Pic, duc de la), 141 et n.
Modon (la ville de), 52, 274.
Monaco, 222, 223.
Monarque (le), vaisseau amiral, 40 n., 61, 79, 84, 85, 89, 144, 146, 160, 184, 185, 187, 189, 190, 206, 208.
Montaut de Bénac (Philippe de), voyez : Navailles (duc de).
Monte Cavallo (Italie), 287, 288.
Montlimart (M. de), écuyer du duc de Navailles, 156.
Montolieu (Louis de), chef d'escadre, 37 n., 48 et n., 249.
Morée (la), 51, 52, 237, 272, 274, 275.
Morosini (François), capitaine-

général, 47, 56, 57, 58 et n., 73, 75, 98 n., 114, 117, 119, 121, 128, 138, 144, 156, 194, 197, 201, 202, 207, 209, 241-243, 247, 248, 251.
Morosini (Thadeo), chef d'escadre vénitien, 46.
Mortemart (Gabriel de Rochechouart, duc de), 137 et n., 224.
Mothe-Viala (de la), capitaine de vaisseau, 17 n., 81 et n.
Motte (régiment de la), 129 n.

N

Naples, 163, 166, 167, 281, 282.
Navailles (Philippe, duc de), 4, 5 et n., 10, 11, 12, 13, 24 n., 27, 47, 52 n., 54, 55, 56 et n., 58 et n., 63, 65, 66, 67, 69, 70 et n., 71, 72 n, 90, 92, 97, 98, 100, 101, 102, 103, 104, n., 108, 110, 111, 112, 113, 116, 117, 119, 120, 122, 123 n., 124, 126, 127 n., 128, 129 n., 130, 132, 134 n., 138, 147, 148, 156, 157 n., 158, 160, 161, 172, 181, 182, 183, 192, 193, 195, 197, 200, 201, 208, 211, 212, 217, 240, 244-246, 251, 255, 256, 258, 259, 261-266.
Navalier, capitaine des galéasses, 157 n.
Navarin, en Morée, 52, 237, 274.
Naxos (île), 197.
Nettuno (Italie), 164, 167, 284, 285.
Nice, 222, 225.
Nio (la rade de), dans l'île d'Ios, 270.
Nisida (l'île de), 162 n., 163, 164, 280, 282, 283.

O

Oneglia (Ligurie), 223.
Oppède (Henri de Forbin-Maynier, baron d'), premier président de Provence, 93, 94, 95 et n., 106, 159.
Oppède (Vincent de Forbin, commandeur d'), 37 n., 86 et n., 95 n.
Otrante, 49, 136, 163.

P

Palmi (golfe de), 155, 206.
Panaria (île de la), 32.
Paris (le), vaisseau, 160.
Passaro (cap), 36, 37, 155, 185, 188.
Patronne (galère), 17 n., 37 n., 77, 85, 162, 282.
Péréfixe de Beaumont (Hardouin de), 203 n.
Perle (la), galère, 3 n.
Pianosa (île de la), 31.
Piscaro (le marquis de), à Naples, 282.
Plessis (du). Voyez : Brossardière (la).
Policastro (château de), à Candie, 157 n.
Ponza (île de), 32, 230.
Porquerolles (île de), 218.
Port-Cros (île de), 218, 220, 221.
Porto Ferrajo, dans l'île d'Elbe, 31, 170, 172, 226, 289.
Porto Fino (Ligurie), 225, 226, 289.
Porto Kalion, en Morée, 273.
Porto Maurizio (Ligurie), 223.
Porto San-Stefano (Italie), 31.
Porto Vecchio, 31, 237, 238.
Porto Venere (Toscane), 31, 226, 289.
Preuilly d'Humières (marquis de), capitaine de vaisseau, 55, 56 et n., 158.
Princesse (la), vaisseau contre-amiral, 41 n., 79, 86, 200.
Prodono (Morée), 273.
Provençal (le), vaisseau, 40 n., 81, 84, 158.
Provence (la), 6, 21, 50, 56, 93, 94, 95, 115, 129, 134.
Provence (procureurs de), 181.
Provence (régiment de), 76 n.

R

Réale (la), galère, 61, 282.
Reggio (ville), 279.

TABLE ALPHABÉTIQUE

Régine (la), galère, 17 n.
Renommée (la), galère, 37, 79, 83, 271.
République (la Sérénissime), voyez : Venise.
Reynarde (Félix de la), capitaine de galère, 17 n.
Richelieu (le cardinal de), 3 n.
Rion (le), en Provence, 216.
Riquetti (François de), voyez : Mirabeau (chevalier de).
Riva Ligure (Ligurie), 223.
Rive (La), lieutenant-général, 157 n.
Rochefort, 170 n.
Rochelle (la), 160.
Rome, 165, 166, 167, 169, 172, 201, 284, 286-288.
Rosan (comte de), neveu de Turenne, 54 n.
Rospigliosi (cardinal Jacques), 151 et n., 164, 165.
Rospigliosi (bailli Vincent), 16, 17, 19, 21, 25, 26, 33, 35, 36, 43, 45, 46, 48, 50, 51, 55, 64, 66, 68, 82, 83, 87, 90, 92, 98, 99, 102, 109, 111, 113, 115, 122 n., 123, 125, 137, 141-145, 148-151, 163-165, 168, 189, 196, 197, 198, 201, 229, 231, 235, 238, 241-244, 257-259, 267, 271, 273, 276, 278-285.
Roucy, capitaine réformé d'infanterie, 77.
Rouergue (régiment de), 147 n.
Rousset (chevalier de), 163.
Roux (cap), 221.
Rouxel de Médavy (François Benedict), voyez : Grancey (marquis de).
Royal-Dauphin (le), vaisseau, 190.
Royal-Louis (le), vaisseau, 190, 216.
Royale (la), vaisseau, 41 n., 80.
Ruvigny (Henri de Massués, sieur de), 67, 105, 161, 212.

S

Sablonnière (la), à Candie, 53, 54, 58 n., 59 n., 70, 71, 87, 91, 97, 98, 140, 141, 192, 201, 207, 240, 241, 246, 248, 252, 253.
Saint-André Montbrun (Alexandre du Puy, marquis de), 40 n., 41, 195, 199, 203, 207, 208.
Saint-André (bastion et boulevard de), à Candie, 47, 59 n., 60, 62, 64 n., 71, 83, 87, 91, 92, 98, 125 n., 140, 141, 157 n., 190, 193 n., 207, 241, 243, 244, 247.
Saint-Ange (cap), 149, 239.
Saint-Antoine (le), vaisseau, 40 n.
Saint-Aubin d'Infreville (de), capitaine du Soleil d'Afrique, 40 n., 158.
Saint-Barthélemy (le), vaisseau, 129.
Saint-Dominique (la), galère, 17 n., 43 n., 171.
Saint-Georges de Standia, 249-250.
Saint-Louis (la), galère, 37 n., 78, 84, 219, 271.
Saint-Mandrier (hôpital de), en Provence, 94, 96, 204.
Saint-Marc (clocher de), à Candie, 61.
Saint-Mesme (chevalier de), lieutenant de galère, 4 n.
Saint-Nicolas de Candie, 250.
Saint-Nicolas de Cérigo, 239, 240, 272, 273, 274.
Saint-Pierre (îles), 187.
Saint-Soupir, en Provence, 223.
Saint-Vincent (M. de), 255.
Sainte-Bonne (M. de), à Naples, 282.
Sainte-Croix (l'abbé de), 219.
Sainte-Marguerite (îles), 93, 95, 107, 183 n., 222, 223.
Sainte-Marie (le cap), 278, 279.
Sainte-Maure (Alexis de), voyez : Jonzac (marquis de).
San Pietro (îles), 155.
San Remo (Ligurie), 223.
San Stefano (Ligurie), 223, 228.
Santa Maria (cap), 163.
Santa Maura (île de Leucade), 236.

Santorin (l'île de), 267-271.
Sapienza (île de), 52, 189, 190, 273.
Sardaigne, 188, 206.
Savoie (Charles-Emmanuel II, duc de), 223.
Savone, 224, 289.
Savonnière (Charles de), voyez : Bretèche (de la).
Seignelay (Jean-Baptiste Colbert, marquis de), 170 n.
Sicile (la), 35, 39, 45, 155, 164, 185, 188.
Sirène (la), vaisseau, 40 n., 81, 158.
Soleil d'Afrique (le), vaisseau, 40 n.
Soleil Royal (le), vaisseau, 190.
Soliman-Aga Mustafa-Raca, ambassadeur turc, 161.
Spartivento (cap), 32, 235.
Spezzia (la), 31, 226.
Spinalonga, en Crète, 209.
Standia (île de), 55 et n., 99 n., 110, 113, 116, 120, 129, 141, 142, 146, 149, 157 n., 200, 209, 239, 240, 241, 242, 259, 262, 264-267.
Stromboli (l'île), 231, 281.
Strozzi (abbé), 167.
Subtile (la), galiote, 16, 37 n., 79.
Sude (la), en Crète, 158 n., 209.
Suisse (le), vaisseau, 155.

T

Tagenac (de), lieutenant de la Patronne, 77, 89.
Taggia (Ligurie), 223.
Tasse (la), barre dans la rade de Toulon, 217.
Taulignan (de), consul de France à Zante, 49.
Ternes (Jean d'Espinchal, marquis de), 89.
Thérèse (la), vaisseau, 40 n., 43 n., 72 n., 73, 76, 77, 81, 84, 88, 89, 90, 97, 99, 101, 107, 265.
Thianges (Madame de), 22.
Thivas (M. de), capitaine de vaisseau, 158.
Thurelle-Thiballier (de), commandant du Fleuron, 30, 40 n., 80, 205, 206, 262.
Tilladet (Gabriel de Cassagnet, chevalier de), 51 et n., 103, 104, 129, 159, 264, 265.
Tilladet (Jean-Baptiste de Cassagnet, marquis de), 51 n.
Tonnelier (Antoine Le), chevalier de Breteuil, voyez : Breteuil.
Tonnerre (de), voyez : Clermont-Tonnerre.
Toscane (grand-duc de), voyez : Ferdinand II de Médicis.
Toulon, 31, 35, 36, 46, 93, 94, 95, 96, 136, 159, 161, 170 n., 181, 184, 187, 190, 213, 216.
Toulon (le), vaisseau, 40 n., 50, 80, 85.
Toulouse, 43 n.
Tour-d'Auvergne (Constantin-Ignace de), voyez : Bouillon (chevalier ou bailli de).
Tourville (Anne-Hilarion, comte de), commandant du Croissant, 41 n., 81 et n.
Tripoli, 13.
Tunis, 13.
Turenne, 39 n., 54 n., 80 n.

U

Uxelles (Louis du Blé, marquis d'), 54 n., 203 et n.

V

Vado (Ligurie), 223, 225, 289, 290.
Valbelle (chevalier de), chef d'escadre, 132, 158.
Valeur (la), galère, 37 n., 78, 86.
Vallière (Melle de la), 135 n.
Vauban, 161 n.
Vendôme (Louis, duc et cardinal de), 93 et n., 94, 95 et n., 106, 134 n., 137 n., 159.
Vendôme (Philippe, chevalier de), 106, 107, 130, 133 et n., 136, 137, 160, 179, 194.
Vendôme (Mme de), 159 et n.
Venise, 45, 46, 47, 48, 49, 57, 83, 87, 185, 229.

Vermandois (comte de), 135 et n., 159.
Vice-amiral (le), vaisseau, voyez : le Courtisan.
Victoire (la), galère, 37 n., 78, 84.
Vidaut, commandant des barques de victuailles, 76, 89.
Vigilante (la), galiote, 16 n. 2, 37 n., 79, 219.
Vignettes (les), Var, 216, 217.
Villefranche-sur-Mer, 31, 223, 290.

Villeneuve (Pierre de Lucas, sieur de), 3 n., 37 n., 85 et n.
Vintimille, 223.
Viviers (de), capitaine de galère, 37 n., 86.
Vizir (le Grand), 161, 255.
Volante (la), galiote, 37 n.

Z

Zante (île de), 32, 34, 35, 36, 37, 41, 45, 46, 47, 48, 49, 50, 121, 128 n., 144, 235, 236, 237, 260, 273, 274.

TABLE DES MATIÈRES

Introduction..................................... .... ı
Correspondance du duc de Vivonne......... 1
Appendices................................. 175
   I. *Lettres diverses*............................. 177
   II. *Journal de la navigation des galères*, par J.-B. Duché
      de Vancy............................... 215
Addition et corrections......................... 290
Table alphabétique................. 291

MACON, PROTAT FRÈRES, IMPRIMEURS.

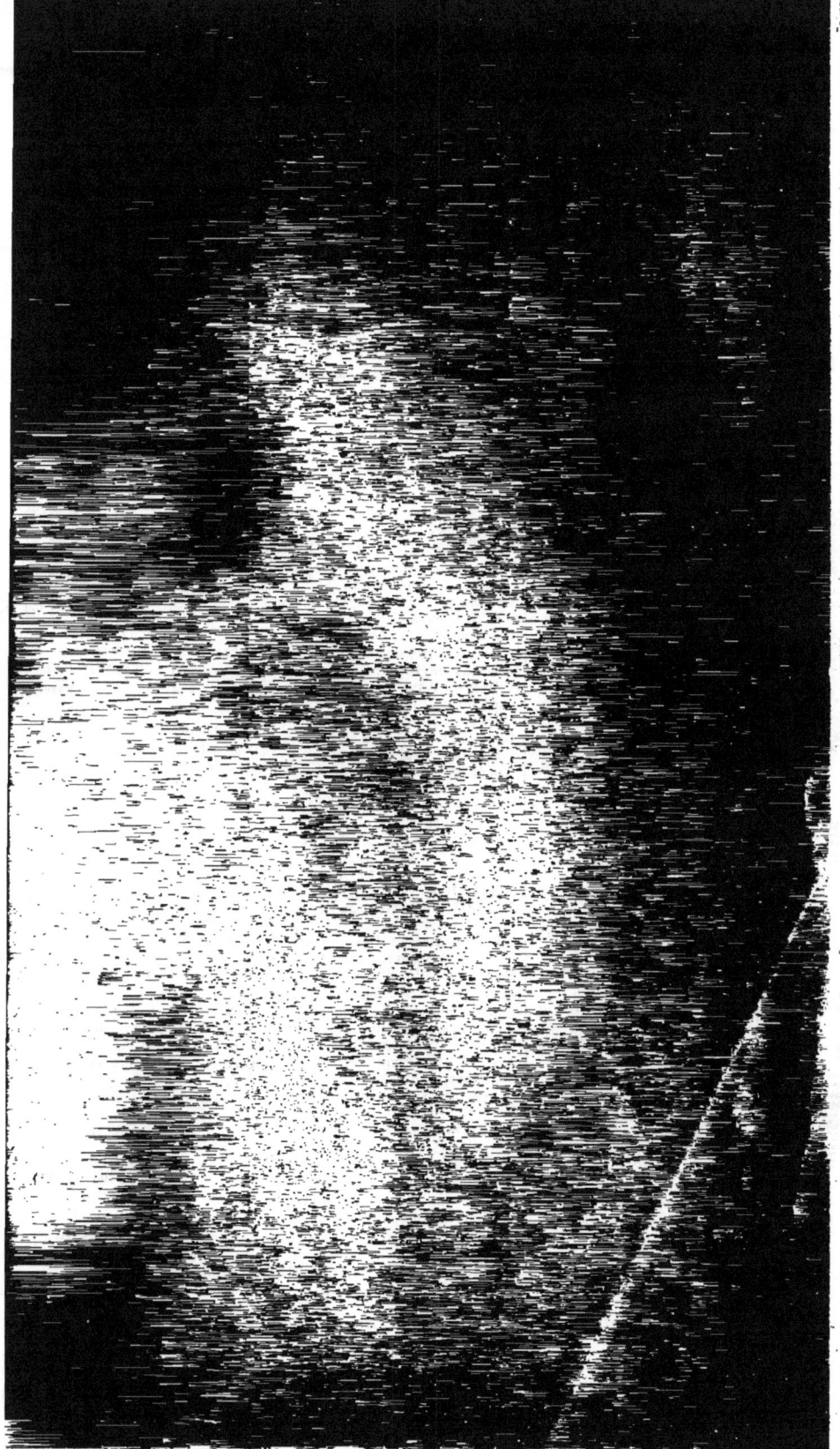

Ouvrages publiés par la Société de l'Histoire de France *depuis sa fondation en 1834.*

In-octavo à 9 francs le volume, 7 francs pour les Membres de la Société.

Ouvrages épuisés.

L'Ystoire de li Normant. 1 vol.
Lettres de Mazarin. 1 vol.
Villehardouin. 1 vol.
Histoire des Ducs de Normandie. 1 vol.
Grégoire de Tours. Histoire ecclésiast. des Francs. 4 vol.
Beaumanoir. Coutumes de Beauvoisis. 2 vol.
Mémoires de Coligny-Saligny. 1 vol.
Mémoires et Lettres de Marguerite de Valois. 1 vol.
Comptes de l'argenterie des rois de France. 1 vol.
Mémoires de Daniel de Cosnac. 2 vol.
Journal d'un Bourgeois de Paris sous François I*er*. 1 vol.
Chroniques des comtes d'Anjou. 1 vol.
Lettres de Marguerite d'Angoulême. 2 vol.
Joinville. Hist. de saint Louis. 1 vol.
Chronique des quatre premiers Valois. 1 vol.
Chronique de Guillaume de Nangis. 2 vol.
Mém. de P. de Fenin. 1 vol.
Œuvres de Suger. 1 vol.
Histoire de Bayart. 1 vol.

Ouvrages épuisés en partie.

Œuvres d'Eginhard. 2 vol.
Barbier. Journal du règne de Louis XV. 4 vol.
Mémoires de Ph. de Commynes. 3 vol.
Registres de l'Hôtel de Ville pendant la Fronde. 3 vol.
Procès de Jeanne d'Arc. 5 vol.
Choix de Mazarinades. 2 vol.
Histoire de Charles VII et de Louis XI par Th. Basin. 4 vol.
Grégoire de Tours. Œuvres diverses. 4 vol.
Chron. de Monstrelet. 6 vol.
Chron. de J. de Wavrin. 3 vol.
Journal et Mémoires du marquis d'Argenson. 9 vol.
Œuvres de Brantôme. 11 vol.
Commentaires et Lettres de Blaise de Monluc. 5 vol.
Mém. de Bassompierre. 4 vol.
Bibliographie des Mazarinades. 3 vol.

Ouvrages non épuisés.

Orderic Vital. 5 vol.
Corresp. de Maximilien et de Marguerite. 2 vol.
Richer. Hist. des Francs. 2 vol.
Le Nain de Tillemont. Vie de saint Louis. 6 vol.
Mém. de Mathieu Molé. 4 vol.
Miracles de S. Benoit. 1 vol.
Mém. de Beauvais-Nangis. 1 vol.
Chronique de Mathieu d'Escouchy. 3 vol.
Choix de pièces inédites relatives au règne de Charles VI. 2 vol.
Comptes de l'hôtel des Rois de France. 1 vol.
Rouleaux des morts. 1 vol.
Mém. et corresp. de M*me* du Plessis-Mornay. 2 vol.
Chron. des églises d'Anjou. 1 vol.
Introduction aux chroniques des comtes d'Anjou. 1 vol.
Chroniques de J. Froissart. T. I à XI. 13 vol.
Chroniques d'Ernoul et de Bernard le Trésorier. 1 vol.
Annales de S.-Bertin et de S.-Vaast d'Arras. 1 vol.
Histoire de Béarn et de Navarre. 1 vol.
Chroniques de Saint-Martial de Limoges. 1 vol.
Nouveau recueil de comptes de l'Argenterie. 1 vol.
Chanson de la croisade contre les Albigeois. 2 vol.
Chronique du duc Louis II de Bourbon. 1 vol.
Chronique de J. Le Fèvre de Saint-Remy. 2 vol.
Récits d'un ménestrel de Reims au XIII*e* siècle. 1 vol.
Lettres d'Ant. de Bourbon et de Jeanne d'Albret. 1 vol.
Mém. de La Huguerye. 3 vol.
Anecdotes et apologues d'Etienne de Bourbon. 1 vol.
Extraits des auteurs grecs concern. la géographie et l'hist. des Gaules. 6 vol.
Mémoires de N. Goulas. 3 vol.
Gestes des évêques de Cambrai. 4 vol.
Les Etablissements de saint Louis. 4 vol.
Chron. normande du XIV*e* s. 1 vol.
Relation de Spanheim. 1 vol.
Œuvres de Rigord et de Guillaume le Breton. 2 vol.
Mém. d'Ol. de La Marche. 4 vol.

Lettres de Louis XI. 11 vol.
Mémoires de Villars. 6 vol.
Notices et documents, 1884. 1 vol.
Journal de Nic. de Baye. 2 vol.
La Règle du Temple. 1 vol.
Hist. univ. d'Agrippa d'Aubigné. 10 vol.
Le Jouvencel. 2 vol.
Chroniques de Louis XII, par Jean d'Auton. 4 vol.
Chron. d'A. de Richemont. 1 vol.
Chronographia regum Francorum. 3 vol.
L'Histoire de Guillaume le Maréchal. 3 vol.
Mémoires de Du Plessis-Besançon. 1 vol.
Ephéméride de La Huguerye. 1 vol.
Hist. de Gaston IV, comte de Foix. 2 vol.
Mémoires de Gourville. 2 vol.
Journal de J. de Roye. 2 vol.
Chron. de Richard Lescot. 1 vol.
Brantôme, sa vie et ses écrits. 1 v.
Journal de J. Barrillon. 2 vol.
Lettres de Charles VIII. 5 vol.
Mém. du chev. de Quincy. 3 vol.
Chron. de Morosini. 4 vol.
Doc. sur l'Inquisition. 2 vol.
Mém. du vicomte de Turenne. 1 v.
Chron. de Perceval de Cagny. 1 v.
Journal de J. Vallier. T. I.
Mém. de Saint-Hilaire. T. I à III.
Journal de Fauquembergue. T. I et II.
Chron. de Jean Le Bel. 2 vol.
Mémoriaux du Conseil de 1661. 3 v.
Chron. de G. Le Muisit. 1 vol.
Rapports et Notices sur les Mém. du card. de Richelieu. T. I.
Mémoires de Souvigny. 3 vol.
Mém. du card. de Richelieu. T. I et II.
Mém. de M. et G. du Bellay. T. I.
Mém. du maréchal de Turenne. T. I.
Grandes chroniques de France. T. I.
Corresp. de Vivonne.

SOUS PRESSE :

Mém. du maréchal d'Estrées.
Mém. de M. et G. du Bellay. T. II
Mém. de Florange. T. I.
Mém. de Saint-Hilaire. T. IV.
Corresp. du chev. de Sévigné.

ANNUAIRES, BULLETINS ET ANNUAIRES-BULLETINS (1834-1909).

In-18 et in-8°, à 2 et 5 francs.

(Pour la liste détaillée, voir à la fin de l'Annuaire-Bulletin de chaque année.)

MACON, PROTAT FRÈRES, IMPRIMEURS

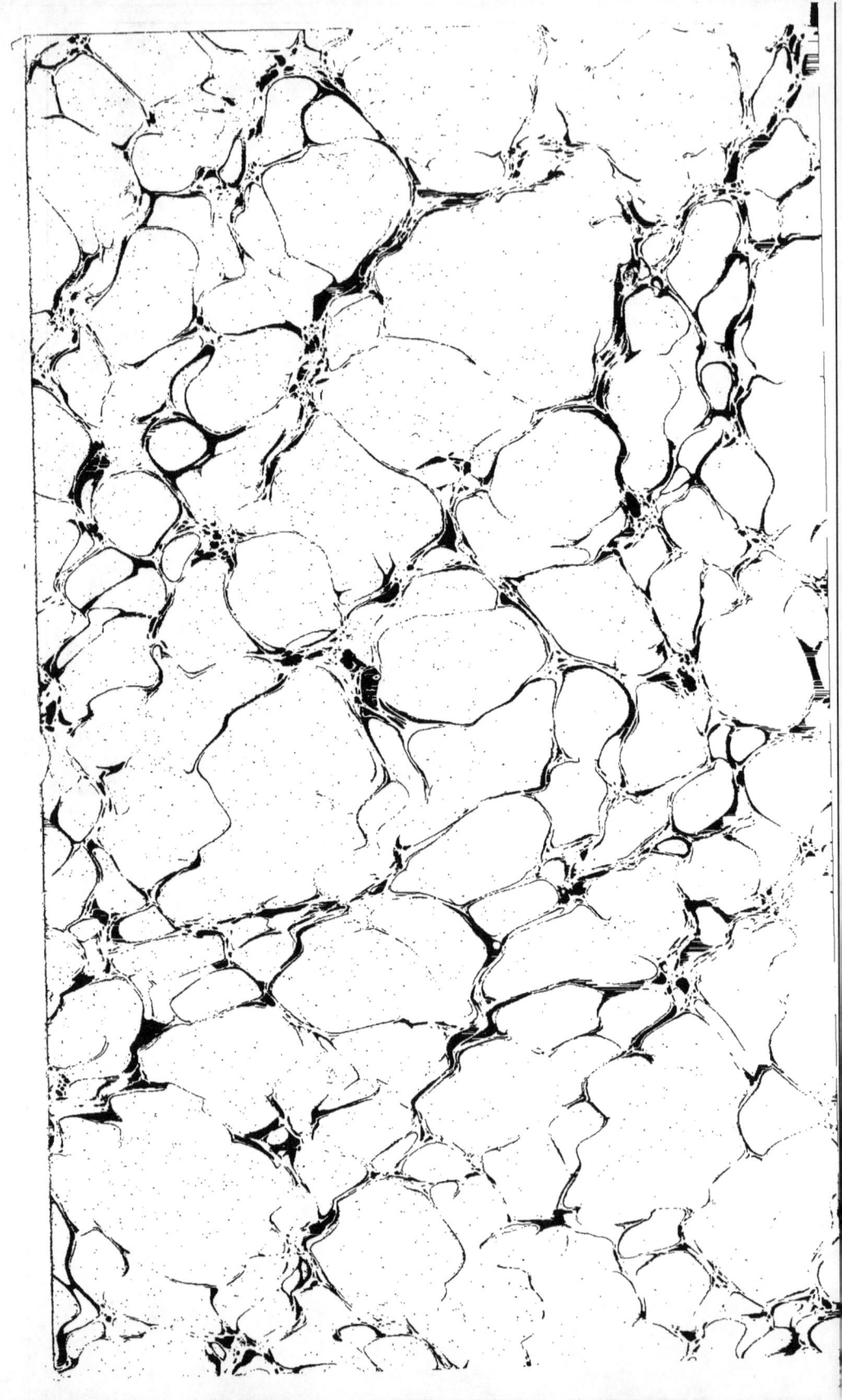

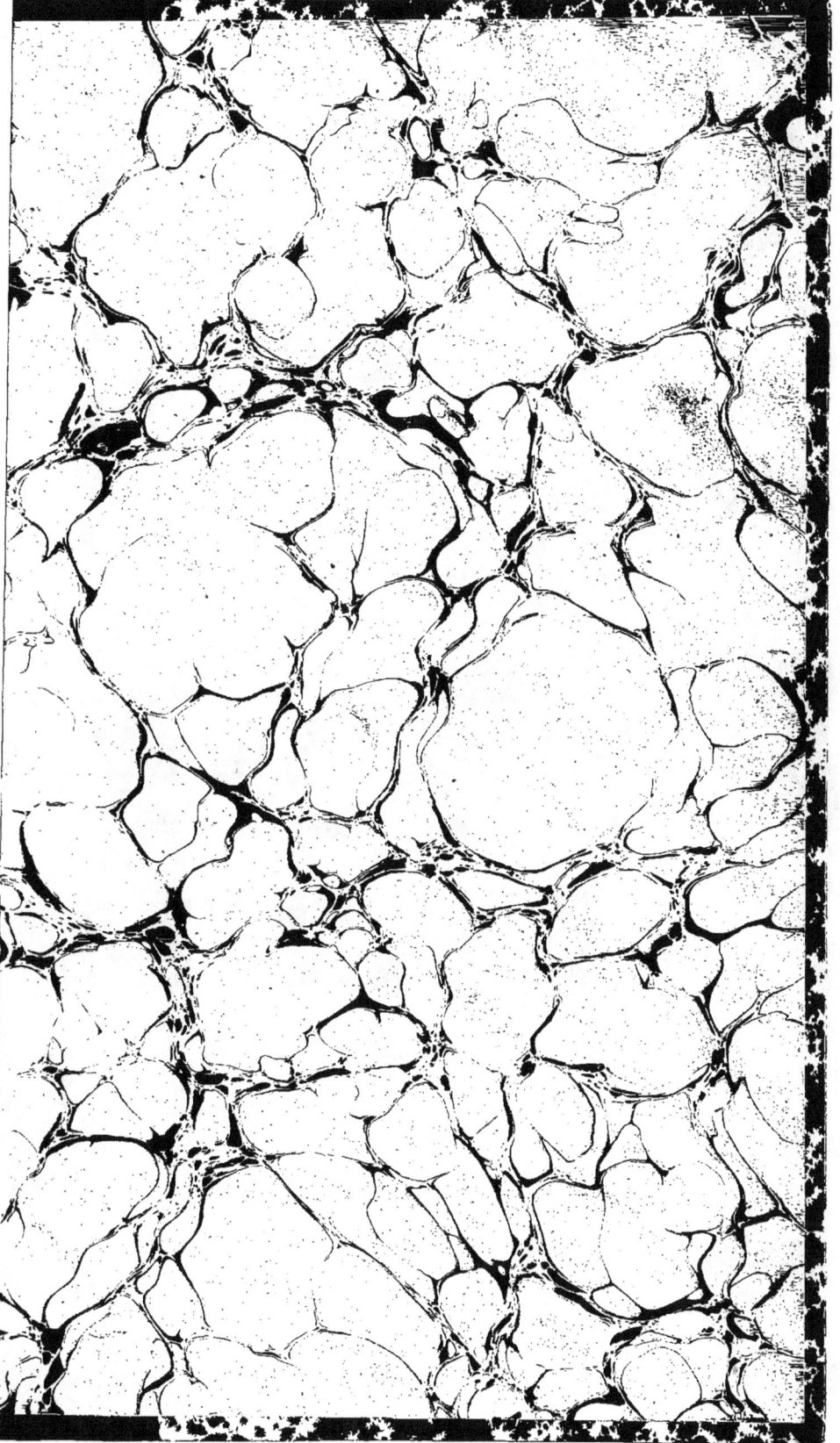

www.ingramcontent.com/pod-product-compliance
Lightning Source LLC
Chambersburg PA
CBHW070905170426
43202CB00012B/2207